GEORGES LACHAPELLE

NOS FINANCES
PENDANT LA GUERRE

LA GESTION DES FINANCES PUBLIQUES
LES SOCIÉTÉS DE CRÉDIT
LA BOURSE DE PARIS
LA BANQUE DE FRANCE

LIBRAIRIE ARMAND COLIN
103, Boulevard Saint-Michel, PARIS

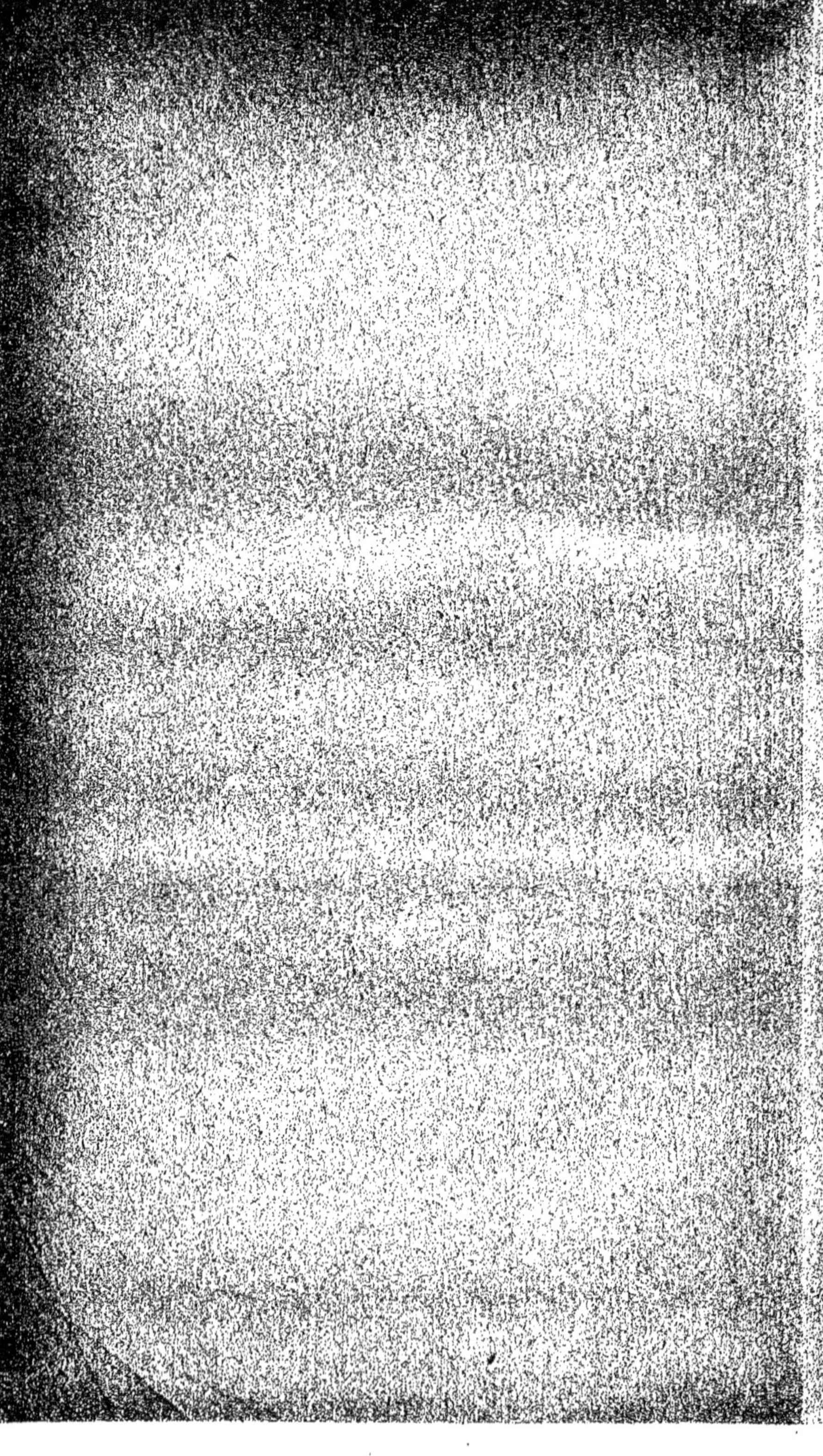

NOS FINANCES

PENDANT LA GUERRE

GEORGES LACHAPELLE

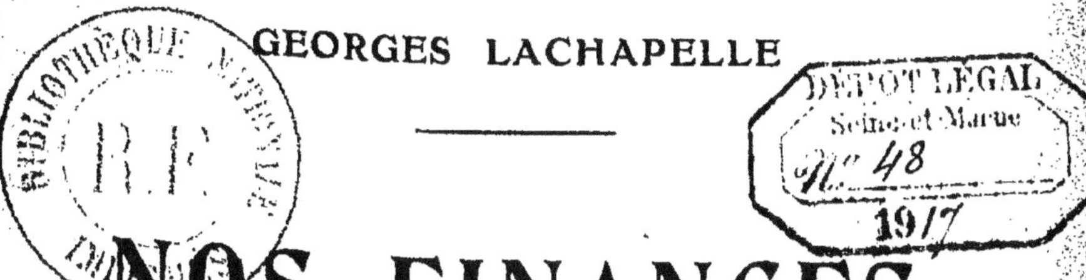

NOS FINANCES
PENDANT LA GUERRE

LA GESTION DES FINANCES PUBLIQUES

o   o   LES SOCIÉTÉS DE CRÉDIT   o   o

o   o   o   LA BOURSE DE PARIS   o   o   o

o   o   LA BANQUE DE FRANCE   o   o

LIBRAIRIE ARMAND COLIN
103, Boulevard Saint-Michel, PARIS

1915

AVANT-PROPOS

En écrivant les pages qui suivent, nous n'avons eu d'autre dessein que de mettre sous les yeux du lecteur un résumé exact et fidèle de la gestion financière de notre pays. Nos études se divisent en deux parties : dans la première, nous passons en revue les faits principaux de cette gestion pendant la période qui a précédé la guerre; dans la seconde, nous examinons les diverses mesures qui ont été prises, depuis le 1er août 1914, en vue de faire face aux besoins de la défense nationale et aux difficultés d'ordre économique que la guerre a suscitées. Cette dernière partie a été rédigée d'après les notes que nous avions recueillies dès le début des hostilités, soit à Paris, soit à Bordeaux pendant le séjour du gouvernement dans la capitale de la Gironde.

Le chapitre Ier de notre travail est, en quelque sorte, une préface aux chapitres suivants : nous y rappelons comment le budget est préparé par le ministre des Finances et discuté par les Chambres; nous expliquons de quels éléments il se compose. Les autres chapitres forment chacun une étude distincte et peuvent même se lire séparément; ils renferment des renseignemens et des chiffres qui ont été puisés dans les documents officiels du ministère des Finances : Projets de loi portant fixation du budget général pour les divers exercices; Comptes généraux de l'administration des Finances; Projets de loi portant règlement définitif des budgets; Bulletin de statistique, etc.... Nous y avons ajouté des commentaires appuyés par des citations assez nombreuses du Journal Officiel.

Les titres et les sous-titres de chaque chapitre ont été relevés dans la table des matières, qui renferme ainsi l'indication des divers sujets traités : le lecteur n'aura qu'à s'y reporter pour trouver aisément les renseignements et les documents de nature à l'intéresser.

PREMIÈRE PARTIE

AVANT LA GUERRE

CHAPITRE I

Le budget.

La préparation du budget. — Les comptes par gestion et les comptes par exercice. — La Trésorerie ; les services spéciaux ; la dette flottante. — Les budgets annexes. — Le contrôle parlementaire du budget. — Les travaux de la commission du budget. — La discussion publique du budget. — Conséquences des douzièmes provisoires. — Les crédits additionnels. — Réformes nécessaires.

LA PRÉPARATION DU BUDGET

On sait que le droit de consentir l'impôt et d'ouvrir des crédits au gouvernement est l'attribut essentiel du Parlement, organe de la nation. C'est pour éviter les abus du pouvoir personnel, pour contrôler l'emploi de la fortune publique, que les Parlements ont été institués. Le gouvernement doit, par conséquent, soumettre aux Chambres des prévisions de recettes et de dépenses aussi exactes que possible ; il ne peut lever aucun impôt ni payer aucune dépense sans leur autorisation — sauf en ce qui touche les crédits supplémentaires s'appliquant à des services déterminés. Ces états de prévisions sont contenus dans un gros volume intitulé : *Projet de loi portant fixation du budget général de l'exercice...* lequel comporte un exposé des motifs, le projet de la loi lui-même qui comprend un assez grand nombre d'articles, des tableaux et des annexes, des renseignements de diverse nature. Sa préparation nécessite un assez long travail : elle est faite exclusivement par les services du ministère des Finances dont le chef en prend la responsabilité devant le Parlement.

Lorsque le ministre des Finances a reçu de ses collègues des demandes de crédits pour l'exercice envisagé, lorsqu'il les a examinées et tenté de les réduire, il additionne le montant des crédits prévus pour une année et il met en regard les évaluations de recettes. Le budget est en équilibre lorsque les prévisions de dépenses ne dépassent pas les prévisions de recettes ; mais il est rare que ce résultat soit atteint du premier coup. Le ministre des Finances opère alors des modifications : il essaye de réduire les crédits et, s'il ne peut y parvenir, il doit augmenter les recettes en proposant de créer des impôts nouveaux ou d'accroître les taxes existantes. Un budget régulier doit contenir toutes les dépenses prévues et ces dépenses doivent être couvertes par des ressources normales, certaines et permanentes, c'est-à-dire par le produit des impôts et des revenus publics. Ce budget idéal n'a d'ailleurs jamais existé ; il s'est toujours glissé dans la loi de finances des comptes spéciaux ou des budgets extraordinaires, des budgets annexes, des ressources dites exceptionnelles, des emprunts plus ou moins dissimulés. L'abus de ces divers expédients ne permet pas de se faire une idée très nette de notre état financier, lorsque le budget est soumis aux Chambres.

Ce budget est dressé à une époque où il est difficile de se rendre compte des besoins de l'année à laquelle il s'applique. En principe, il devrait être préparé dans les trois derniers mois de l'année, en octobre, novembre ou décembre, imprimé et distribué au Parlement, l'année suivante, au début de la session ordinaire de janvier ; il devrait être ensuite discuté et voté par les deux assemblées avant le 31 décembre, de manière à pouvoir être appliqué ou, comme on dit dans le langage administratif, exécuté, à partir du 1er janvier. Dans ces conditions normales, il est à remarquer que la préparation du budget devance de douze à quinze mois la période de son exécution. Par exemple, le budget de l'exercice 1913, dont la préparation s'achève en décembre 1911, sera discuté au cours de l'année 1912 et exécuté à partir du 1er janvier 1913. Or, comment prévoir exactement, en décembre 1911, les dépenses et les recettes qui seront réalisées au cours de l'exercice 1913 ? On ne peut se baser, pour faire ces évaluations, que sur les résultats certains du dernier exercice clos, résultats qui ne seront connus eux-mêmes qu'une année après l'exécution de la loi de finances en cours. Reprenant notre exemple du budget de 1913, préparé comme il aurait dû l'être, en décembre 1911, discuté et voté en 1912, et exécuté en 1913, à quelle date sera-t il possible d'en connaître les résultats définitifs ? Au mois de janvier 1915, au plus tôt, et par le dépôt du projet de loi portant règlement définitif du budget de 1913, projet qui nous apprend si ce dernier budget s'est soldé en excédent ou en déficit.

Ainsi ce qui est le plus essentiel à connaître — les résultats de la gestion financière d'un exercice — ne peut être connu que deux années complètes après la date de l'ouverture de cet exercice, et trois années après la date de la préparation du budget de ce même exercice.

Dans d'autres pays, au contraire, on a sous les yeux le montant des recettes et des dépenses le lendemain du jour où l'année financière s'achève. En Angleterre, par exemple, où l'année financière commence le 1ᵉʳ avril pour se terminer le 31 mars suivant, les journaux publient, le 2 ou le 3 avril, le résumé général des recettes et des dépenses publiques pendant les douze derniers mois écoulés. La Trésorerie fait mieux encore : elle communique son bilan au public chaque semaine; elle lui annonce chaque semaine ce qu'elle a reçu, ce qu'elle a payé et ce qui lui reste en caisse. De la sorte, tout citoyen anglais peut se rendre compte au jour le jour de la situation financière de son pays. Chez nous, si l'on peut connaître très exactement celle du passé par les documents du ministère des Finances, — le *Compte général des Finances* et le *Projet de règlement définitif* ou *loi des Comptes;* le *Rapport* de la Cour des comptes au Président de la République — on ignore celle du présent qui est la plus intéressante.

<h3 style="text-align:center">LES COMPTES PAR GESTION ET LES COMPTES PAR EXERCICE</h3>

Cette différence entre la comptabilité financière de deux pays où le régime parlementaire est pratiqué — d'une manière, il est vrai, assez opposée — cette différence, disons-nous, provient de plusieurs causes dont la principale est la suivante : en Angleterre, les comptes publics sont réglés par gestion; en France, ils sont réglés par exercice.

Les comptes publics par gestion ressemblent à ceux des commerçants : ils sont tenus sur des livres où l'on inscrit chaque jour les dépenses et les recettes de la journée et, lorsque l'année s'achève, les comptes de cette année écoulée sont définitivement clos. Si certains impôts dus par les contribuables ne sont pas encore perçus et si certaines dettes contractées par l'État ne sont pas encore payées, ces recettes et ces dépenses en retard seront rattachées aux opérations en cours.

Les comptes par exercice sont, au contraire, plus compliqués et plus lents à établir. Le mot *exercice* signifie, aux termes du décret de 1862 sur la comptabilité publique, la « période d'exécution des services d'un budget ». Pour gérer et liquider les affaires de douze mois, on a besoin, en effet, d'une période plus longue que ces douze mois, parce que tous les droits constatés au profit de l'État n'auront pas été perçus et que tous les services faits par ses fournisseurs n'auront pas été liquidés et ordonnancés. En sorte que le mot exercice peut s'entendre dans le sens que voici : « un prolongement des opérations de l'année primitive employé à rassembler les résultats définitifs et complets de cette année ». M. René Stourm, à qui nous empruntons cette définition, ajoute, dans son savant ouvrage sur le budget [1] : « L'exercice recueille, au delà du 31 décembre, l'ensemble des droits et des charges qui appartiennent à l'année écoulée, afin de les lui rattacher. Il établit le bilan définitif de l'année, comme un liquidateur judiciaire réunit, en les recherchant partout où ils se trouvent, les éléments de l'actif et du passif de son client. »

De même que les opérations d'un liquidateur judiciaire sont, on le sait, assez lentes, de même les

---

1. René Stourm, *Cours de Finances; le Budget; son histoire et son mécanisme*, 7ᵉ édition, Paris, 1913, chez Félix Alcan et Lisbonne. Le cours de Finances de M. René Stourm est l'exposé le plus clair et plus exact du mécanisme du budget. Nous avons emprunté à son éminent auteur plusieurs des définitions qu'on trouvera dans le présent chapitre.

opérations de règlements d'exercices exigent nécessairement d'assez longs délais. La loi du 25 janvier 1889, relative à l'exercice financier, a considérablement réduit, il est vrai, la période d'exécution des
services du budget ; elle a ainsi facilité la tâche de la
comptabilité publique. Cette loi fixe à la fin du mois
de janvier la date d'achèvement des travaux en cours
dont les dépenses sont imputables sur les crédits de
l'année financière qui s'est terminée le 31 décembre
précédent. Elle décide que la liquidation et l'ordon-
nancement des sommes dues aux créanciers de l'État
devront être accomplis à la date extrême du 31 mars
de l'année qui suit la clôture des comptes de gestion
et les paiements effectués à la date extrême du
30 avril. Mais à cette date du 30 avril, l'exercice n'est
cependant pas clos et les comptes définitifs ne sont
pas encore établis. Des crédits supplémentaires peuvent être demandés jusqu'au 30 juin pour la régularisation de certaines dépenses de l'exercice, c'est-à-
dire des dépenses effectuées sans crédit suffisant et
dont le montant n'a pu être connu qu'après l'exécution des services. Enfin un dernier délai, qui expire le
31 juillet[1], est accordé à la comptabilité publique
pour rectifier et régulariser les écritures. Il s'ensuit

---

1. Ce délai n'est certainement pas excessif et, dans la pratique, il est
souvent dépassé. Nous n'entrerons pas ici dans le détail des opérations
de la comptabilité publique du ministère des Finances, ce qui nous obli-
gerait à de longs développements d'ordre technique. Il nous suffira de
rappeler que cet important service dresse, à l'aide des pièces qui lui
sont fournies, le *Compte général des Finances* qui comprend tous les
comptes de gestion d'une année et le règlement définitif de l'exercice
précédent. Les comptes de gestion des comptables sont envoyés, avec
les dossiers, à la Cour des Comptes qui a pour mission d'examiner s'ils
sont conformes aux ordonnances des administrateurs. Lorsque l'exercice est clos, c'est-à-dire le 31 juillet, la comptabilité publique prépare
enfin les comptes définitifs du budget qui font l'objet d'un projet de loi
déposé à la Chambre des députés, puis au Sénat.

que les comptes définitifs ne peuvent être imprimés et distribués au Parlement que cinq ou six mois plus tard, c'est-à-dire au mois de janvier.

Théoriquement, la méthode de comptabilité par exercice est certainement plus logique, plus complète et plus concluante que celle des comptes par gestion. Elle permet, en effet, ainsi que nous l'avons expliqué plus haut, de rattacher à une année les opérations de recettes ou de dépenses qui s'appliquent vraiment à cette année et, par cela même, elle fournit, d'une année à l'autre, des résultats qui peuvent utilement et exactement se comparer. En outre, ses partisans font remarquer qu'elle oblige les ordonnateurs à se tenir plus étroitement dans les limites des crédits qui leur sont accordés.

Dans le système des comptes par gestion, ces ordonnateurs peuvent, au contraire, ajourner la liquidation des dépenses à l'année suivante, de telle sorte que les crédits annuels autorisés ne soient pas dépassés : les budgets futurs se trouvent ainsi surchargés de dépenses qui ne devraient pas leur incomber. Mais, dans le système des comptes par exercice, des inconvénients de même nature ne vont-ils pas se présenter ? S'il faut nécessairement, au delà du 31 décembre, des délais pour achever l'exécution des travaux en cours, pour liquider, ordonnancer et payer les dépenses appartenant à un exercice, que va-t-il donc se passer pendant cette période complémentaire, même réduite au minimum, de l'exécution du budget ? Lorsqu'il restera des reliquats sur les crédits autorisés pour l'année précédente et sur lesquels on pourra faire des ordonnancements jusqu'au 31 mars, les administrateurs n'auront-ils pas la tentation de les absorber ? Jusqu'à cette date du

31 mars, jusqu'au moment où le délai d'ordonnan-
cement n'est pas expiré, ils n'hésiteront certainement
pas à le faire quand ils auront besoin d'argent. Sans
doute les ministres useront ainsi d'un procédé incor-
rect et même illégal pour se procurer des crédits.
Mais outre que le procédé est dépourvu de sanction,
il est souvent difficile à découvrir. Par conséquent,
au point de vue de l'économie budgétaire, les inconvénients sont les mêmes dans les deux systèmes. Mais
les avantages pratiques du système des comptes par
gestion sont très supérieurs, puisqu'ils permettent de
fournir pour ainsi dire sans délai des écritures très
claires et définitives.

LA TRÉSORERIE

Pour que la situation financière soit exactement
connue, il faudrait, d'autre part, que les comptes de
la Trésorerie fussent considérablement allégés. Le
Trésor n'est pas seulement, en France, le banquier
des budgets, le réservoir des ressources générales de
l'État (produits des impôts, des emprunts, des exploitations industrielles monopolisées, etc.); il tient aussi
la comptabilité des services spéciaux dont le nombre
s'accroît sans cesse et qui forment autant de petits
budgets dans le budget général; il possède un nombre
immense de correspondants et de clients, volontaires
ou obligatoires, dont il encaisse les capitaux et qu'il
leur rembourse soit à vue, soit à échéance fixe.

En Angleterre, dont nous continuerons à citer
l'exemple, il n'existe pour ainsi dire qu'une seule
caisse du Trésor : la Banque d'Angleterre pour le
Royaume-Uni, et la Banque d'Irlande pour ce dernier
pays. Toutes les recettes de l'État, à peu d'exceptions

près, sont remises à ces deux grands établissements et inscrites au compte de « l'Échiquier de sa Majesté », c'est-à-dire du ministre du Trésor. Tous les paiements sont faits — après avoir été autorisés par l'Échiquier et visés par l'Auditeur et Contrôleur général — par l'entremise d'un seul comptable, le *Paymaster général*, qui réside à Londres et qui remet aux créanciers de l'État des chèques ou des mandats tirés sur la Banque d'Angleterre dont le bilan fait ainsi apparaître le solde créditeur de la Trésorerie.

Mais, en France, les caisses du Trésor sont éparpillées sur toute la surface du territoire et gérées par une multitude de fonctionnaires : comptables des régies financières, percepteurs, receveurs particuliers, trésoriers-payeurs généraux, etc. L'unité ne se réalise que sur le papier, dans les écritures du mouvement général des fonds dont la direction est sous les ordres du ministre des Finances. Et ce n'est pas tout, puisque le Trésor gère, en outre, les services spéciaux et les capitaux de la dette flottante.

LES SERVICES SPÉCIAUX. — Le résumé des *comptes généraux de l'Administration des Finances* donne, au sujet des comptes spéciaux, les explications que voici :

Il est de principe que, dans l'établissement d'un budget, il ne doit y avoir aucune spécialisation de recette, c'est-à-dire qu'aucune recette ne doit être affectée à une dépense déterminée, l'ensemble des recettes budgétaires devant couvrir l'ensemble des dépenses.

Néanmoins, le législateur autorise parfois certaines dépenses en spécifiant expressément que certaines recettes y seront affectées, recettes dont le recouvrement suivra plus ou moins rapidement la dépense; de même, il autorise la perception ou la réalisation de recettes dont l'emploi, bien que déterminé à l'avance, sera échelonné sur une période indéterminée au fur et à mesure des besoins.

Pour suivre la corrélation de ces recettes et de ces dépenses, on a créé une série de comptes qui retracent, à leur crédit, les recettes réalisées et, à leur débit, les dépenses effectuées. Ils figurent dans la 1re section des comptes de services spéciaux du Trésor (services spéciaux proprement dits); suivant que les recettes excèdent les dépenses ou inversement, le solde est dit créditeur ou débiteur.

C'est dans ces comptes spéciaux que figurent, notamment, en recettes : les fonds de concours remis à l'État par les communes, les départements ou les Chambres de Commerce pour contribution à des dépenses d'intérêt public (routes, ports, canaux, etc.); le produit de l'émission des obligations à court terme, autorisée en 1898, pour faire face aux dépenses du perfectionnement de l'armement (canon de 75); les redevances annuelles de la Banque de France; les créances diverses de la Banque de France sur le Trésor; le produit des obligations des chemins de fer de l'État; etc. Dans la colonne des recettes, figurent les créances (antérieures à 1893) sur les compagnies de chemins de fer à titre de garantie d'intérêt; les fonds de concours de l'État pour dépenses d'intérêt public; le remboursement de certaines créances de la Banque de France; les émissions d'obligations, etc.

La plupart de ces services spéciaux n'ont aucune raison d'être et ils sont d'autant plus dangereux que ni la Cour des Comptes ni le Parlement n'exercent sur eux le moindre contrôle. Mais ils ont, en outre, l'inconvénient, de même que les budgets annexes dont nous aurons à parler plus loin, de rendre à peu près impossible la récapitulation générale des dépenses publiques.

LA DETTE FLOTTANTE. — Les correspondants obligatoires et facultatifs du Trésor versent des capitaux dans ses caisses. Les correspondants obligatoires sont

les trésoriers généraux, les communes, les départements, la caisse des dépôts et consignations, les
caisses d'épargne, etc. dont l'État s'attribue les disponibilités et auxquels il rembourse les mandats tirés
sur le Trésor. Les correspondants facultatifs sont de
simples particuliers qui souscrivent des bons émis par
le Trésor pour se procurer des ressources temporaires.
L'ensemble de ces divers comptes constitue la *dette
flottante*, ainsi nommée par opposition à la *dette consolidée* et parce qu'elle varie à chaque instant. L'administration des Finances en donne l'explication que voici :

Pour assurer la marche des services et satisfaire à ses engagements, l'État peut se trouver amené à demander au Trésor
les fonds que les budgets ne peuvent lui fournir, soit que la
répartition différente des recettes et des dépenses entre les
divers mois de l'année conduise à un excédent momentané
des dépenses, soit que les recouvrements des exercices restent
définitivement inférieurs aux payements. Le Trésor s'adresse
alors soit à des *prêteurs* auxquels il remet des titres de créance,
soit à des *déposants*, volontaires ou forcés, dont il utilise provisoirement les versements. Les effets à payer remboursables à
vue ou à courte échéance, ainsi remis pour se procurer des
ressources, d'une part et, d'autre part, les dépôts en compte
courant confiés au Trésor, obligatoirement ou non, par divers
établissements publics ou privés et, dans certains cas, même
par des particuliers, constituent la Dette flottante. (Décret du
31 mai 1862, art. 293.)

La dette flottante a donc été constituée en vue de
fournir au Trésor les fonds dont il a besoin pour
« satisfaire aux engagements de l'État ». Le banquier
de l'État reçoit ainsi en dépôt des capitaux qui ne lui
appartiennent pas et dont il sert, il est vrai, l'intérêt ;
mais il les emploie à sa guise, ce qui lui permet de
payer ses dettes avec l'argent des autres. Le compte
de la dette flottante est d'ailleurs dressé chaque mois
par la direction du mouvement général des fonds et il

est très intéressant à consulter. Malheureusement ces
états mensuels ne constituent que des états provisoires ; ils ne comprennent pas les fonds de divers
services coloniaux obligatoirement versés au Trésor,
ni, parmi les effets à payer, les mandats émis par les
trésoriers-payeurs généraux et autres comptables. Les
comptes réguliers et complets de la dette flottante ne
sont établis qu'en fin d'année par les services de la
comptabilité publique ; ils sont très différents et sensiblement plus élevés que les comptes mensuels fournis
par les services du mouvement général des fonds.

Cependant la situation mensuelle et provisoire de la
dette flottante n'en est pas moins une indication précieuse et d'autant plus utile à consulter qu'on y ajoute
d'ordinaire le montant de l'encaisse du Trésor, comprenant ses disponibilités à la Banque de France et à
la Banque d'Algérie.

Voici, à titre d'exemple, la *situation de la dette flottante au 31 janvier 1914* :

Désignation des comptes composant la dette flottante.

	Sommes en francs.
Dette portant intérêts :	—
Trésoriers-payeurs généraux, L/C d'avances envers le Trésor...........................	29 570 400
Fonds des communes et établissements publics. (Départements.)...........................	378 916 300
Fonds de la Ville de Paris, S/C................	98 000 000
Fonds de divers établissements de Paris........	6 590 700
Ministère de l'Instruction publique, S/C de fonda-tions anglaises, écossaises, irlandaises........	106 900
Caisse des dépôts et consignations, S/C courant.	269 144 200
Caisse des dépôts, S/C de fonds non employés des caisses d'épargne...........................	95 923 800
Caisse des dépôts, S/C de fonds non employés de la caisse d'épargne postale.....................	90 261 100
Caisse des dépôts, S/C de fonds non employés de la	

caisse nationale des retraites pour la vieillesse.	33 485 400
Caisse des dépôts, S/C de fonds non employés de la caisse des retraites ouvrières et paysannes.	6 262 300
Crédit foncier de France, S/C courant...........	138 200
Capitaux des bons du Trésor en circulation.....	332 566 300
Total de la dette portant intérêts...	1 340 965 600

Dette sans intérêts :

Fonds libres sur correspondants du Trésor et sur avances....................................	18 445 000
Fonds libres du budget départemental.........	86 071 500
Imprimerie nationale.........................	617 700
Fonds déposés par les divers corps de troupe de terre et de mer.............................	23 269 500
Fonds déposés sans intérêts par les établissements publics des départements.....................	744 300
Trésorier général des invalides de la marine....	12 511 700
Bons échus sans intérêts depuis l'échéance......	4 017 900
Mandats tirés sur le Trésor par les trésoriers-payeurs généraux..............................	12 019 200
Mandats tirés sur le Trésor par divers autres comptables...................................	23 877 000
Mandats du Trésor sur les trésoriers-payeurs généraux....................................	1 322 900
Total de la dette sans intérêts......	182 896 700
Total général de la dette...........	1 523 862 300
En caisse..............................	336 050 700

Dans la somme de 336 millions dont se composait l'encaisse, le 31 janvier 1914, sont comprises les avances permanentes de la Banque de France qui s'élèvent à 200 millions et ne sont remboursables qu'à l'expiration de son privilège (31 décembre 1920).

Mais la dette flottante ne comprend pas, on vient de le voir, le produit des émissions d'obligations du Trésor, sous prétexte que l'époque fixée pour le remboursement de ces obligations est, en général, assez éloignée, et que, d'autre part, elles ne sont le plus souvent remboursées que par le produit d'une nouvelle émission.

La dette flottante offre par conséquent au Trésor le

moyen de faire face à ses découverts. Beaucoup d'exercices, comme le faisait remarquer spirituellement Léon Say[1], ont en effet dépensé sensiblement plus qu'ils n'ont reçu. Bien peu ont mené une vie bourgeoise : ils ont mangé leur dot, ou, pour parler en comptable, leur dotation, et quelque chose par-dessus le marché et ils sont morts, sinon insolvables, du moins au-dessous de leurs affaires, après avoir chargé un autre personnage, personnage comptable également, et par conséquent fictif, mais qui a une réalité d'écus et de valeurs, de liquider la succession. Ce nouveau personnage s'appelle le Trésor.

Le Trésor, ajoute Léon Say, a toujours été le correspondant de tous les exercices et leur banquier. Il a tenu leurs comptes particuliers et aussi leurs comptes généraux, qui se sont soldés, après leur disparition de la scène du monde, par une différence créditrice ou, et c'est un cas très fréquent, par une différence débitrice. La balance n'est pas réglée quoique l'exercice ait disparu. Le découvert qui reste de lui est comme un souvenir de sa vie passée et il est caché, selon l'expression consacrée, dans les balances du Trésor, au milieu de débiteurs, qui ceux-là sont plus ou moins réels. C'est une suite de créances sur des morts que le Trésor se trouve avoir bloquées de la sorte dans le compte général des découverts du Trésor. Le Trésor les balance, quand il le peut, en se procurant des fonds au moyen d'emprunts provisoires ou d'emprunts définitifs.

Les emprunts provisoires, dont parle Léon Say, ne sont pas autre chose que des prélèvements sur la dette flottante dont le montant s'accroît, au fur et à mesure des besoins, par des émissions de bons du Trésor. Mais quand ces emprunts provisoires ont dépassé un certain chiffre et que le Trésor pourrait se trouver embarrassé, soit pour rembourser ses dépôts, soit pour faire face aux engagements de l'État, les emprunts provisoires sont généralement convertis en

1 Léon Say, *Les Finances*, Paris, Léon Chailloy, 1896.

emprunts définitifs, par des émissions de rentes perpétuelles ou amortissables et l'on donne à cette opération le nom de consolidation.

Au 1er janvier 1914, le montant des découverts du Trésor s'élevait à 1 229 841 946 fr. 61.

LES BUDGETS ANNEXES

Une autre cause de l'obscurité de la situation financière est l'existence des « budgets annexes rattachés pour ordre au budget général » et qui forment une série de petits budgets spéciaux comprenant sans doute des services spécialisés et distincts, mais dont le régime particulier ne s'explique point, en tout cas, par des raisons très solides.

Pourquoi, par exemple, le budget des chemins de fer de l'État forme-t-il un « budget annexe », alors que d'autres exploitations industrielles de l'État, les Postes et Télégraphes, les allumettes et autres, sont comprises dans le budget ordinaire? Si ces budgets annexes se balancent exactement dans les écritures, il n'en est pas moins vrai que cette balance ne s'établit, d'ordinaire, que par des dotations du budget général assez difficiles à déterminer ou par des emprunts d'obligations amortissables (pour les chemins de fer de l'État notamment). L'obscurité des comptes des budgets annexes est, d'ailleurs, telle que le *Compte général des finances* n'a pas encore pu parvenir à les établir. « Les opérations des budgets annexes, déclare chaque année le rédacteur du Compte général, sont soumises à un régime particulier ; elles s'effectuent, en dehors de l'action du ministre des Finances, par des comptables spéciaux qui ne sont pas astreints à remettre à la direction générale de la comptabilité publique des éléments périodiques d'écritures. »

En d'autres termes, les budgets annexes ne sont ni contrôlés, ni susceptibles de contrôle; il est impossible de savoir dans quelle mesure ils affectent les dépenses et les recettes du budget général. Si l'on s'en réfère aux règlements définitifs, il semblerait que ces petits budgets se soldent tantôt par un excédent de recettes qui est versé au Trésor ou à la dotation du petit budget annexe des exercices futurs, tantôt par un excédent de dépenses dont le montant est comblé par des subventions de l'État ou par des emprunts.

Il est à noter que l'importance des budgets annexes ne cesse de s'accroître. Voici les chiffres comparatifs des dépenses et des recettes auxquels ces budgets ont été arrêtés dans la loi de règlement de l'exercice 1894 et dans le projet de règlement de l'exercice 1913 :

	Exercice 1894	Exercice 1913.
	(En millions de francs.)	
Fabrication des monnaies et médailles	5 287	6 946
Imprimerie nationale.............	6 183	10 382
Légion d'Honneur	16 240	17 058
Service des poudres et salpêtres...	0	63 288
Caisse des invalides de la marine.	17 468	28 930
École centrale des arts et manufactures..........................	1 835	1 266
Caisse nationale d'Épargne........	21 390	59 309
Chemin de fer et port de la Réunion.	4 809	5 470
Ancien réseau des chemins de fer de l'État.......................	40 145	125 595
Réseau racheté des chemins de fer de l'Ouest...................	0	578 369
Totaux.............	113 450[1]	896 618[1]

1. Il est tenu compte dans ces totaux des retenues sur les milliers de francs non indiqués dans notre tableau.

En résumé, l'existence des services spéciaux et des budgets annexes dans la loi de finances annuelle détruit l'unité budgétaire, indispensable pour pouvoir additionner les chiffres des dépenses et des recettes d'un même exercice.

D'autres mesures extra-budgétaires apparaissent, en outre, dans les « dispositions spéciales » de la loi de finances concernant les bons du Trésor, les obligations à court terme, les avances des compagnies des chemins de fer pour la construction des lignes nouvelles, les fonds de concours, etc.

Il est donc inutile de chercher à connaître, dans le projet de budget, le montant total et annuel des dépenses publiques. Peut-être y verra-t-on plus clair lorsque sera mis en application l'article de la loi de finances de 1914 que M. Jules Roche a réussi à y faire introduire et dont voici le texte :

Art. 98. — Il sera publié, en annexe à l'exposé des motifs du projet de budget de l'exercice 1915, un tableau général des dépenses de l'État, déduction faite de tous doubles emplois, notamment pour les budgets annexes et pour tous comptes spéciaux,

Ces dépenses seront réparties entre les catégories ci-après :
1° Dépenses gagées sur les ressources générales ;
2° Frais de régie et autres dépenses qui sont la contre-partie de recettes ;
3° Dépenses remboursables ;
4° Dépenses imputées sur fonds d'emprunt.
Il sera publié, dans les mêmes conditions, un tableau dans lequel les ressources applicables aux dépenses de l'État seront présentées en catégories distinctes comme suit :
1° Ressources normales ayant le caractère d'impôt ;
2° Ressources normales correspondant à l'exploitation de monopoles ou de services publics ;
3° Ressources normales provenant des domaines de l'État ;
4° Remboursements de charges assumées par l'État ;
5° Ressources exceptionnelles n'ayant pas le caractère d'emprunt ;

6° Ressources extraordinaires ayant le caractère d'emprunt.

Ces catégories comprendront toutes les ressources dont la perception est prévue au profit de l'État, dans quelque compte qu'elles soient rangées, y compris notamment tout compte spécial et tout budget annexe, et seront récapitulées en un total général, déduction faite de tous doubles emplois.

Ces états seront publiés au *Journal officiel* à la suite des états annexés à la loi de finances.

LE CONTRÔLE PARLEMENTAIRE DU BUDGET

Malgré ses lacunes, ses obscurités et parfois ses expédients, le projet de budget n'en forme pas moins une œuvre d'une certaine cohésion. Élaboré par le ministre des Finances avec un souci parfois trop vif de plaire aux membres du Parlement, il reste cependant d'une tenue et d'un ordre très supérieurs aux dispositions nouvelles qui seront votées par les Chambres. La loi de finances revue et corrigée par le Parlement ne vaudra jamais le texte primitif.

LES TRAVAUX DE LA COMMISSION DU BUDGET

Après avoir été déposé sur le bureau de la Chambre, imprimé et distribué aux députés, le projet de budget est examiné par une Commission spéciale, la Commission du budget. Depuis 1910, les membres de la Commission du budget sont élus par les groupes parlementaires qui désignent, proportionnellement au nombre de leurs adhérents, un certain nombre de commissaires. La Commission du budget qui se recrute ainsi dans tous les partis comprend 44 membres, très divisés et d'une compétence très inégale. Beaucoup de ceux qui en font partie se désintéressent de ses travaux : ils n'assistent pas aux séances ou ils n'y font que de rares apparitions. D'autres sont des aspirants ministres qui ne se préoccupent que d'une chose : renverser les ministres pour les remplacer. Ils conspirent en permanence contre le gouvernement : qu'il s'agisse du budget ou de crédits quelconques, ils ne se demandent pas si telles ou telles dépenses sont nécessaires, mais s'il est avantageux pour eux-mêmes de les ratifier ou de les repousser. Ils songent principalement, en leur qualité de députés d'arrondissement, aux intérêts particuliers de la circonscription qu'ils représentent.

Un membre de la Commission du budget peut, en vertu de son titre, pénétrer librement dans tous les bureaux de toutes les administrations. Le ministre a besoin de lui pour faire voter son budget par la Chambre : en échange des facilités qu'il lui accorde de ce chef, le commissaire n'hésite pas à exiger des faveurs ou des subsides pour ses électeurs ou son arrondissement — et le ministre cède. Cela n'empêche pas, du reste, le député rapporteur d'un budget spécial d'abuser de son mandat pour surveiller le ministre dont il est chargé de contrôler les dépenses : il entre en contact direct avec les fonctionnaires, il leur promet de l'avancement pour obtenir des renseignements dont il remplira son rapport.

Dans d'autres circonstances, le député rapporteur agit plus simplement : il se met d'accord avec le ministre, il lui demande un salaire sous forme de subventions pour sa clientèle et, quand il l'a obtenu, il se désintéresse de son travail dont la rédaction est généralement confiée, par l'entremise du ministre, à un de ses propres employés. C'est alors l'*Administration qui se contrôle elle-même* et les longs rapports, déposés par un député dont on vantera ensuite la compétence, sont l'œuvre d'un chef de service qui a remis des « notes » au rapporteur et que le rapporteur s'est borné à livrer à l'impression.

La fonction de membre de la Commission du budget donne, on le voit, à celui qui la détient, le double avantage de se mettre en vedette pour obtenir un poste de ministre ou de sous-secrétaire d'État et, dans tous les cas, de se faire attribuer, sans grand effort, des avantages particuliers pour ses électeurs. Mais, au point de vue du contrôle, elle est généralement sans effet.

Au début de ses travaux, sans même avoir pris la peine d'examiner le budget, la Commission s'empresse de distribuer les rapports spéciaux des divers ministères entre plusieurs de ses membres : nous venons d'expliquer l'usage qu'ils font de leur mission. Quant à la Commission elle-même, comment va-t-elle employer ses séances ? *Elle a, depuis quarante ans, la prétention de se substituer au ministre responsable, de refaire un nouveau budget, de régler à sa guise les finances de l'État.* Elle y est encouragée à la fois par la faiblesse du gouvernement et par l'indifférence de la plupart des commissaires qui sont même absents quand il s'agit de prendre des résolutions importantes.

Dans une éloquente étude publiée le 15 janvier 1885 par la *Revue des Deux Mondes*, Léon Say avait déjà montré le vice radical de la méthode de travail suivie par la Commission du budget, et il a repris sa démonstration dans l'ouvrage sur les finances que nous avons déjà cité et qu'il était en train de revoir quelques jours seulement avant sa mort.

La Commission du budget, écrivait Léon Say, *se croit un gouvernement et les rapporteurs sont ses ministres.* Il n'est que trop vrai de dire que, s'il y a en France une préparation du budget, cette préparation est devenue l'attribution essentielle des commissions du budget du Parlement. C'est un mal qui sera sans remède tant que l'esprit des représentants de la Nation ne sera pas guéri de cette maladie qui leur fait confondre toujours, dans toutes les affaires publiques, le contrôle et l'action.

Si le contrôleur supprime le contrôle pour agir à la place du contrôlé, c'en est fait du gouvernement parlementaire, qui est alors remplacé par le gouvernement du Parlement, ce qui est tout le contraire. Agir ainsi, c'est faire naître une confusion plus ou moins sincère, souvent moins que plus, entre le gouvernement par les membres du Parlement et le gouvernement parlementaire. C'est rendre le gouvernement parlementaire responsable des excès de la caricature du gouvernement parlementaire.

En 1886, la Commission du budget propose par exemple de substituer à l'emprunt de consolidation préparé par M. Sadi Carnot, ministre des Finances, un emprunt réduit des deux tiers et qui devait s'effectuer « par voie d'adjudication publique ». En 1902, en 1903 et 1905, elle bouleverse les projets de budget de fond en comble et, en 1913, elle fait échouer le projet d'emprunt du ministère Barthou.

LA DISCUSSION PUBLIQUE DU BUDGET

Après le bouleversement du budget par la Commission, la discussion s'engage à la Chambre sur les conclusions du rapport général d'abord et des rapports particuliers ensuite. Mais le temps est passé où les grands spécialistes, comme Buffet, Léon Say, Rouvier, Jules Roche, Alexandre Ribot, Poincaré prenaient la parole dans la discussion générale. Cependant les discours sont aussi abondants et aussi longs que les rapports et ils ont les uns et les autres ce trait commun de ne point concerner la question financière en litige. A la tribune de la Chambre, on parle de tout et sur tout à l'occasion du budget : on parle dans la discussion générale des divers budgets de chaque ministère et, la clôture une fois votée, on recommence la même discussion sur les chapitres de ces mêmes budgets.

Il ne faut donc pas s'étonner de la longueur de ces débats fastidieux. Comment les choses se sont-elles passées pendant la législature de 1910 à 1914 ?

La discussion du budget de 1911, déposé le 28 juillet 1910 par M. G. Cochery, ministre des Finances, s'est ouverte le 10 novembre de la même année : l'ensemble de la loi des finances, comprenant 145 articles, n'a été voté par la Chambre que le 15 avril 1911, cinq mois plus tard. Le Sénat y a introduit à son tour diverses modifications et les deux Chambres n'ont pu se mettre d'accord que le 12 juillet 1911, *après avoir dû voter sept douzièmes provisoires.* Il est à noter que le budget de 1911, présenté par le cabinet Briand, a été discuté ensuite sous le cabinet Monis, puis sous le cabinet Caillaux ; il a donc fallu trois ministères successifs pour en venir à bout, bien que ce budget n'engageât aucune question nouvelle et importante.

Pour mettre un frein à ce débordement oratoire, on a décidé en 1911, par une nouvelle addition à l'article 51 du règlement de la Chambre, que « toute proposition, comportant une augmentation de dépenses, ne pouvait être votée qu'après avoir été rapportée par la commission du budget ». Cette mesure a produit un certain effet : la discussion du budget de 1912, commencée le 9 novembre 1911 à la Chambre des Députés, s'est terminée le 30 décembre suivant. Et, après avoir été examiné par le Sénat, ce budget a pu revenir devant la Chambre deux mois plus tard et être définitivement voté, par les deux assemblées, le 27 février 1912.

C'était assurément un progrès : il ne pouvait pas durer. Le record de la lenteur devait appartenir au troisième budget voté pendant la même législature, celui de 1913.

Cependant la discussion s'est ouverte sous le ministère Poincaré, le 30 mai 1912 et, jusqu'au 9 juillet suivant, la Chambre a voté les budgets de six ministères : la Justice, les Travaux Publics, les Finances, les Affaires étrangères, la Guerre, le Travail. On criait déjà au miracle : on annonçait que, cette fois, le régime des douzièmes provisoires allait prendre fin. Mais la discussion qui avait été reprise, le 7 novembre 1912, s'est poursuivie en novembre et décembre sans pouvoir s'achever. Le chef du ministère, M. Poincaré, ayant été élu Président de la République, le 17 janvier, M. Briand lui a succédé à la Présidence du Conseil. La discussion du budget s'est continuée en janvier, février et mars 1913 ; et, comme on était à la veille des vacances de Pâques et que, entre temps, le cabinet Briand avait donné sa démission et avait été remplacé par le cabinet Barthou, le Sénat n'a pu examiner le budget de 1913 qu'aux mois de mai et juin ; il l'a renvoyé à la Chambre en juillet et, à cinq reprises différentes, le budget de 1913 a fait la navette entre les deux assemblées pour n'être finalement adopté par elles que le 30 juillet 1913, *sept mois après la date de l'ouverture de l'exercice auquel il s'applique.*

La discussion avait par conséquent duré quatorze mois.

Dans tous les pays de régime parlementaire, on se plaint sans doute de l'intempérance oratoire des membres de la Chambre. Mais cet abus sévit en France avec une intensité particulière. M. Marcel Sembat, dans la séance du 15 novembre 1911, n'hésitait pas à se moquer fort spirituellement de « ce déluge de discours, de phrases, de salive, qui, disait-il, nous rend ridicules devant le pays, qui nous empêche de rien faire et qui a pour résultat de nous faire passer deux sessions à jouer aux chevaux de bois, c'est-à-dire à monter d'abord sur le budget, à le faire aller jusqu'en juillet et à recommencer ce même exercice quand nous rentrons à la session d'octobre ».

Nous avons eu la curiosité de nous rendre compte, en parcourant le *Journal officiel*, du nombre des discours prononcés pendant la discussion du budget de 1913 et de leur longueur. Voici les résultats de nos recherches :

Sur cet unique budget, il a été prononcé à la Chambre des députés 273 discours pendant la discussion générale sur l'ensemble du budget, la discussion générale des divers budgets et la discussion générale de la loi de finances qui s'est engagée sur l'article 2 : ces 273 discours remplissent 1 695 colonnes du *Journal officiel*. Sur les chapitres ou les articles, le nombre des discours ou interventions de quelque importance (et ne concluant d'ailleurs à aucune modification des crédits ni à aucun changement dans la loi de finances), ce nombre, disons-nous, s'élevait à 612 et remplissait 1 500 colonnes du *Journal officiel*.

Enfin la discussion complète du budget de 1913 par la seule Chambre des députés remplit 1 460 pages du *Journal officiel* et 4 380 colonnes.

De son côté, *Le Matin* a publié, quelques jours après la clôture de cette même discussion du budget de 1913, la statistique que voici :

La discussion du fabuleux budget de 1913 a occupé, à la Chambre, 101 séances; on a vu monter à la tribune 378 orateurs, qui ont prononcé 970 discours. Dans ce chiffre ne sont comprises ni les interventions des ministres, ni les réponses ou les explications du président de la Commission du budget, du rapporteur général et des rapporteurs spéciaux.

Ajoutons que le flot de paroles déversé par les députés sur le budget n'aura pas été sans en augmenter quelque peu les dépenses. Lorsque, en effet, le budget a été déposé sur le bureau de la Chambre, au mois de mai 1912, le total des dépenses s'élevait exactement à 4 664 640 380 francs, et lorsque, après quatorze mois de palabres, il a été voté, les dépenses s'élevaient à 4 738 603 534 francs.

Ainsi la discussion du budget de 1911 a duré neuf mois, et celle du budget de 1913, quatorze mois. Quel en a été le résultat? De surcharger un peu plus les contribuables. C'est en vain que la Chambre, effrayée des conséquences de ses propres errements, a tenté, par deux fois, d'enrayer le fléau des discours, en revisant son règlement. Si les députés ont dû renoncer à proposer dans le budget en discussion des amendements ayant pour objet d'augmenter les crédits, ils ont continué à prononcer de longs discours devant des banquettes vides, pour signaler à l'attention des ministres la situation de diverses catégories d'agents de l'État, pour réclamer, en leur faveur, des améliorations de traitements et de retraites, pour inciter le gouvernement à la dépense, au lieu de le contraindre à l'économie.

Enfin la discussion du budget de 1914, dont le projet avait été déposé le 4 novembre 1913, n'a été terminée à la Chambre des députés que le 1er avril 1914; il était trop tard pour que le Sénat pût l'examiner avant les élections générales; la discussion a été reprise au mois de juin et s'est enfin achevée le 15 juillet dans des circonstances et au milieu d'incidents dont on trouvera plus loin le récit[1].

CONSÉQUENCES DES DOUZIÈMES PROVISOIRES

Le budget annuel devrait être voté avant le 31 décembre : sa discussion se prolonge, on vient de le voir, jusqu'au mois de juillet et ce retard a pour effet de contraindre le gouvernement, d'une part à déposer des projets successifs de douzièmes provisoires et, de l'autre, à préparer hâtivement ou pour mieux dire à improviser le projet de budget de l'exercice suivant. Les inconvénients des douzièmes provisoires ont été signalés, notamment, dans l'exposé des motifs de projet de budget de 1912, déposé par M. Klotz :

On ne saurait oublier, dit cet exposé des motifs, que tout projet de budget est établi pour les besoins d'une année entière, en tenant compte de modifications, souvent profondes, et que tout retard apporté à son vote en vicie par avance l'exécution. Les adjudications afférentes à telle entreprise nouvelle sont retardées et peuvent compromettre l'exécution même des travaux ; des améliorations urgentes restent à l'état de projet ; faute de crédits nouveaux, les exploitations industrielles ou commerciales continuent à fonctionner dans les conditions les moins satisfaisantes. La comptabilité même de l'État en est profondément affectée ; ce ne sont que réordonnancements et réimputations, parce qu'on a substitué, par exemple, le régime des budgets annexes à celui des comptes spéciaux du Trésor, comme en matière de dépenses d'établissement du réseau de l'État, ou à celui des dépenses directement imputées sur le budget général, comme pour la fabrication des poudres et salpêtres. Les Chambres elles-mêmes sont amenées à accepter, faute de mieux, les méthodes ou autres formules suggérées par l'Administration pour remédier à des situations que nos règlements généraux sur la comptabilité publique n'ont pas prévues ; on vote, en la forme d'addition aux crédits provisoires, de véritables crédits supplémentaires

---

1. Voir plus loin chapitre III : le budget de 1914.

que l'on incorpore ensuite dans la loi de finances et l'on aboutit à des budgets singulièrement hétérogènes; la loi de finances de 1911 ne comprend-elle pas 45 millions de crédits qui, normalement, en eussent été exclus?

Ce n'est pas tout. Lorsque le budget n'est pas voté à une époque normale, la plupart des dépenses prévues grèvent le Trésor à partir du 1er janvier, tandis que les recettes nouvelles créées pour couvrir ces accroissements ne fournissent des ressources qu'à partir du moment où la loi de finances est promulguée. Chaque jour de retard a des répercussions financières. Des dépenses sont engagées qui peuvent être reconnues inutiles lorsque le budget définitif est adopté. Le vote tardif du budget entraîne fatalement des gaspillages de crédits.

LES CRÉDITS ADDITIONNELS

Des crédits additionnels sont demandés chaque année et à diverses reprises au Parlement; ils ont pour objet, soit de pourvoir à l'insuffisance d'un service déjà porté au budget (crédits supplémentaires), soit de doter des services nouveaux des ressources nécessaires (crédits extraordinaires). Les crédits supplémentaires peuvent être, d'ailleurs, ouverts par voie de décrets rendus en Conseil d'État, pendant les vacances parlementaires et ils doivent être ensuite soumis à la ratification des Chambres un mois après leur réunion (loi du 14 décembre 1879). Les crédits extraordinaires, s'appliquant à des services nouveaux, ne peuvent au contraire être autorisés que par les Chambres. Dans les deux cas, le Parlement a le devoir d'examiner de pareilles demandes avec un soin tout particulier. Mais il ne le fait pas ou le fait rarement.

L'abus des crédits additionnels a cependant pour

conséquence grave de détruire l'équilibre du budget. Sans doute, ces crédits sont compensés dans une certaine mesure par des annulations, mais ces annulations sont loin d'atteindre le chiffre des accroissements. Le tableau ci-dessous fait ressortir la différence entre les crédits primitifs et les crédits en règlement, c'est-à-dire les crédits rectifiés par les annulations et comprenant les divers suppléments accordés au cours de l'exercice. Nous y ajoutons en regard, le total des crédits additionnels.

Exercices.	Crédits primitifs.	Crédits rectifiés.	Crédits additionnels
	(En millions de francs.)		
1910	4 185	4 321	276
1911	4 386	4 547	287
1912	4 498	4 953	331
1913	4 737	5 491	655

Il n'y a donc aucune ressemblance entre les crédits budgétaires proprement dits et les crédits modifiés par des lois de crédits additionnels ou rectificatifs. La loi de règlement définitif, qui a pour objet, comme son nom l'indique, de fixer définitivement le chiffre des dépenses et des recettes d'un même exercice, est d'ailleurs soumise aux Chambres en temps utile pour qu'elles puissent utilement exercer leurs droits de contrôle sur les résultats de la gestion budgétaire. Mais les Chambres n'y songent pas. Les lois de règlement ou lois des comptes ne sont pour ainsi dire pas discutées et elles ne sont votées qu'après des délais qui se prolongent parfois au delà de dix ans.

RÉFORMES NÉCESSAIRES

Une commission extraparlementaire a été instituée en 1912 au ministère des Finances pour « examiner les mesures propres à assurer le vote du budget à sa date normale ». Les procès-verbaux de ses séances n'ont pas été publiés. Mais on a pu savoir que, si les conclusions de son rapport général étaient très sages, elles étaient en même temps beaucoup trop timides. La commission a même émis un avis défavorable au changement de date de l'ouverture de l'exercice financier qu'on a si souvent proposé, depuis le baron Louis en 1819, de reporter au 1er juillet, afin d'obtenir une meilleure utilisation du travail parlementaire. Si, en effet, le budget était déposé au commencement de janvier, les Chambres auraient près de sept mois pour l'examiner et le voter avant le 30 juin, ce qui semble très suffisant.

Sans doute la session ordinaire est interrompue pendant les vacances de Pâques, sous prétexte qu'un certain nombre des membres du Parlement font partie des conseils généraux qui se réunissent à cette époque. Mais on peut discuter la question de savoir si les membres des deux Chambres doivent cumuler leur mandat avec celui de conseiller général : nous sommes pour notre part très résolument partisan de l'incompatibilité des mandats électifs.

D'autre part, en fixant la date de l'ouverture de l'exercice au 1er juillet, il faudrait en même temps limiter par le règlement de la Chambre les délais de la discussion, décider par exemple que si, à telle date, cette discussion n'est pas terminée, tous les articles de loi de finances seront mis aux voix sans débat. Mais nous reconnaissons que cette mesure ne suffirait pas pour introduire dans la discussion plus de méthode, de clarté, et plus d'utilité et pour ramener la Chambre à son rôle naturel qui consiste à contrôler avec soin les demandes de crédits.

L'administration des Finances devrait à son tour modifier de fond en comble ses procédés de préparation du budget et en faire disparaître les comptes spéciaux et les budgets annexes, de manière à présenter un budget très clair et très simple. En ce qui touche l'exécution du budget, elle devrait réformer sa méthode compliquée de comptabilité générale, supprimer notamment le système de comptabilité par exercice, entraînant à sa suite tant de retards et provoquant une série de formalités : comptes de gestion des comptables, comptes d'exercices, comptes d'exercices clos et périmés, etc., que la plupart des députés et même plusieurs ministres des Finances n'ont jamais comprises.

La préparation du budget ne peut offrir des garanties qu'à la condition d'être entièrement subordonnée à l'action du ministre des Finances, et celui-ci n'a pas entre les mains les éléments nécessaires pour apprécier les demandes de crédits de ses divers collègues. Il devrait être assisté dans sa tâche par les contrôleurs des dépenses engagées, institués par le décret du 14 mars 1893 et dont la mission s'est bornée, tout d'abord, à s'assurer dans chaque ministère qu'il existe un crédit correspondant et doté de disponibilités suffisantes pour chaque acte ministériel susceptible de se traduire par un paiement.

Les articles 147 et suivants de la loi de finances du 13 juillet 1911 ont complété cette organisation en élargissant le champ ouvert aux investigations des contrôleurs, dont l'examen porte désormais sur l'exactitude de l'évaluation, l'application des dispositions d'ordre financier des lois et réglements, l'exécution du budget en conformité du vote des Chambres, les conséquences que les mesures proposées peuvent entraîner pour les budgets des autres départements ministériels. Ils donnent un avis sur les projets de décrets, d'arrêté ou de décision soumis à l'approbation du ministre des Finances. Ils vérifient tous les états de restes à payer en fin d'exercice. Enfin ils visent toutes les ordonnances et peuvent, à cette occasion, obtenir la certitude qu'aucun engagement de dépenses n'a été effectué ou modifié à leur insu.

Mais puisque ces agents sont appelés à donner leur avis sur les projets de décrets ou d'arrêtés soumis au contreseing du ministre des Finances, ne serait-il pas logique qu'ils fussent également consultés sur les projets de lois soumis à cette même signature? Le rapport sur le budget du ministère des Finances de l'exercice 1912, auquel nous empruntons ces renseignements[1], insiste avec raison en faveur de cette réforme. Les contrôleurs des dépenses engagées appartiennent au département qui a l'initiative des projets de budget où des projets de crédits; ils ont accès dans les services qui détiennent les éléments statistiques, les calculs, les dossiers des travaux préparatoires. Ils sont donc mieux placés que quiconque pour en apprécier les répercussions financières et c'est d'ailleurs par voie législative que sont engagées les dépenses les plus considérables. De même, ils doivent, en vertu de l'article 39 de la loi du 26 décembre 1908, examiner les demandes de crédits supplémentaires. Leur mission devrait donc être étendue au projet de budget qui devrait ainsi parvenir au ministère des Finances accompagné des observations du contrôleur des dépenses engagées. C'est ainsi que la Chambre avait d'ailleurs compris cette mission et qu'elle avait décidé

1. Rapport de M. Paul Bourély, déposé à la Chambre des députés le 12 juillet 1911 (n° 1231).

d'étendre les attributions de ces agents. Mais le Sénat s'y est opposé, sans donner des raisons sérieuses à l'appui de son refus.

Muni des renseignements très précis du contrôleur, le ministre des Finances pourrait arrêter les budgets particuliers de chaque département ministériel en toute connaissance de cause et il aurait le pouvoir nécessaire pour réduire les crédits dont l'accroissement ne lui semblerait pas justifié. D'autre part, il devrait avoir une autorité souveraine sur les directeurs de la comptabilité de chaque ministère, comme le demandait déjà Léon Say en 1895 ; c'est lui qui devrait nommer ces directeurs qui deviendraient autant de subordonnés de la direction générale de la comptabilité publique, afin que les comptabilités particulières des ministères ne fussent plus indépendantes de la comptabilité centrale de l'État. Tout en appartenant à un ministère spécial, les agents d'exécution devraient donc dépendre du ministère des Finances et exercer sous ses ordres les fonctions de directeur de la comptabilité de chaque ministère. Il y aurait ainsi, en France, une véritable comptabilité d'État, un comptable général qui serait chargé de contrôler les écritures et de dresser un bilan.

Mais la principale réforme à accomplir est d'ordre politique. Si l'on admet que le contrôle parlementaire est le principal obstacle à l'augmentation des dépenses et à la dissipation des ressources publiques, ou qu'il devrait l'être, on est amené à conclure que cette œuvre nécessaire ne peut s'exercer que par des Chambres aptes à remplir leur tâche et soucieuses avant tout de l'intérêt général. Les Chambres élues de 1871 à 1914 sont beaucoup trop nombreuses : le Palais-Bourbon devrait comprendre 300 députés au maximum ; il deviendrait ainsi une véritable assemblée délibérante, au lieu de ressembler à une réunion publique. D'autre part les 300 députés dont nous parlons devraient être nommés par de très vastes collèges d'au moins 500 000 électeurs. De la sorte, les mandataires du suffrage universel seraient vraiment les représentants du pays tout entier, capables de défendre l'intérêt général.

CHAPITRE II

L'accroissement des charges publiques.

La gestion financière de 1871 à 1878. — Les conventions de 1883. — Suppression des budgéts extraordinaires. — De 1890 à 1906. — Le mouvement des recettes de 1871 à 1906. — Les budgets de 1907, 1908, 1909 et 1910. — Le budget de 1911. — Le budget de 1912. — Le budget de 1913.

Avant d'examiner notre état financier au moment où l'Allemagne, par sa déclaration de guerre à la Russie, le 1ᵉʳ août 1914, a volontairement déchaîné le conflit européen, jetons un regard d'ensemble sur la gestion de nos budgets pendant les quarante-trois années qui ont précédé l'ouverture des hostilités les plus sanglantes de l'histoire.

LA GESTION FINANCIÈRE DE 1871 A 1878

Pendant la première partie de cette gestion, de 1871 à 1878, des efforts considérables ont été accomplis pour réparer les ruines de la guerre franco-allemande de 1870-71 : l'Assemblée Nationale vote sur la proposition de M. Thiers, Chef du pouvoir exécutif, cinq milliards d'emprunts pour la libération du territoire et crée de nouveaux impôts. Le budget des dépenses de 1872 s'élève à 2 732 millions et celui de

1878, à 3 333 millions, soit une augmentation de 599 millions. Mais l'exercice 1872 comportait des charges exceptionnelles qui avaient disparu en 1878 : 103 millions pour l'approvisionnement de Paris ; 193 millions pour l'amortissement de la dette contractée envers la Banque de France ; 100 millions pour les charges spéciales des emprunts, soit au total 406 millions. L'augmentation réelle des dépenses de 1871 à 1878 était par conséquent de 599 + 406 = 1 005 millions [1].

Ce total déjà considérable comprenait, il est vrai, des dépenses inévitables : 157 millions de charges nouvelles pour les arrérages de la rente ; 353 millions pour les crédits militaires ; 313 millions pour les travaux publics, etc. Ces deux dernières catégories de dépenses étaient d'ailleurs si urgentes qu'il fut impossible de diminuer le montant des budgets extraordinaires et que ceux-ci atteignirent, de 1879 à 1883, les chiffres que voici :

Exercice 1879	285 millions.
— 1880	479 —
— 1881	701 —
— 1882	663 —
— 1883	614 —

Le budget extraordinaire des Travaux publics avait absorbé pour sa part 539 millions en 1881. Après avoir eu recours à divers emprunts (rentes amortissables et obligations du Trésor) pour couvrir ces

1. Ces chiffres et les suivants sont empruntés à l'exposé des motifs du projet de loi portant fixation du budget général de l'exercice 1907 et déposé à la Chambre des députés, le 26 juin 1906, par M. Raymond Poincaré, ministre des Finances. Les chiffres postérieurs à cette date ont été empruntés aux divers documents officiels publiés par le ministère des Finances : *Comptes généraux de Finances; Lois des comptes définitifs; bulletin de statistique*, etc. Nous les avons soumis au contrôle le plus rigoureux.

dépenses, il fallut se résigner à un remède énergique :
le ministère Jules Ferry demanda en 1883, la revision
des contrats passés avec les grandes compagnies de
chemins de fer.

LES CONVENTIONS DE 1883

On vient de voir avec quelle rapidité s'étaient
accrues les charges publiques, par suite de l'exécution
du programme de grands travaux sanctionnés par la
loi du 17 juillet 1879. Rappelons que, tandis que
l'État s'endettait dans des proportions de plus en
plus lourdes en construisant un nouveau réseau qui
devait atteindre 10 000 kilomètres, il fournissait en
même temps aux compagnies privées un complément
de recettes de plus en plus important. Les lignes
nouvelles apportaient en effet un complément de
trafic aux lignes anciennes qui leur servaient de
débouchés et qui bénéficiaient ainsi des sacrifices que
faisait l'État pour doter le pays d'un réseau plus
étendu. Cette situation, tout le monde le comprenait,
ne pouvait pas se prolonger; elle était trop favorable
aux grandes compagnies et trop désavantageuse pour
le Trésor.

D'autre part la crise financière de 1882, provoquée
par le krach de l'*Union Générale*, ne permettait plus
à l'État de continuer à emprunter 500 millions par an
pour réaliser son programme de grands travaux. Il
ne pouvait cependant y renoncer sans soulever les
protestations légitimes des populations auxquelles on
avait promis des chemins de fer. Voilà pourquoi le
ministère Jules Ferry fut amené à signer avec les
compagnies les conventions de 1883, qui ont rendu
possible :

1° La construction et la mise en exploitation de 10 000 kilomètres de voies ferrées ;

2° La réduction du prix des transports pour les voyageurs et les marchandises ;

3° Le concours financier des compagnies trouvant plus de 4 milliards pour exécuter ces travaux ;

4° Le maintien du crédit de l'État que des emprunts annuels sous une forme directe auraient compromis.

Grâce aux conventions de 1883, les dépenses extraordinaires s'abaissèrent, en effet, aux chiffres que voici :

```
Exercice 1884....................... 416 millions.
   —     1885....................... 263    —
   —     1886....................... 229    —
   —     1887....................... 275    —
   —     1888....................... 160    —
   —     1889....................... 163    —
   —     1890....................... 146    —
```

Le budget extraordinaire des Travaux publics avait disparu depuis 1887. Il ne restait, à cette date, que des dépenses militaires extraordinaires.

SUPPRESSION DES BUDGETS EXTRAORDINAIRES

Pendant la période de 1879 à 1890, les dépenses ordinaires ont augmenté de 209 millions dont la majeure partie (123 millions) a été consacrée au développement de l'Instruction publique. Par contre, les dépenses extraordinaires des Travaux publics ayant été incorporées dans le budget ordinaire et ayant fortement diminué, le total des dépenses, qui était de 3 320 millions en 1878, s'est abaissé à 3 287 millions en 1890.

La loi de finances du 26 décembre 1890 portant

fixation du budget général de l'exercice 1891, décide à son tour la suppression du budget extraordinaire de la Guerre. Il reste toutefois, en dehors du budget, la caisse des écoles, la caisse des chemins vicinaux, le budget annexe des téléphones alimenté par l'emprunt, les garanties d'intérêts aux grandes compagnies de chemins de fer qui figurent à un compte spécial. Mais en 1892, 93 et 94, ces caisses et ces comptes spéciaux disparaissent et l'unité budgétaire est à peu près réalisée. Les dépenses totales augmentent sans doute, mais dans des proportions normales. En voici le total :

```
Exercice 1891.................... 3 303 millions.
   —     1892.................... 3 350    —
   —     1893.................... 3 360    —
   —     1894...................- 3 408    —
   —     1895.................... 3 405    —
   —     1896.................... 3 411    —
   —     1897.................... 3 437    —
   —     1898.................... 3 491    —
```

Il est vrai que, pendant cette période, les dépenses ont diminué de 68 millions par suite d'une seconde conversion de la dette de 4 1/2 p. 100 à 3 1/2 p. 100, opérée par M. Burdeau, ministre des Finances dans le cabinet Casimir-Perier. Les dépenses de la Guerre et de la Marine se sont, par contre, augmentées de 99 millions; celles des Colonies, de 75 millions, par suite de la conquête du Dahomey, du Soudan et de Madagascar; celles de l'Instruction publique, de 23 millions, etc. Mais, dans l'ensemble, la situation financière est la plus florissante qui se soit produite sous la troisième République. La rente a atteint le cours de 105 francs en 1897 et le budget de 1898 s'est soldé par un excédent de recettes de 92 411 283 francs.

DE 1899 A 1906

Pendant la période suivante, de 1899 à 1906, l'accroissement des dépenses publiques va suivre une nouvelle marche ascendante. En voici le total général par exercice :

```
Exercice 1899.................... 3 589 millions.
   —      1900.................... 3 746    —
   —      1901.................... 3 701    —
   —      1902.................... 3 699    —
   —      1903.................... 3 597    —
   —      1904.................... 3 638    —
   —      1905.................... 3 706    —
   —      1906.................... 3 852    —
```

Pendant cette nouvelle période de huit années, les dépenses n'ont augmenté en apparence que de 263 millions, soit en moyenne de 34 millions par an. Mais il y a lieu de remarquer que la conversion de 3 1/2 en 3 p. 100 a provoqué une économie de 32 millions et que les dépenses civiles de l'Algérie qui s'élevaient à 56 millions ont disparu du budget ordinaire pour former un budget spécial géré par la colonie : l'accroissement a donc atteint, en réalité, 44 millions par an. La majeure partie a été consacrée aux dépenses militaires qui se sont accrues de 195 millions et à celles de l'Instruction publique qui ont augmenté de 47 millions.

LE MOUVEMENT DES RECETTES DE 1871 A 1906

Examinons maintenant le mouvement des recettes pendant la période que nous venons d'envisager au point de vue des dépenses.

Le *Bulletin de statistique* du ministère des Finances

a évalué à 1 215 millions le montant des impôts nouveaux et surtaxes établis de 1870 à 1906. D'après les évaluations faites au moment de l'application de ces surtaxes et impôts nouveaux, le montant se répartit de la manière que voici :

Contributions directes...............	83 millions.
Enregistrement et timbre...........	248 —
Taxe sur le revenu.................	34 —
Douanes..........................	283 —
Contributions indirectes............	543 —
Postes et télégraphes..............	21 —

Soit, en chiffres ronds, plus de 1 200 millions d'impôts nouveaux et de surtaxes dont la plupart ont été votés par l'Assemblée Nationale, après la guerre de 1870-71. Le produit a d'ailleurs sensiblement dépassé les évaluations,

Par contre, les dégrèvements réalisés pendant la même période ont été évalués aux chiffres suivants :

Contributions directes.............	96 millions.
Enregistrement et timbre..........	62 —
Douanes..........................	185 —
Contributions indirectes...........	396 —
Postes et télégraphes..............	99 —

Soit, au total, environ 840 millions. Parmi les dégrèvements les plus importants, figurent ceux des boissons et des sucres (120 millions) réalisés en 1880; le dégrèvement des transports en grande vitesse (49 millions) réalisé en 1892; la suppression des droits de détail, d'entrée et de taxes uniques sur les vins, réalisée en 1900 (101 millions); etc.

Le produit des impôts et revenus, comprenant les Contributions directes et taxes assimilées, les impôts et revenus indirects (Enregistrement, Timbre, taxe sur le revenu des valeurs mobilières, Douanes, Contributions indirectes et sucres), s'est progressivement augmenté, de 1871 à 1906, dans les proportions que voici :

```
Exercice 1871.................... 1 342 millions.
   —     1872.................... 1 592    —
   —     1875.................... 2 033    —
   —     1880.................... 2 202    —
   —     1885.................... 2 210    —
   —     1890.................... 2 384    —
   —     1895.................... 2 471    —
   —     1900.................... 2 660    —
   —     1906.................... 2 683    —
```

Les produits des monopoles (Allumettes, Tabacs, Poudres, Postes, Télégraphes et Téléphones) ont augmenté dans des proportions encore plus sensibles :

```
Exercice 1871.................... 329 millions.
   —     1872.................... 406    —
   —     1875.................... 470    —
   —     1880.................... 511    —
   —     1885.................... 572    —
   —     1890.................... 605    —
   —     1895.................... 657    —
   —     1900.................... 745    —
   —     1906.................... 863    —
```

Enfin si nous ajoutons aux produits des impôts et des monopoles, les produits et revenus du domaine de l'État (forêts et autres), les produits divers, les ressources exceptionnelles et les recettes d'ordre, nous arrivons à un total général que voici :

```
Exercice 1871.................... 1 985 millions.
   —     1872.................... 2 477    —
   —     1875.................... 2 492    —
   —     1880.................... 2 927    —
   —     1885.................... 3 018    —
   —     1890.................... 3 191    —
   —     1895.................... 3 666    —
   —     1900.................... 3 752    —
   —     1906.................... 3 830    —
```

En résumé, le total des excédents de recettes s'est élevé, de 1870 à 1906, à 1 364 millions, tandis que les excédents de dépenses atteignaient 2 277 millions[1], ce qui fait une différence déficitaire de 913 millions. Mais si on ne tient pas compte des déficits des deux années 1870 et 1871, pendant lesquelles les excédents de dépenses ont atteint 1 232 millions, on constate que, de 1872 à 1906, les excédents de dépenses ne s'élèvent plus qu'à 1 045 millions en regard de 1 364 d'excédents de recettes.

LES BUDGETS DE 1907, 1908, 1909 ET 1910

Pendant la législature de 1906 à 1910, la situation financière va commencer, au contraire, à s'aggraver. Le dernier budget voté par la législature précédente, celui de l'exercice 1906, comportait, en dehors des crédits ouverts par la loi de finances et qui s'élevaient à 3 709 millions, 244 millions de dépenses extraordinaires provoquées en majeure partie par la première alerte du Maroc qui s'achevait par le règlement de la conférence d'Algésiras. En outre, l'exécution des programmes et des lois votées, le service des obligations amortissables provoquaient des dépenses de 57 millions. Au total, le budget de 1907 s'élevait en dépenses à 4 010 millions et l'évaluation des recettes nettes n'atteignait que 3 627 millions.

Pour faire face à ce déficit de 383 millions, M. Raymond Poincaré, ministre des Finances dans le cabinet Sarrien, proposait d'émettre pour 244 millions d'obligations amortissables en douze années et de créer pour 109 millions de taxes nouvelles. Mais son projet

1. D'après les tableaux publiés par M. Aimond dans son rapport général sur le budget de 1913 (Sénat), p. 35.

reçut le plus mauvais accueil de la Commission du budget nommée après les élections de 1906 et bientôt après, le cabinet Sarrien ayant donné sa démission et ayant été remplacé par le cabinet Clemenceau, M. Poincaré se refusa à conserver le portefeuille des Finances.

Son successeur, M. J. Caillaux, se mit d'accord avec le Parlement sur les bases suivantes : le budget de 1907 fut allégé de 128 millions de dépenses extra-ordinaires qui furent imputées sur l'exercice 1906 et de 25 autres millions résultant d'ajournement de dépenses; il fut créé pour 47 millions de taxes nou-velles, au lieu de 109; enfin, on fit état de 108 millions de ressources exceptionnelles, dont 84 millions devaient être fournis par des émissions d'obligations à court terme. Ces divers expédients ne produisirent cependant pas les mauvais effets qu'on en pouvait craindre, car les plus-values de recettes furent consi-dérables. Somme toute, la loi de règlement de l'exer-cice 1906 n'avait fait apparaître qu'un déficit de 15 millions et le règlement définitif du budget de l'exercice 1907 s'est traduit par un excédent de 88 mil-lions sans qu'il fût procédé à des émissions d'obliga-tions sexennaires.

Mais, au cours des exercices 1908, 1909 et 1910, les déficits s'élevèrent à 54, 45 et 48 millions. Voici le montant des ressources réalisées et celui des dépenses totales au cours des quatre exercices envisagés :

Exercices.	Ressources réalisées.	Dépenses totales.	Différences.
	(En millions de francs.)		
1907....................	3 968	3 880	— 88
1908....................	3 986	4 020	+ 54
1909....................	4 140	4 166	+ 45
1910....................	4 273	4 321	+ 48

Le budget de l'exercice 1906 s'était traduit par 3 706 millions de dépenses totales, et celui de 1910 par 4 321 millions. Il en résulte donc, que pendant la législature de 1906 à 1910, les dépenses ont augmenté de 615 millions. Les ressources réalisées ont passé, pendant la même période, grâce aux excédents de recettes et aux ressources exceptionnelles, de 3 837 millions à 4 273, soit une augmentation de 436 millions seulement. Il a été voté pendant cette période de quatre ans pour 230 millions de taxes nouvelles environ.

LE BUDGET DE 1911

Le premier projet de budget pour l'exercice 1911, déposé par M. Cochery, ministre des Finances dans le cabinet Briand, comportait un accroissement de dépenses de 105 millions, bien qu'aucun crédit n'y fût inscrit pour la nouvelle loi sur les retraites ouvrières. Comme, d'autre part, la loi de finances de 1910 avait prévu une émission d'obligations de 159 millions, il y avait donc à faire face à un déficit de 244 millions. Au lendemain des élections de 1910, on se trouvait par suite dans la même situation financière qu'en 1906, au lendemain des élections générales précédentes.

M. Cochery s'efforça, avec un certain courage, de réduire un peu les dépenses et d'augmenter les impôts d'une somme d'environ 38 millions. Il pouvait, en outre, faire état des plus-values de recettes provenant, soit d'une augmentation normale, soit des mesures fiscales nouvelles précédemment adoptées. La Commission du budget résista à ces sages propositions et M. Cochery fut d'ailleurs remplacé par M. Klotz dans le second cabinet Briand du 4 novembre 1910. La discussion du budget 1911, déposé le 28 juin 1910, ne s'acheva que le 12 juillet 1911, après deux crises ministérielles successives : le ministère Briand avait donné sa démission le 27 février 1911 et le ministère Monis qui lui succéda fut à son tour remplacé par le ministère Caillaux, le 27 juin 1911.

Malgré les transformations qu'il avait subies, le budget de 1911 donna toutefois des résultats inespérés : le projet de loi de règlement lui attribue un excédent de recettes de 141 millions. Les paiements s'étaient élevés à 4 548 millions et les recouvrements, à 4 689 millions.

LE BUDGET DE 1912

Le budget de 1911 n'ayant été voté que le 12 juillet, c'est pendant les vacances parlementaires que M. Klotz, ministre des Finances, prépara le projet du budget de 1912. Nous étions à cette époque en pleine crise franco-allemande et l'incident d'Agadir avait soulevé l'indignation publique. La guerre avait même semblé inévitable et, sans l'attitude énergique de l'Angleterre, elle eût sans doute éclaté dès ce moment-là. Il était donc indiqué de rétablir l'ordre et l'économie dans les finances publiques; un budget sévèrement équilibré s'imposait. Mais si M. Klotz le reconnaissait, il n'avait pas toutefois le courage de mettre ses actes d'accord avec ses déclarations. Voici comment il s'exprimait dans l'exposé des motifs du budget de 1912 :

Les dépenses publiques ont suivi, depuis le début de ce siècle, une progression singulièrement rapide et qui peut paraître inquiétante. Le budget de l'exercice 1901 s'élevait à 3 554 millions ; trois ans plus tard, nous le retrouvons à un chiffre encore peu éloigné, à 3 565 millions : on a bien absorbé le bénéfice de la conversion des rentes 3 1/2, lequel s'élevait à 34 millions, mais, somme toute, l'effort que doit subir le contribuable est à peine accru. Puis la poussée des dépenses s'accentue ; dès l'année suivante, l'augmentation est de 58 millions ; elle atteint 86 millions en 1906 et 124 millions en 1907 ; en 1908, c'est une étape nouvelle de 77 millions ; l'année suivante, par un bond de 95 millions, nous dépassons la ligne des 4 milliards ; à son tour, le budget de 1910 accuse un accroissement de dépenses de 180 millions ; celui de 1911 est voté avec un relèvement apparent de 201 millions, qu'il convient de réduire d'une somme de 45 millions représentant les crédits extraordinaires qui s'y trouvent incorporés, et de ramener à 156 millions. Enfin, cette année même, nous vous présentons un budget de 4 503 millions qui accuse, par rapport au budget voté de 1911, une majoration apparente de 117 millions et une majoration réelle de 173 millions.

Tout compte fait, malgré l'économie de 34 millions provenant de la conversion de 1902 et aussi malgré l'inscription au budget annexe, où elles sont gagées par l'émission d'obligations amortissables, des dépenses d'établissement du réseau de l'État, le budget général est passé de 3 554 millions en 1901 à 4 503 millions en 1911 : soit, à 51 millions près, une augmentation d'un milliard.

Parmi les augmentations de crédits les plus importantes, se trouvaient les dépenses de la Guerre, de la Marine et des Colonies, dont le total atteignait 1 431 964 000 francs, soit 320 millions de plus qu'en 1901. Venaient ensuite les dépenses sociales qui s'élevaient à 179 591 000 francs, au lieu de 14 501 000 francs en 1901 ; puis les frais de régie des Postes, Télégraphes et Téléphones qui s'élevaient à 328 965 000 francs au lieu de 196 977 000 francs en 1901 ; les garanties d'intérêts et le déficit des chemins de fer de l'État, évalués à 110 435 000 francs, au lieu de 43 410 000 francs en 1901.

Nous relevons encore dans les tableaux si intéressants que le ministre des Finances faisait distribuer aux Chambres, le 7 novembre, les chiffres suivants : les pensions militaires avaient passé en dix ans de 149 millions à 182; les pensions civiles, de 79 millions à 117; les pensions diverses, de 16 millions à 23; les dépenses de l'Instruction publique, de 206 à 297 millions; les primes à l'Agriculture, à la Marine marchande et autres, de 31 millions à 51, etc.

Comment justifier cette formidable augmentation de dépenses? On pouvait le faire, dans une certaine mesure, quand il s'agissait des frais de régie d'exploitations industrielles ou de perception d'impôts; l'importance s'en était assurément accrue depuis 1901. Il est clair que les frais de régie des Postes, des Télégraphes et des Téléphones, par exemple, dont les recettes n'atteignaient que 255 millions en 1901, ne pouvaient pas être les mêmes en 1912, avec des recettes évaluées à 372 millions.

Cependant les dépenses d'exploitation des P. T. T. étaient sensiblement plus lourdes, toutes proportions gardées, qu'il y a dix ans; elles atteignaient 90,98 p. 100 des recettes tandis qu'elles ne s'élevaient qu'à 79,16 p. 100 en 1901. Et cette augmentation de dépenses ne correspondait nullement à une amélioration de ce grand service qui subissait plus encore que les autres les effets du désordre général. En dépit de l'intelligence et des efforts du sous-secrétaire d'État qui les dirigeait [1], les P. T. T. ne donnaient qu'une médiocre satisfaction à leur immense clientèle. Le service des Téléphones notamment provoquait des plaintes sans nombre, de même que celui des Postes et Télégraphes. Il était moins bien organisé en France

---

1. M. Charles Chaumet, député de la Gironde.

qu'en Angleterre, en Allemagne, en Belgique et surtout en Suisse où les dépenses sont cependant beaucoup moins élevées et les tarifs plus bas.

Les mêmes critiques étaient justement adressées à toutes les exploitations de l'État, monopole des allumettes, des tabacs, des poudres, et surtout des chemins de fer rachetés. Voici en quels termes le désordre de la comptabilité de l'Ouest-État était dénoncé par le rapporteur général du budget qui n'en restait pas moins un partisan convaincu du rachat :

Il est indispensable, dit-il [1], que l'Ouest-État apporte de l'ordre dans ses finances. Nous manquerions à tous nos devoirs en ne signalant pas que nous nous sommes trouvés en face d'un budget inexistant, d'une administration qui ne connaissait pas, le 20 octobre 1911, l'effectif exact de son personnel et qui ne pouvait, par conséquent, à l'heure où la Commission du budget s'est séparée, établir aucune prévision sérieuse pour ses dépenses de 1912. Il a fallu que la Commission du budget, pour en finir, adoptât à titre provisoire, en ce qui concerne les chapitres du personnel, les propositions contenues dans le projet de loi déposé par le Gouvernement. Un tel désordre est inconcevable. Il ne fait malheureusement que trop prévoir un prochain et lourd cahier de crédits supplémentaires pour 1911 et un accroissement corrélatif des crédits actuellement prévus pour 1912.

D'autres augmentations de crédits pouvaient, il est vrai, mieux se justifier. Les dépenses de la Guerre et de la Marine sont de ce nombre. Toutefois, il faut bien rappeler que les erreurs et les négligences commises par des ministres de la Guerre et de la Marine, dont il est inutile de rappeler les noms, avaient coûté très cher au budget. La première alerte du Maroc étant survenue en 1905 en pleine période de désorganisation militaire, il avait fallu engager à la hâte et

1. Rapport général du budget de 1912, par M. H. Chéron, p. 104.

dans la fièvre 200 millions de dépenses pour protéger nos frontières : malgré les milliards consacrés depuis tant d'années, si notre sécurité ne fut pas assurée, il fallait bien que les départements intéressés eussent manqué à leurs devoirs.

A quel expédient pouvait-on avoir recours pour mettre en équilibre le budget de 1912 qui accusait une insuffisance de 178 millions? Le ministre des Finances proposa d'affecter le produit du remboursement des avances consenties à la compagnie de l'Est, s'élevant à 172 millions, à couvrir le déficit. Il ajoutait :

Nous nous proposons de prendre en écritures le remboursement de l'Est à un *compte provisionnel* sur lequel nous prélèverons, pour les besoins de l'exercice 1912, une somme de 155 millions et auquel nous reverserons jusqu'à concurrence maxima de la dite somme, le montant des plus-values nettes de l'exercice 1911. Nous aurons ainsi constitué une réserve qui permettra aux exercices 1913 et 1914 de trouver, le cas échéant, les disponibilités nécessaires à leur équilibre.

Ainsi, l'unique remède à l'accroissement des dépenses et aux difficultés budgétaires, consistait, selon le ministre des Finances, à ouvrir un « compte provisionnel » dans lequel on ferait figurer le reliquat du remboursement de la dette de la compagnie de l'Est et les plus-values de recettes. Mais l'établissement de ce compte singulier avait, en réalité, pour objet de dissimuler l'exacte situation financière. Si en effet, le budget de 1912, voté, moins tardivement que le précédent, le 27 février 1912, s'était soldé en écritures par un excédent de recettes de 115 millions, cet excédent ne provenait que d'une ressource exceptionnelle, celle du remboursement anticipé de la dette de l'Est.

Il résulte en effet des comptes définitifs de l'exercice 1912 que les paiements se sont élevés à 4 742 millions, tandis que les recettes réalisées ont atteint 4 857 millions. Au cours du même exercice, les crédits additionnels ont dépassé 330 millions.

LE BUDGET DE 1913

Le projet de budget de 1913, déposé le 29 mars 1912, par M. Klotz, ministre des Finances dans le cabinet Poincaré, qui avait succédé au cabinet Caillaux, comportait les mêmes expédients que celui de 1912. Pour aboutir à un équilibre fictif, il créait des ressources exceptionnelles de 207 millions et il imputait 84 millions de dépenses sur des comptes spéciaux alimentés par l'emprunt. Les ressources exceptionnelles se composaient, notamment, d'un prélèvement sur le *compte provisionnel* et d'une seconde innovation qui consistait « à prendre en charge comme valeurs de caisse » les papiers timbrés et les timbres de l'Enregistrement.

La Commission du budget réduisit les crédits de 4 664 millions demandés par le gouvernement à 4 641 millions, et elle porta les évaluations de recettes à 4 642 millions. Mais, au cours de la discussion publique, les crédits furent augmentés de 37 935 748 francs, ce qui le portait à 4 679 millions. Par la création d'impôts nouveaux et de relèvements de taxes de 31 millions et l'augmentation du prélèvement sur le *compte provisionnel*, les recettes furent évaluées à 4 681 millions. La Chambre des députés, qui avait ouvert la discussion de ce budget le 30 mai 1912, ne devait l'achever que le 15 mars 1913 : cette discussion, qui devait se renouveler à six reprises différentes par suite des modifications apportées par le Sénat au projet de budget, ne fut terminée que le 30 juillet 1913 : entre le dépôt de ce projet et son vote définitif, seize mois s'étaient donc écoulés.

Quel avait été le résultat de cette longue gestation ? Le budget des dépenses de 1913 était fixé, par la loi du 30 juillet 1913, à 4 738 millions et celui des recettes à la même somme diminuée de 200 000 francs. Mais les ressources exceptionnelles y figuraient pour 261 millions et aucune recette n'était prévue pour couvrir les dépenses de la nouvelle loi sur le service de trois ans qui avait nécessité des crédits supplémentaires dont nous parlerons plus loin.

Examinons maintenant les comptes définitifs du budget de 1913, tels qu'ils ont été fournis sur le projet de règlement de ce budget, déposé le 20 mai 1915. Les crédits primitivement accordés par la loi du 30 juillet 1913 ont été augmentés du montant de ceux qui ont été ouverts ou reportés soit par des lois nouvelles, soit par des décrets rendus en Conseil d'État et régularisés par des lois : cette catégorie de crédits nouveaux s'est élevée à la somme énorme de 604 millions. En y ajoutant les dépenses des exercices clos acquittés en 1913 et divers autres, on arrive à un total de crédits de 5 493 millions, dont il faut déduire, il est vrai, les crédits non consommés (143 millions) et les crédits restant à payer à la clôture de l'exercice (282 millions). Le montant des crédits, ramené à celui des paiements, s'élevait ainsi à 5 066 millions et le chiffre des évaluations, ramené à celui des recouvrements, à 5 091 millions, ce qui ferait un excédent de 25 millions. Mais pour se rendre compte de la véritable situation financière, il faut avoir sous les yeux d'autres éléments d'appréciation et retenir, en tout cas, que les restes à payer par l'État s'élevaient à 282 millions en clôture de l'exercice 1913, tandis qu'ils n'avaient atteint que 41 millions en clôture de l'exercice précédent.

Les résultats généraux des budgets de 1900 à 1913 se résument, d'après les comptes de règlements définitifs, dans le tableau que voici[1] :

Exercices.	Recettes, (ressources réalisées.)	Dépenses, (paiements effectués).	Excédents des recettes.	Excédents des dépenses.
		(En millions de francs.)		
1900........	3 814,9	3 746,9	67,9	
1901........	3 576,0	3 701,7		125,6
1902........	3 582,4	3 699,3		116,8
1903........	3 667,5	3 597,2	70,3	
1904........	3 739,0	3 638,5	100,5	
1905........	3 766,3	3 706,8	59,5	
1906........	3 837,0	3 852,0		15,0
1907........	3 968,3	3 880,2	88,1	
1908........	3 966,5	4 020,5		54,1
1909........	4 140,9	4 186,0		45,1
1910........	4 273,8	4 321,9		48,0
1911........	4 689,0	4 547,9	141,1	
1912........	4 857,4	4 742,7	114,7	
1913........	5 066,9	5 091,7	24,8	

L'augmentation des dépenses publiques ressort donc, pendant cette période, à 5 091,7 — 3 746,9 = 1 344,8 millions, auxquels il convient d'ajouter les dépenses restant à payer, soit 282,7 millions.

En comparant, d'après les comptes définitifs et par départements intéressés, les dépenses résultant des services faits (droits constatés au profit des créanciers de l'État) de l'exercice 1904 à ceux de l'exercice 1913, on aboutit au tableau que voici :

1. Pendant la même période, les dépenses générales du budget anglais ont atteint les chiffres que voici :

Exercice 1900-01....................	2 773 millions.
— 1903-04....................	3 674 —
— 1913-14....................	4 937 —
Augmentation en 13 ans............	+ 2 164 —

	Exercice 1904.	Exercice 1913.
	(En milliers de francs.)	
1re Partie : Dette publique.		
Ministère des Finances...............	1 212 770	1 202 275
2e Partie : Pouvoirs publics.		
Ministère des Finances...............	13 697	20 177
3e Partie : Services généraux des ministères.		
Ministère des Finances...............	26 341	57 446
Ministère de la Justice. — Services judiciaires......	37 651	44 335
Ministère de la Justice. — Services pénitentiaires...	0 [1]	19 089
Ministère des Affaires étrangères......	17 482	21 344
Ministère de l'Intérieur.............	81 851	155 021
Ministère de la Guerre. — 1re section : Troupes métropolitaines...........	631 165	1 141 332
Ministère de la Guerre. — 2e section : Troupes coloniales...............	40 250	69 892
Ministère de la Guerre. — 3e section : Approvisionnements de réserve....	32 050	311 835
Ministère de la Marine. — 1re section : Marine militaire.................	309 560	462 136
Ministère de la Marine. — 2e section : Marine marchande...............	0 [2]	93 720
Instruction publique et Beaux-Arts. — 1re section : Instruction publique...............	224 775	304 953
Instruction publique et Beaux-Arts. — 2e section : Beaux-Arts...	14 768	24 383
Commerce et Industrie. — 1re section : Commerce et industrie...............	62 273 [3]	15 921
Commerce et Industrie. — 2e section : Postes et télégraphes...............	3 968	4 840
Ministère du Travail et de la Prévoyance sociale........................	0 [4]	85 353
Ministère des Colonies..............	106 856	104 020
Ministère de l'Agriculture............	38 499	54 463
Ministère des Travaux publics. — Dépenses ordinaires......	82 673	93 970
Ministère des Travaux publics. — Dépenses extraordinaires.	174 928	205 596
	1 937 565	3 357 568

1. Le service pénitentiaire faisait partie du ministère de l'Intérieur en 1904.

2. La création du Sous-Secrétariat d'État de la Marine marchande est postérieure à 1904.

3. Divers services du ministère du Commerce ont été transférés à celui du Travail.

4. Le ministère du Travail n'existait pas en 1904.

*4ᵉ Partie : Frais de régie, de perception
et d'exploitation des impôts et revenus publics.*

Ministère des Finances...............	214 015	280 292
Ministère des Affaires étrangères......	58	457
Ministère du Commerce, de l'Industrie, des Postes et des Télégraphes. — 2ᵉ section : Postes et Télégraphes.........	235 234	331 888
Ministère de l'Agriculture............	13 921	15 930
	463 229	628 568

*5ᵉ Partie : Remboursements, restitutions
et non-valeurs.*

Ministère des Finances...............	35 168	39 481
Ministère de la Justice. — Services pénitentiaires.........................	691	722
Ministère du Commerce, de l'Industrie, des Postes et des Télégraphes. — 2ᵉ section : Postes et télégraphes.........	8 161	10 902
Ministère de l'Agriculture............	10	9
	44 031	51 116
Totaux généraux.........	3 671 280	5 349 706

Ajoutons que, au 31 décembre 1913, la dette flottante s'élevait aux chiffres que voici :

	Francs.
Effets à payer. { Bons du Trésor..................	410 346 200
{ Mandats tirés sur le Trésor.......	163 664 168
Comptes courants et fonds en dépôt.........	1 479 222 525
Fonds particuliers des trésoriers payeurs généraux....................................	27 650 531
	2 080 883 425 [1]
En 1904, le montant total de la dette flottante n'était que de.....................	1 262 668 431
Augmentation.............	+ 818 214 993

Il y avait en outre en circulation pour 208 690 780 francs d'obligations du Trésor à court terme.

---

1. Ce chiffre est emprunté au *Compte général des Finances.* Pour les raisons indiquées au chapitre ɪ (page 14) il est plus élevé que le chiffre qui figure dans les états mensuels de la direction du mouvement général des fonds.

Et, d'autre part, le montant des découverts et avances du Trésor s'élevait à 1 229 841 946 francs.

Ces chiffres n'étaient pas connus du ministre des Finances, lorsqu'il eut à préparer le budget de 1914. Mais il pouvait prévoir que la situation financière était des plus difficiles et il avait le devoir d'y faire face par des mesures énergiques. C'est, d'ailleurs, ce qu'entreprit, très courageusement, M. Charles Dumont, ministre des Finances du cabinet Louis Barthou, pendant les vacances parlementaires d'août, septembre et octobre 1913.

CHAPITRE III

Le Déficit.

La situation intérieure et extérieure en 1913. — Le projet de budget de 1914. — Le projet d'emprunt de 1 300 millions. — L'ajournement de l'emprunt.

LA SITUATION INTÉRIEURE ET EXTÉRIEURE EN 1913

M. Raymond Poincaré, président du Conseil et ministre des Affaires étrangères, avait été élu Président de la République, le 17 janvier 1913, par le congrès de Versailles. Il avait été désigné à ces hautes fonctions par un mouvement de l'opinion publique qui, depuis l'incident d'Agadir, était violemment irritée de l'attitude de l'Allemagne. En formant le 14 janvier 1912 un cabinet national[1] qui succédait à celui de M. J. Caillaux, M. Poincaré avait, en effet, bénéficié du sentiment patriotique qui se manifestait dans tout le pays avec un calme impressionnant. Mais l'élection présidentielle n'avait point apaisé,

1. Le ministère Poincaré était composé de la manière suivante : MM. Poincaré, ministre des Affaires étrangères et président du Conseil ; Aristide Briand, ministre de la Justice ; Steeg, ministre de l'Intérieur ; Klotz, ministre des Finances ; Millerand, ministre de la Guerre ; Delcassé, ministre de la Marine ; Guist'hau, ministre de l'Instruction publique ; Jean Dupuy, ministre des Travaux publics ; Fernand David, ministre du Commerce ; Pams, ministre de l'Agriculture ; Lebrun, ministre des Colonies ; Léon Bourgeois, ministre du Travail et de la Prévoyance sociale. MM. Paul Morel, René Besnard, Chaumet et Léon Bérard étaient sous-secrétaires d'État.

loin de là, les divisions des partis dans le Parlement. Le parti radical ne songeait qu'à prendre une revanche de l'échec des ministères Monis et Caillaux. Il s'organisait en vue des élections générales de 1914 de deux manières : dans le Parlement, en luttant contre le cabinet au pouvoir; dans le pays, en fortifiant ses comités qu'il devait réunir au congrès de Pau, au mois d'octobre suivant. Il cherchait à s'unifier et à se discipliner de la même manière que le parti socialiste. Les autres partis restaient, à ce moment-là, impassibles et muets.

Le premier ministère formé sous la Présidence de M. Raymond Poincaré, le ministère A. Briand, donnait sa démission le 18 mars 1913, et le cabinet Louis Barthou, lui succédait le 22 mars[1] : l'hostilité du parti radical s'accentuait encore; toute l'année 1913 était remplie par des discussions parlementaires violentes et qui faisaient un contraste saisissant avec l'attitude ferme et tranquille du pays, d'ailleurs absorbé par les événements extérieurs.

A la suite de l'arrangement franco-allemand relatif au Maroc et qui avait suivi le « coup d'Agadir », la situation de l'Europe restait en effet inquiétante. La guerre Italo-Turque, puis les deux guerres balkaniques avaient naturellement semé l'alarme dans tous les pays. La guerre entre la France et l'Alle-

---

1. Le cabinet Barthou était composé de la manière suivante : MM. Louis Barthou, président du Conseil et ministre de l'Instruction publique; Antony Ratier, ministre de la Justice; Klotz, ministre de l'Intérieur; S. Pichon, ministre des Affaires étrangères; Charles Dumont, ministre des Finances; Étienne, ministre de la Guerre; Pierre Baudin, ministre de la Marine; J. Thierry, ministre des Travaux publics; Alfred Massé, ministre du Commerce; Clémentel, ministre de l'Agriculture; Jean Morel, ministre des Colonies; Henry Chéron, ministre du Travail. MM. Paul Morel, Paul Bourély, Léon Bérard et de Monzie étaient nommés sous-secrétaires d'État.

magne avait d'ailleurs été très près d'éclater dès le mois d'août 1911 au cours de négociations poursuivies à Berlin par M. Jules Cambon au sujet du Maroc; des mesures préparatoires avaient été prises en Allemagne en vue de la mobilisation. Les officiers et les hommes de la réserve avaient été prévenus de se tenir prêts pour l'appel. Ce « garde-à-vous » général, lancé pour la première fois en 1911, s'était renouvelé au mois d'avril 1913, c'est-à-dire au moment de la tension Austro-Albanaise[1].

D'autre part, de l'autre côté du Rhin, une loi du 27 mai 1911 et une seconde loi du 21 mai 1912 avaient déjà porté l'effectif de l'armée allemande a 712 000 hommes dont 37 000 officiers ou assimilés; des crédits importants étaient votés pour fortifier l'emploi des mitrailleuses et de l'artillerie; au début même de 1913, le gouvernement allemand proposait au *Reichstag* une nouvelle loi, adoptée du reste en juillet, et qui comportait une nouvelle augmentation des effectifs en hommes et en chevaux, du matériel de guerre de toute sorte, etc. Les effectifs se trouvaient ainsi portés à 876 000 hommes dont 42 000 officiers et 112 000 sous-officiers.

Notre ambassadeur à Berlin, plusieurs de nos agents diplomatiques en Allemagne et nos attachés militaires ne manquèrent pas de signaler au gouvernement français l'importance de ces accroissements de force militaire. Le *Livre Jaune*, qui a été publié après la déclaration de guerre du 3 août 1914, renferme, en effet, sous la rubrique « avertissements », des renseignements très clairs sur les mesures prises

---

1. **Note adressée par M. Jules Cambon, ambassadeur de France à Berlin, à M. Stéphen Pichon, ministre des Affaires étrangères, le 6 mai 1913** (*Livre Jaune*, avertissements, pièce n° 3).

par nos ennemis et l'état d'esprit inquiétant de l'opinion allemande et de l'Empereur au cours de l'année 1913.

Les prévisions de nos agents diplomatiques devaient, on le sait, exactement se réaliser. Ainsi averti, le cabinet Barthou avait le devoir de faire des efforts de même nature. C'est dans ce dessein qu'il fit voter la loi du 7 août 1913 sur le service de trois ans et d'autres lois complémentaires. Dès le mois de mai 1913, il avait d'ailleurs fait ratifier par les Chambres une première demande de crédits supplémentaires de 234 millions, destinés au casernement, et, en attendant que fût adopté le programme de réfection du matériel de guerre, dont les devis s'élevaient à 500 millions, il en avait commencé l'exécution en ouvrant des crédits par décrets rendus en Conseil d'État. Mais cette situation provisoire ne pouvait évidemment pas durer. Le ministre des Finances avait le devoir de s'en préoccuper et notamment de faire face aux nouvelles dépenses d'armement et d'effectifs par des ressources correspondantes.

LE PROJET DE BUDGET DE 1914

Dans les circonstances graves où M. Ch. Dumont avait à préparer le budget de l'exercice 1914, il ne pouvait être question d'avoir recours à des expédients. Le ministre avait, au contraire, l'impérieux devoir de doter le budget de ressources plus larges, en augmentant les impôts; d'assurer aux services de la défense nationale les moyens de procéder le plus vite possible à la réfection du matériel de guerre; de fortifier enfin le crédit public, en assainissant le marché des capitaux et en lui procurant un élément d'activité nouvelle par une émission de rentes françaises. Si un conflit européen devait surgir des préparatifs belliqueux de l'Allemagne, n'était-il pas indispensable de liquider les dettes du passé, d'améliorer la situation financière et d'être ainsi en mesure de faire face plus aisément aux charges de la guerre? Le budget de M. Ch. Dumont était donc destiné, dans sa pensée, à restaurer les finances publiques en vue de parer aux éventualités qui pouvaient se présenter : il importe de ne pas l'oublier pour bien comprendre l'idée maîtresse qui se dégage du projet de budget déposé le 4 novembre 1913 sur le bureau de la Chambre des députés.

Le ministre des Finances rappelait, dans son exposé des motifs, que le budget de 1913 n'avait été équilibré que grâce à un prélèvement de 155 millions sur le compte provisionnel et à l'autorisation d'émettre pour 106 millions d'obligations à court terme. A cette insuffisance de 261 millions venaient s'ajouter les dépenses du Maroc (202 millions) qui devaient désormais figurer dans les prévisions budgétaires; soit, au total, 463 millions. D'autre part, les charges nouvelles résultant de l'application de la loi du 7 août 1913 sur le service de trois ans représentaient une dépense supplémentaire de 170 millions; la mise en vigueur des lois des cadres et du relèvement des soldes, 45 millions; les dépenses sociales (assistance aux familles nombreuses, assistance aux femmes en couches, assistance aux vieillards, retraites ouvrières) augmentaient de 40 millions; les améliorations de traitements pour les instituteurs, les postiers et les divers agents des régies financières nécessitaient un accroissement de crédits de 32 millions, etc.

Dans l'ensemble, le montant des dépenses du

budget de 1914 s'élevait à 5 373 millions, en augmentation de 681 millions sur les dépenses normales de 1913, soit 202 millions pour le Maroc et 479 millions pour les autres chapitres. Les recettes s'élevaient à 4 579 millions ; elles avaient été évaluées à 102 millions de plus que celles de 1913. La différence entre les recettes normales et les dépenses prévues était donc de 794 millions.

Pour combler le déficit, M. Ch. Dumont proposait de créer pour 287 millions d'impôts nouveaux ou de surtaxes : 38 millions étaient demandés aux contributions directes ; 130 millions au Timbre et à l'Enregistrement ; 114 millions aux contributions indirectes, etc. En outre, les contribuables auraient à supporter, plus tard, un impôt progressif sur le revenu et une taxe successorale sur le capital, lesquels ne pourraient, il est vrai, entrer en application qu'en 1915, puisqu'ils n'étaient pas encore votés.

Le surplus du déficit devait être couvert par des ressources exceptionnelles que M. Ch. Dumont, comme ses prédécesseurs, empruntait au compte provisionnel. Mais le solde de ce compte étant épuisé, comment faire pour le réalimenter ? D'une part, on y inscrivait une recette de 103 millions, provenant des plus-values vraisemblables de l'exercice 1913 ; de l'autre, on y reportait les dépenses du Maroc, qui s'étaient élevées, en 1911, 1912, et 1913, à 404 millions. Mais ces 404 millions étant déjà dépensés, on ne pouvait les reverser au compte provisionnel qu'en les empruntant. C'est ce que proposait de faire le ministre des Finances dans le second projet de loi déposé le 14 novembre 1913 et qui avait pour objet une émission de rentes 3 p. 100 perpétuelles, en vue de subvenir aux dépenses extraordinaires de la défense nationale et de l'expédition du Maroc.

LE PROJET D'EMPRUNT DE 1 300 MILLIONS

Les dépenses extraordinaires de la Guerre et de la Marine étaient évaluées à 860 millions pour les exercices de 1913 et 1914. Aucune objection sérieuse ne pouvait être faite à cette dernière affectation de 860 millions. Par contre, la méthode de comptabilité appliquée aux 404 millions du compte provisionnel était évidemment discutable. En faisant réapparaître, en quelque sorte, des dépenses déjà soldées pour équilibrer le prochain budget, le ministre des Finances s'exposait aux critiques très vives d'une opposition résolue à le renverser depuis le congrès radical et radical-socialiste qui s'était tenu à Pau avant l'ouverture de la session extraordinaire de 1913. M. Ch. Dumont ne l'ignorait pas, mais il avait décidé de passer outre.

Au fond, son emprunt de 1 300 millions avait pour objet essentiel de dégager la Trésorerie des charges croissantes dont elle était accablée, et qui, surtout en cas de péril extérieur, pouvaient créer de sérieux embarras. Il voulait enfin donner au ministère de la Guerre les moyens de subvenir aux dépenses d'accroissements d'effectifs et de matériel qu'imposait, assurément, la situation extérieure.

Pour faire face à tant de difficultés financières et assainir notre Trésorerie, M. Ch. Dumont estimait avec raison qu'un emprunt immédiat était nécessaire. Après avoir consulté les personnes autorisées à le renseigner sur l'état du marché des capitaux et sur les moyens d'assurer le succès de l'emprunt, le ministre des Finances s'était par suite décidé à émettre des rentes 3 p. 100 perpétuelles et à consacrer, par un nouveau texte de loi, l'immunité du coupon.

Voici en quels termes, d'ailleurs sommaires, M. Ch. Dumont justifiait ses résolutions :

> Le fonds 3 p. 100 perpétuel nous paraît, en effet, être le seul qui puisse se prêter à une opération de l'importance de celle que nous envisageons. S'il n'a pu se soustraire à l'effet de certains phénomènes d'ordre général qui ont affecté le prix des capitaux, notre 3 p. 100 bénéficie d'un taux de capitalisation qui ne se retrouve pour aucun des fonds similaires étrangers et dont un classement sans pareil reste le plus sûr garant. La largeur du marché du 3 p. 100 offre, d'autre part, des faculté de transaction, c'est-à-dire des éléments d'absorption, de soutien et de vitalité qui manqueraient à tout autre type créé ou à créer. Le 3 p. 100 perpétuel demeure le véritable instrument du crédit national, du crédit de l'État souverain qui recouvrera l'éclat de son privilège lorsque vous aurez consacré solennellement, comme nous vous le demandons, l'intangibilité du coupon de rente.

Par une disposition spéciale du projet, le ministre des Finances, proposait en outre d'amortir les 1 300 millions d'emprunt en inscrivant au budget une annuité de 75 millions permettant l'amortissement progressif du 3 p. 100 perpétuel : cet amortissement aurait lieu par un rachat en Bourse.

Cette combinaison était, à coup sûr, la plus favorable au succès de l'emprunt que nécessitaient les embarras de la Trésorerie et les circonstances extérieures. Elle se heurta cependant à l'hostilité de la Commission du budget, présidée par M. Cochery et dont le rapporteur général était M. Noulens. Impressionnée par la campagne de couloirs très vive que menaient les adversaires du cabinet Barthou, pour des raisons politiques et électorales, contre un projet d'ordre purement financier, cette Commission finit

par le transformer de fond en comble. D'une part,
elle réduisait le chiffre de l'emprunt à 900 millions,
en insistant sur la nécessité de ne pas équilibrer le
budget par des émissions de rentes ; de l'autre, elle
modifiait l'article 3 du projet du gouvernement décla-
rant que « les inscriptions de rentes sur l'État por-
teraient désormais la mention que ces recettes con-
tinueraient à bénéficier des immunités dont elles
jouissent ».

C'est là, disait le rapporteur du projet d'emprunt, une innovation que l'état du marché et le crédit de la France n'exigeaient pas. Votre Commission du budget n'a pas cru devoir
aliéner les droits de l'État, ni porter atteinte au principe
maintes fois affirmé de l'égalité de tous les contribuables et de
toutes les valeurs mobilières devant la loi, en consentant à
rappeler sur les titres de rentes le bénéfice des privilèges et
immunités qui y sont présentement attachés.

C'est sur cette question de l'impôt sur la rente que
l'opposition de la Chambre allait d'ailleurs s'organiser
en vue de renverser le cabinet. La bataille était dirigée
par M. J. Caillaux, récemment nommé par le Congrès
de Pau président du comité exécutif du parti répu-
blicain radical et radical-socialiste. Dans son discours
du 26 novembre 1913, M. J. Caillaux reprocha, en
effet, au gouvernement de laisser dormir le projet
d'impôt sur le revenu voté à la Chambre et en
suspens devant le Sénat (lequel pouvait donner,
d'après lui, le moyen d'équilibrer plus tard nos
finances) et de recourir à des expédients pour boucler
le budget. Voici, d'ailleurs, la conclusion de son
discours.

Je le répète : ce que je reproche en ce moment au gouvernement, c'est qu'au moment où il faut une politique vigoureuse
d'action démocratique, où il faut rappeler aux classes riches

les engagements qu'elles ont pris (*Applaudissements à gauche et à l'extrême gauche*) et que leurs représentants ont pris...

M. Jaurès. — On nous mène au dégagement!

M. Joseph Caillaux..., ce que je reproche au gouvernement, c'est d'ouvrir déjà la porte de sortie, alors qu'au contraire, il faudrait bien montrer que toutes les issues sont fermées.

Messieurs, je désire profondément que la bourgeoisie qui, depuis cent cinquante ans, aux grandes époques de notre histoire, a joué un rôle si utile, en sachant faire à temps les concessions nécessaires, ne soit pas atteinte du vertige qui, à la fin du XVIII° siècle, s'est emparé des classes privilégiées.

A la fin du XVIII° siècle, à la veille de la Révolution française, circulait une brochure de Sieyès que j'ai parfois citée et où l'on lisait :

« Au lieu de céder doucement à l'action du temps, à l'influence des lumières, la noblesse se raidit contre elles. Elle ne veut rien perdre de ses privilèges, que dis-je? elle les accroît. »

Ne prétend-on pas aujourd'hui accroître certains privilèges nouveaux qu'on a coulés dans le moule des privilèges anciens? (*Très bien! très bien! à gauche et à l'extrême gauche.*)

Eh bien, non! l'inertie des satisfaits n'est pas une formule de gouvernement démocratique. (*Vifs applaudissements à gauche.*) Il ne faut pas que, dans chaque acte, dans chaque projet qu'on vous présente et dans les projets financiers en particulier nous n'apercevions qu'articles introduits pour mettre obstacle aux réformes promises, aux seules réformes par lesquelles on pourra se dégager des embarras actuels.

Messieurs, il y a quelques années qu'ont été votées les transformations fiscales dont je viens de parler. Ces transformations fiscales, vous avez promis presque tous, tous ceux qui siègent sur ces bancs (*la gauche*), qu'elles seraient réalisées. Prenez garde, il n'est pas dans les possibilités de l'heure qu'elles entrent en vigueur avant la fin de la législature; mais, ce qui est dans les possibilités de l'heure, ce que je demande avec insistance à la Chambre, c'est de ne pas en compliquer la réalisation, c'est, au moment où l'on touche au but, d'éviter les pièges tendus sous vos pas. (*Vifs applaudissements répétés à gauche et à l'extrême gauche.*)

En réponse aux attaques dont il était assailli, M. Ch. Dumont fit remarquer que son projet d'emprunt avait pour objet essentiel de procurer des ressources au Trésor. En 1913 et en 1914, il y aurait à payer près de 900 millions pour les dépenses extraordinaires de la guerre, aussi bien pour la mise en application de la loi de trois ans que pour exécuter le programme d'accélération de l'armement. Il faudrait, en outre, pourvoir au déficit de l'exercice 1914 qui, par des accroissements d'impôts et autres ressources, pouvait se réduire à 400 millions. La question était donc de savoir si l'on devait se procurer ces 400 millions par un emprunt en rentes perpétuelles ou par une émission d'obligations du Trésor. Or, au 31 octobre 1913, les dettes flottantes des divers États Européens dépassaient 7 à 8 milliards; elles se composaient de traites à court terme, d'obligations et de bons du Trésor dont les diverses banques de l'Europe étaient encombrées. Dans ces conditions, une émission d'obligations coûterait très cher, 4 à 4,50 p. 100, en admettant même qu'elle fût possible, ce que le ministre ne croyait pas. Il fallait donc s'adresser au grand public pour une souscription qui devait précéder, dans l'intérêt de notre crédit, les émissions d'emprunts étrangers en perspective.

L'article 1er du projet d'emprunt porté à 1 300 millions fut d'ailleurs adopté par 291 voix contre 270 dans la séance du 1er décembre 1913. Mais la discussion reprit, plus âpre encore, le 2 décembre, sur la question de l'impôt sur la rente. M. Ch. Dumont restait irréductible; il ne voulait pas prendre la responsabilité de contracter un emprunt, si l'immunité fiscale de la nouvelle rente n'était pas affirmée par un texte de loi.

M. J. Caillaux reprit, avec une nouvelle insistance, dans la séance du 2 décembre, ses arguments de la veille. D'après lui, le secret de la campagne ardente en faveur de « l'irrévocable intangibilité » du coupon de rente avait pour but de ruiner d'avance l'impôt sur le revenu. La rente figurait dans une cédule de l'impôt sur le revenu voté par une forte majorité de la Chambre en 1908. Que demain son exemption fût mise hors de toute contestation, et l'on verrait, dans nos campagnes, le rentier seul ne pas payer l'impôt sur le revenu.

La masse de la nation, disait M. J. Caillaux, devra payer pour ceux qui sont exemptés ; l'impôt, dont certains auront été déchargés, retombera sur les autres. (*Très bien ! Très bien !*)

Il est évidemment difficile, quand on parle de la fortune de la France, de fournir des estimations précises. Mais si vous considérez — ce qui, je crois, est à peu près exact — que la fortune publique de la France s'élève à 250 ou 300 milliards environ, la rente française, qui atteint 25 milliards, représente le dixième ou le douzième de la richesse générale. Donc le dixième ou le douzième de cette fortune serait exonéré d'impôts qui retomberaient sur les autres ! Et vous allez défendre cette disposition ! Elle n'est pas soutenable ! (*Applaudissements à l'extrême gauche et à gauche.*)

Messieurs, vous vous représenteriez devant vos cultivateurs... (*Mouvements divers au centre. — Applaudissements à l'extrême gauche et sur divers bancs à gauche.*)

M. Barthe. — Des engagements ont été pris.

M. Joseph Caillaux. — ...devant vos cultivateurs, devant vos petits commerçants, sans avoir réalisé la réforme que vous vous êtes engagés à faire (*Très bien ! Très bien ! sur divers bancs à gauche et à l'extrême gauche*), mais en ayant fait une chose, l'exemption de la rente ! Messieurs, prononcez ! (*Vifs applaudissements à l'extrême gauche et sur divers bancs à gauche.*)

Il n'était pas très difficile de répondre à ce discours politique que l'exemption du coupon de rente, décidée dans l'intérêt de l'État, n'empêcherait pas de taxer le contribuable sur l'ensemble de ses revenus et ne rendait, par suite, nullement impossible l'établissement d'un impôt général sur le revenu. C'est ce que fit M. Ch. Dumont, en répétant que cette exonération était indispensable pour assurer le succès de l'emprunt. En terminant, il rappela que les quatre cinquièmes de la rente 3 p. 100 déjà existante se trouvaient entre les mains des sociétés de secours mutuel, des établissements de bienfaisance, de la Caisse des dépôts, des mineurs et des incapables, c'est-à-dire de tous ceux auxquels l'État devait sa protection. Imposer la rente, ce serait par conséquent provoquer une crise et de véritables désastres dans les portefeuilles où l'État avait rendu la rente obligatoire. « Décidés que nous sommes, déclarait-il fièrement, à défendre la grande force de sécurité à l'intérieur et de rayonnement d'influence au dehors que représente le crédit de la France, il y aurait là des désastres moraux et matériels que le gouvernement ne veut pas prendre à sa charge et dont il décline toute la responsabilité. »

A son tour, le président du Conseil, M. Louis Barthou, fit entendre à la Chambre le langage le plus énergique. Nous croyons devoir citer, en raison de l'importance de la séance du 2 décembre 1913, la conclusion de son discours :

M. Louis Barthou, président du Conseil. — La question peut, au moment où vous voterez, se ramener à des termes très simples. A une grande majorité, vous avez accepté le principe de l'emprunt... (*Réclamations sur divers bancs à gauche et à l'extrême gauche.*)

M. Albert Poulain. — A une majorité de 21 voix.

M. le président du Conseil. — La majorité n'a pas été grande sur le chiffre des 1 300 millions. Mais en ce qui concerne les 900 millions, le sentiment de la Chambre s'est manifesté par le vote qu'elle a émis sur la motion préjudicielle de M. Jaurès. Sur les 900 millions relatifs aux dépenses exceptionnelles du ministère de la Guerre, aux conséquences de la loi de trois ans... (*Ah! Ah! à l'extrême gauche.*) Oui, messieurs, aux conséquences de la loi de trois ans, et si vous voulez que le débat se résume dans ces termes et se ramène à ce point, je l'accepte très volontiers devant la Chambre : sur les 900 millions donc, qui étaient la conséquence de la loi de trois ans et qui en même temps permettaient au ministre d'engager plus rapidement des dépenses nécessaires, je peux dire, je dis et je répète, qu'il y a eu une grande majorité.

Eh bien, messieurs, cet emprunt, vous l'avez voulu, vous l'avez décidé. Voulez-vous qu'il aboutisse ou voulez-vous qu'il échoue? (*Vives exclamations à l'extrême gauche et à gauche.*) Toute la question est là. (*Applaudissements au centre et sur divers bancs à gauche et à droite.*)

M. MALVY. — Vous rabaissez le crédit de l'État. (*Bruit.*)

M. LE PRÉSIDENT DU CONSEIL. — Oh! messieurs, j'entends bien que s'il ne s'agissait que d'obtenir les 1 300 millions nécessaires, s'il ne s'agissait que d'obtenir que cet emprunt fût strictement couvert pour donner au gouvernement la somme que vous avez autorisée et dont il a besoin, je n'émettrais pas le moindre doute à son sujet. Mais peut-il échapper à quelqu'un, ici, qu'un emprunt couvert dans ces conditions, alors qu'il a été émis pour faire face à des dépenses nationales, ne serait pas un emprunt dont le succès répondrait à la situation de notre pays devant le monde? (*Vifs applaudissements au centre et sur divers bancs à gauche et à droite. — Interruptions à gauche et à l'extrême gauche.*)

Eh bien, messieurs, sous sa responsabilité, le gouvernement estime que l'épargne française a besoin d'être rassurée (*Vives exclamations à l'extrême gauche et à gauche. — Applaudissements au centre*), qu'elle a besoin d'être garantie. (*Interruptions et bruit à l'extrême gauche et à gauche.*)

M. BEDOUCE. — Qui la menace?

M. LE PRÉSIDENT DU CONSEIL. — Qui la menace? Je vais vous le dire : les déclarations de la Commission du budget. (*Vives réclamations à l'extrême gauche et sur de nombreux bancs à gauche. — Applaudissements au centre et sur divers bancs à gauche et à droite. — Mouvement prolongé.*)

M. NOULENS, rapporteur général. — Permettez-moi de vous répondre, monsieur le président du Conseil. (*Vifs applaudissements à gauche et à l'extrême gauche.*)

M. LE PRÉSIDENT DU CONSEIL. — Non, je vous en prie, laissez-moi parler, monsieur le rapporteur général. Je subis les conséquences de la facilité avec laquelle j'ai répondu à une interruption, mais vous, moins que personne, pouvez vous méprendre sur le sens et la portée de mes paroles (*Exclamations à l'extrême gauche et à gauche.*)

Je dis que lorsque les déclarations de la Commission du budget... (*Interruptions et bruit sur les mêmes bancs.*)

M. Malvy. — Vous avez dit qu'elles menaçaient l'épargne française.

M. le président du Conseil. — Je dis que lorsque les déclarations de la Commission du budget...

M. Bedouce. — Faites au nom de la majorité républicaine!

M. le président du Conseil. — ... ont cette conséquence que la rente que nous allons émettre ne jouira que d'immunités civiles, qu'elle ne jouira pas d'immunités fiscales, que par conséquent, elle sera frappée non seulement de l'impôt de 4 p. 100 sur le revenu des valeurs mobilières (*Vives interruptions à l'extrême gauche et sur divers bancs à gauche*), mais qu'elle peut être frappée d'impôts plus élevés, évidemment, dans vos intentions, vous ne cherchez pas à porter atteinte au crédit de l'État et à l'épargne nationale... (*Nouvelles interruptions à l'extrême gauche et à gauche*), mais je suis en droit de dire que cette épargne nationale et ce crédit peuvent être alarmés par des déclarations...

M. Malvy. — Par votre langage!

M. Albert Poulain. — Par votre attitude!

M. Ceccaldi. — Par vos déclarations!

M. le président du Conseil. — ... par des déclarations qui ont la portée d'un acte. J'ai dit cela. Je n'ai pas dit autre chose... (*Réclamations à gauche et à l'extrême gauche. — Applaudissements au centre et sur divers bancs.*)

M. Joseph Lhoste. — La Chambre a bien compris!

M. le président du Conseil. — Il n'y a personne qui puisse être ému d'une déclaration que j'ai répétée après M. le ministre des Finances.

Dans tous les cas, messieurs, vous aurez un moyen de faire connaître votre sentiment. (*Oui! oui! à gauche et à l'extrême gauche.*)

Je vous demande de suivre le gouvernement, lorsqu'il vous propose de proclamer nettement et définitivement l'immunité du coupon de rente. (*Applaudissements au centre et sur divers bancs à droite et à gauche.*)

Un de ceux qui m'interrompent me reprochait hier de n'avoir eu que le souci de vivre. J'ai eu, messieurs, celui d'agir. (*Applaudissements au centre et sur divers bancs.*) Et je me fais honneur devant mon pays d'avoir agi pour assurer sa sécurité, la protection de ses droits et la sauvegarde de sa dignité. (*Interruptions à l'extrême gauche et à gauche. — Vifs applaudissements au centre et sur divers bancs à gauche.*)

J'ai si peu le souci de vivre que je ne saurais consentir à des transactions qui seraient équivoques (*Exclamations à l'extrême gauche et à gauche. — Applaudissements au centre, à droite et sur divers bancs à gauche)*, qui laisseraient peser l'incertitude sur les intentions du gouvernement, sur ses déclarations et sur ses actes.

Messieurs, jugez-moi sur ces déclarations, jugez-moi sur ces actes; je vous livre ma responsabilité et mon existence ministérielle, mais du moins je serai assuré d'avoir fait tout mon devoir envers mon pays. (*Vifs applaudissements au centre, à droite et sur divers bancs à gauche.*)

Quelques instants plus tard, la Chambre repoussait, par 290 voix contre 265, l'amendement Delpierre qui réclamait la complète immunité du coupon de rente, et le cabinet Barthou était démissionnaire : il succombait sous les coups d'une opposition qui avait saisi la première occasion de le renverser, afin de prendre le pouvoir pour « faire les élections » de 1914.

L'AJOURNEMENT DE L'EMPRUNT

Dans le cabinet Doumergue[1] qui succéda au cabinet Barthou, M. J. Caillaux avait repris le portefeuille des Finances. Son premier acte devait être de retirer le projet d'emprunt de M. Ch. Dumont. Après la discussion de l'interpellation qui suivit, le 11 décembre, la formation du nouveau cabinet, M. André Lefèvre proposa à la Chambre d'ajouter à l'ordre du jour de confiance une motion ainsi conçue : « Le gouvernement est invité à surseoir à l'admission à la cote de tous nouveaux emprunts étrangers

---

1. Le cabinet Doumergue était ainsi composé par décret du 9 décembre 1913 : MM. G. Doumergue, président du Conseil et ministre des Affaires étrangères; Bienvenu-Martin, Justice; René Renoult, Intérieur; J. Caillaux, Finances; Noulens, Guerre; Monis, Marine; René Viviani, Instruction publique; Fernand David, Travaux publics; Malvy, Commerce; Raynaud, Agriculture; Lebrun, Colonies; A. Métin, Travail. MM. Raoul Péret, Maginot, Jacquier et Ajam, étaient nommés sous-secrétaires d'État.

jusqu'à ce que le Parlement ait voté la couverture des dépenses militaires. » Il fut substitué à ce texte une formule de M. Gioux qui affirmait la résolution de la Chambre « de réserver d'abord aux besoins nationaux les ressources financières du pays ». On verra plus loin comment cette résolution fut observée.

Le nouveau cabinet avait provoqué dans le Parlement et surtout au Sénat une très vive émotion en ajournant tout projet d'emprunt. Le projet de douzièmes provisoires comportait, il est vrai, une autorisation d'émettre pour 800 millions de bons du Trésor, que la Chambre avait votée sans débat; mais la commission sénatoriale des Finances réduisit ce chiffre à 600 millions et le ministre des Finances n'insista pas. Une importante discussion s'engagea d'ailleurs, au Luxembourg, au cours de l'examen du projet de douzièmes provisoires et M. Ribot fit entendre, à cette occasion, de sérieux avertissements à M. J. Caillaux :

Il n'est pas bon, dans l'état actuel de l'Europe, d'avoir une dette à court terme trop considérable. Il vaut mieux, si les ressources manquent, faire par l'emprunt un appel direct au crédit. Augmenter la dette flottante pour éviter l'emprunt, c'est reculer la difficulté, c'est même l'aggraver.

Je parlais de l'état de l'Europe. Il est fait pour nous préoccuper. Les puissances, je le sais bien, sont pacifiques. Elles font même parfois des sacrifices amers pour maintenir la paix. Mais enfin, et sans vouloir examiner pour le moment la situation diplomatique qui n'est d'ailleurs pas, à mon avis, ce qu'elle devrait être, il est évident que demain un incident peut surgir.

Que ferez-vous si une émotion soudaine se produit pendant que nos finances traînent ce poids mort d'une dette à échéance prochaine de plusieurs centaines de millions?

Vous avez dit hier, monsieur le ministre, à la commission des finances, qu'en dehors des raisons financières, il y avait une raison politique qui justifiait le retard de l'emprunt.

Pas d'emprunt, déclariez-vous, tant que l'accord des deux Chambres ne sera pas fait sur un impôt frappant le capital et le revenu capitalisé. Cet impôt, si j'ai bien compris, sera analogue à l'impôt qui existe en Allemagne.

La déclaration obligatoire est à sa base. Vous nous demanderez donc de faire les choses à l'allemande et vous nous direz que cet impôt n'est pas inapplicable puisqu'il fonctionne chez nos voisins.

Pour ma part, il me paraît impossible de comparer ce qui se passe chez nos voisins et ce qui se passe chez nous. Tout d'abord, l'Allemagne paye depuis vingt ans un impôt sur la fortune.

Elle a donc des cadres tout trouvés. Elle est habituée, en outre, depuis de très longues années, à ce système de déclaration, qu'on aura tant de difficultés à acclimater chez nous, même pour l'impôt sur le revenu.

L'Allemagne exige de tous ceux qui ont depuis 12 500 francs de revenus jusqu'à des millions, une déclaration fortifiée par le serment et accompagnée par la production des livres domestiques et des comptes de banque.

Je ne veux pas discuter ; je vous demande seulement si vous pensez vraiment qu'une pareille disposition puisse réunir à bref délai un accord entre les deux Chambres. (*Mouvements.*)

Je ne vous demande pas ce qu'en pensera le pays. En tout cas, ce serait une imprudence grave de jeter un pareil projet à une nation qui ne le comprendrait pas et qui accueille déjà si difficilement l'impôt sur le revenu.

Mais je n'aborde pas ce point ; ce que je vous dis, c'est ceci : si les Chambres ne sont pas d'accord, alors pas d'emprunt ; alors, déficit dans le budget ; alors, des expédients dans lesquels nous nous traînerons pour éviter l'emprunt ! Est-ce que c'est là une politique financière, et ne voyez-vous pas que les perspectives les plus dangereuses se dressent devant vous ?

Vous avez dit : Je fais de la politique. Eh bien, il y a des jours où il ne faut pas faire de la politique de parti. Si vous pouviez vous séparer un instant de votre parti, ne pas être le personnage politique que vous avez l'ambition de jouer dans les luttes des partis, vous seriez d'accord avec moi et vous parleriez comme moi. (*Applaudissements à gauche.*)

Mais vous savez bien que votre programme ne sera pas voté, car ce n'est qu'un programme de démonstration, c'est une position que vous prenez en vue des élections prochaines ; ce n'est pas l'œuvre d'un ministre des Finances, c'est l'œuvre d'un chef de parti ou d'une fraction de parti, car nous arrivons à avoir des fractions de parti.

Personnellement, je suis d'avis qu'il faut des partis dans un pays, il en faut pour la clarté et pour l'honnêteté politique. On ne doit pas laisser les hommes à leur faiblesse individuelle, exposés à toutes les compromissions, à toutes les équivoques. J'applaudis à tous les efforts qui sont faits pour grouper les hommes suivant leurs idées autour de programmes définis. À une condition pourtant : c'est que les fractions de parti n'arriveront pas à entamer entre elles des luttes tellement violentes que si le danger l'exigeait elles ne puissent plus se réunir dans l'intérêt de la République. Il faut toujours pouvoir se donner la main, se rapprocher, c'est le salut du pays; c'est le salut de la République qui l'exige, et je terminerai par ces mots : C'est bien d'avoir des partis, c'est bien d'avoir des idées, des programmes, de les mettre en œuvre, de les présenter au pays; mais il y a quelque chose qui est au-dessus des partis, c'est la République et c'est la France. (*Très bien! très bien! et vifs applaudissements. — L'orateur, de retour à son banc, reçoit les félicitations de M. le ministre des Finances et d'un grand nombre de ses collègues.*)

Mais le ministre des Finances n'en continuait pas moins à déclarer que, avant de voter l'emprunt et même les dépenses militaires, il fallait faire des « efforts de fiscalité », envisager des impôts sur la « richesse acquise » qui atteindraient sous diverses formes le capital et le revenu. Il s'attira de la sorte, le 29 décembre, une nouvelle réplique de M. Ribot dont voici l'énergique conclusion :

Vous prenez une position indéfendable, lorsque vous dites que, tant qu'on n'aura pas augmenté de 400 millions les impôts directs, vous ne rechercherez pas d'autres moyens d'obtenir l'équilibre de notre budget. Cela, vous savez bien qu'il est impossible d'y parvenir ainsi. Nous allons discuter, nous sommes impatients de discuter l'impôt sur le revenu. Nous verrons alors comment on peut graduer les charges, frapper en haut, et faire payer plus à ceux qui ne payent pas tout ce qu'ils peuvent payer; mais cette discussion sera difficile, vous ne l'ignorez pas.

Vous savez bien aussi que si nous arrivons à tirer 100 millions de cet impôt sur le revenu, nous aurons fait un premier effort considérable. L'avenir et le développement de la richesse pourront nous amener à en recueillir des ressources plus grandes, progressivement, et c'est là un des avantages principaux de la substitution de ce nouvel impôt aux impôts actuels.

Mais à l'heure présente, croyez-vous que nous puissions tirer beaucoup plus de 100 millions de l'impôt sur le revenu?

Vous ne le pensez pas, et quand vous ajoutez que par d'autres lois, que vous laissez dans le vague, qui frapperont le capital et le revenu conjugués, vous obtiendrez en même temps 250 à 300 millions, c'est-à-dire que vous tirerez des impôts directs, déjà assez lourds chez nous, 400 millions, je dis que, comme ministre des Finances, vous vous heurtez à des difficultés, vous entreprenez une tâche impossible — l'avenir, je vous le déclare, me donnera raison — et que, comme homme politique, vous prenez une responsabilité très grave devant ce pays : vous risquez de faire échouer dans l'opinion publique des réformes nécessaires auxquelles nous voulons tous collaborer. Ce sont là des exagérations manifestes, c'est un programme que vous faites au nom d'un parti, ce n'est pas le programme d'un chef de gouvernement ni d'un ministre des Finances. (*Applaudissements.*)

Et maintenant, un dernier mot. Je n'ai pas longuement discuté tous ces points à la tribune l'autre jour, mais je vous ai posé une question, comme il convient, en homme de gouvernement, et non pas en homme d'opposition. Je vous ai dit : tout cela est matière à discussion, tout cela ne se fera pas en un jour, et cependant, vous me dites que vous n'apporterez un projet d'emprunt que lorsque nous nous serons mis d'accord sur tous ces points. Ce n'est pas un accord volontaire auquel vous faites allusion, c'est une sorte de violence — vous me permettrez de le dire — que, d'avance, vous voulez exercer sur les délibérations des Chambres.

Le ministre. — Aucunement.

M. Ribot. — Aucunement! Eh bien alors, ne dites pas que vous n'apporterez pas l'emprunt tant que les Chambres ne se seront pas mises d'accord, car cet accord ne dépend pas de vous, il dépend des Chambres elles-mêmes et non pas du gouvernement. (*Marques d'assentiment.*) Nous réclamons et nous maintenons notre droit de libre délibération, et comme l'emprunt s'impose, que vous le vouliez ou non (*Applaudissements au centre et à droite*), comme il est nécessaire, vous ne pouvez pas, vous, chef du gouvernement, vous, ministre des Finances, prendre la responsabilité d'un ajournement indéfini, parce que vous ne pouvez pas, au nom de vos théories, au nom de ce que vous croyez être votre intérêt ministériel, condamner ce pays à s'enliser davantage dans le déficit et dans les expédients de trésorerie ; vous avez le devoir de nous apporter un projet d'emprunt ; si vous ne le faites pas, permettez-moi de vous le dire, vous prendrez devant ce pays, devant la France, une responsabilité que je ne veux pas partager avec vous. (*Vifs applaudissements sur un grand nombre de bancs.*)

Quoi qu'il en soit, l'année 1913, particulièrement grave au point de vue extérieur, s'achevait sans que la discussion du budget de 1914 fût commencée, alors qu'elle aurait dû être achevée ; sans qu'aucun emprunt fût voté ; sans qu'aucune ressource pour pourvoir aux dépenses extraordinaires de la guerre et de la défense nationale fût proposée. On s'était borné, ainsi que nous l'avons expliqué plus haut, à ouvrir des crédits provisoires de 234 millions au mois de mai 1913 et l'on avait ajourné les autres qui étaient destinés à la réfection du matériel de guerre, c'est-à-dire à fabriquer des canons de campagne et de l'artillerie lourde, des fusils, des mitrailleuses et des munitions.

CHAPITRE IV

Les Expédients.

Le budget rectifié de 1914. — La discussion devant la Chambre. — Les emprunts étrangers. — L'impôt sur le revenu et l'impôt sur la rente. — Après les élections. — L'emprunt de 805 millions. — Le vote du budget de 1914 : l'impôt sur le revenu. — Les crédits extraordinaires de la Guerre et de la Marine.

LE BUDJET RECTIFIÉ DE 1914

Dans une lettre adressée le 13 janvier 1914 au président de la Commission du budget, le ministre des Finances fit connaître les modifications qu'il proposait d'apporter aux projets financiers de son prédécesseur. Pour couvrir le déficit de 794 millions, M. Ch. Dumont faisait appel, on se le rappelle, au compte provisionnel, qu'il dotait d'un complément de ressources de 400 millions provenant d'une émission en rentes perpétuelles et il proposait de créer pour 300 millions d'impôts nouveaux.

Le gouvernement actuel, expliquait M. J. Caillaux, n'a pas jugé devoir accepter ces moyens d'équilibre. Il a pensé qu'il ne pouvait être question, en aucun cas, de recourir à une émission de rente perpétuelle pour faire face à un déficit budgétaire destiné à se produire l'année suivante et qu'il fallait éviter à tout prix un précédent susceptible d'entraîner, au cours des exercices ultérieurs, d'analogues appels au crédit. Il a considéré, d'autre part, que le plus grand nombre des taxes proposées ne pouvaient être retenues : les unes, parce qu'elles étaient additionnelles aux contributions directes existantes, dont la suppression a été votée par la Chambre dans un projet aujourd'hui pendant devant le Sénat, et qui, au surplus, disparates, fragmentaires, ne subsistent que par la vertu de leur immobilité; les autres, parce qu'elles majorent les tarifs de contributions indirectes qui frappent des objets de première nécessité ou parce qu'elles aggravent le poids de taxes atteignant la richesse qui circule, la richesse qui travaille, celle que le législateur a le devoir de ménager.

Le gouvernement s'est donc efforcé de résoudre par d'autres méthodes le difficile problème qui lui était posé et il a fait tout d'abord appel à l'esprit d'économie qui sera l'une des directrices principales de sa politique financière. Vous savez, monsieur le Président et cher collègue, qu'en quelques semaines et malgré les difficultés que présentait cette tâche, il a pu, sans compromettre l'exécution des services et sans ouvrir la voie à des crédits supplémentaires, réduire de 50 millions les prévisions de dépenses, ce qui ramène le déficit à 744 millions.

Il propose, d'une part, un ensemble de mesures de fiscalité qui ont pour objet soit de circonscrire le champ de la fraude, soit de rehausser modérément certains tarifs ou de rectifier certaines taxes. Il attend de ces mesures une somme qui apparaîtra sans doute modique, mais qui ne sera pas inutile à l'équilibre du budget dont elle abaisse le déficit à 700 millions.

Le jeu des dispositions de l'article 27 de la loi du 27 février 1912 et de l'article 38 de la loi du 30 juillet 1913 permet d'appliquer au budget de 1914 une ressource de 112 millions provenant de l'excédent du budget de 1912.

Enfin, il a paru qu'il convenait de distraire du budget général pour les suivre dans un compte distinct les dépenses afférentes à l'occupation du Maroc et que, rectifiant les évaluations budgétaires en recette et en dépense à une date où les recouvrements de l'année 1913 sont connus, nous devions faire état des résultats du dernier exercice. Ainsi, les dépenses sont diminuées d'une somme de 233 millions, tandis que les prévisions de recette sont accrues d'une autre somme de 186 millions.

Nous ne sommes donc plus en présence que d'une insuffisance de 168 millions à laquelle nous proposons de pourvoir par une émission d'obligations à court terme.

Si l'on veut bien remarquer que le projet de budget, arrêté par notre prédécesseur, prévoyait indépendamment d'un emprunt de 400 millions en fonds perpétuel, des obligations sexennaires pour alimenter, jusqu'à concurrence de 145 millions, le compte spécial de la Marine qui, dans notre système financier, sera supprimé, on reconnaîtra qu'en demandant simplement à majorer de 23 millions la faculté d'émettre des effets à courte échéance, nous présentons un budget d'où sont éliminés 250 millions d'impôts nouveaux et 400 millions d'emprunt.

On peut nous objecter que nous faisons état des recouvrements de l'année 1913 et qu'ainsi disparaît une partie de la marge où les crédits supplémentaires pouvaient s'inscrire. Nous répondrons que si la perspective des plus-values se trouve restreinte, nous n'en aurons que plus de force pour imposer aux administrations publiques le respect des dotations budgétaires et pour mettre un frein aux tentations de dépenses.

Il est vrai, en second lieu, que nous détachons du budget général les dépenses relatives au Maroc qui, tout en étant soumises désormais au contrôle préalable des Chambres, devront être provisoirement soldées par le Trésor tant qu'elles n'auront pas perdu le caractère de frais de pacification et de premier établissement pour devenir des charges normales d'occupation. Mais, afin de ménager le passage de la situation présente à une situation nouvelle, nous proposons qu'à partir de 1915, on ajoute chaque année aux dépenses du budget, pour la porter au crédit du compte spécial, une somme de 15 millions jusqu'à la date, que l'on ne saurait reculer au delà de sept à huit ans, où cette annuité progressivement accrue permettra à la fois d'incorporer au budget la totalité de la dépense et de couvrir les charges d'un emprunt qui liquidera le passif du Trésor.

Outre les dépenses ordinaires qui, d'après le ministre des Finances, avaient augmenté de 954 millions dans le budget de 1914 comparativement au budget de 1911, des dépenses extraordinaires avaient déjà été engagées, les unes sans crédit régulier, les autres sous couvert d'un compte spécial; d'autre part, le Trésor avait fait aux chemins de fer de l'État des avances de 200 millions qui devaient être prochainement couvertes par une émission d'obligations de pareille somme. La revision du programme de la Guerre portait enfin à 1 410 millions les dépenses totales à effectuer. Dans ces conditions, le gouvernement présenterait le projet de loi nécessaire « pour que les Chambres donnent les approbations aux dépenses extraordinaires qu'elles jugeront utiles et qu'elles permettent d'en poursuivre l'exécution conformément aux principes fondamentaux de notre droit financier ». Et le ministre ajoutait :

Il va de soi que si les Chambres sanctionnent ce chiffre de 1 410 millions qui résulte du programme revisé, il ne peut être question de faire entrer cette charge parmi celles que doivent couvrir les recettes normales du budget. De toute nécessité, il faudra recourir à l'emprunt. Mais il ne faut pas songer à en réaliser le montant total par un seul appel au marché. Il serait profondément contraire à toutes les lois économiques et financières de retirer par avance de la circulation, pour les tenir immobilisées dans les caisses de l'État, les sommes dont nous n'aurons l'emploi que dans plusieurs années. De même que les dépenses s'étendront sur une suite d'exercices, les opérations de crédit devront être échelonnées : nous devons d'autant plus nous garder d'approvisionner à l'avance des sommes considérables que le retard constaté l'an dernier dans les payements extraordinaires montre que les prévisions des administrations ne répondent pas toujours aux possibilités. Calculer trop largement les emprunts conduirait donc à faire supporter aux contribuables des intérêts inutiles et à augmenter sans profit des charges par ailleurs suffisamment lourdes.

En ce qui touche l'exécution du programme naval, le ministre proposait de liquider la situation du compte spécial de la Marine, d'une part, en majorant de 10 millions par an la dotation budgétaire de ce département et, de l'autre, en prélevant sur les futurs emprunts de ce département une somme de 420 millions destinés à apurer tous les comptes.

En résumé, concluait le ministre des Finances, 1 milliard 830 millions de dépenses extraordinaires, tant pour la Guerre que pour la Marine, à couvrir au moyen de trois, quatre ou cinq emprunts en un type qui comporte un amortissement rapide, émis entre 1914 et 1918, suivant un échelonnement qui évite au marché des prélèvements trop lourds, prématurés ou inutiles et qui apporte au Trésor les ressources correspondant aux besoins immédiats et prochains, telles sont les nécessités rigoureuses que nous imposent les circonstances.

Un tel projet de budget, où les artifices se mêlaient aux considérations financières les plus habilement rédigées, répondait évidemment mieux aux désirs de la Chambre que celui de M. Ch. Dumont. L'expédient consistait, somme toute, à proposer des diminutions de dépenses et des évaluations de recettes purement fictives. Mais l'emprunt et les impôts nouveaux étaient ajournés, ce qui ne pouvait déplaire à une Chambre qui était à la veille de voir expirer son mandat.

LA DISCUSSION DEVANT LA CHAMBRE

La méthode adoptée pour discuter le nouveau projet de budget de 1914 fut vraiment singulière. Il fut convenu que la Chambre examinerait tout de suite le budget des dépenses et qu'elle se livrerait plus tard à la discussion générale. Ouverte le 9 février, la discussion des dépenses se poursuivit jusqu'au 16 mars. Mais, entre temps, le projet de douzièmes provisoires pour le mois de mars avait fourni aux adversaires du cabinet l'occasion de combattre sa politique financière. La discussion qui s'engagea à ce sujet le 24 février fut des plus intéressantes. M. Jules Roche et M. André Lefèvre démontrèrent, ce qui n'était pas très difficile, que le budget du ministre des Finances comportait le même déficit que celui de M. Ch. Dumont, mais que le premier avait sur le second le désavantage de ne couvrir le déficit que par des artifices de comptabilité, d'ailleurs assez apparents.

En ce qui touche les prélèvements sur le compte provisionnel et sur les excédents du budget antérieur, M. André Lefèvre rappela que M. J. Caillaux faisait au Sénat, le 9 décembre 1901, la déclaration que voici :

Je n'aurais pas à remonter bien loin dans le passé pour trouver des budgets qu'on a équilibrés par une formule **qui** m'a toujours fait rêver : au moyen d'excédents des **exercices** précédents...

Dire qu'on opère un prélèvement sur l'excédent d'un budget antérieur, c'est dire qu'on veut tirer une ressource de quelque chose qui n'existe pas. C'est, en réalité, faire appel à la dette flottante.

Comparant le budget de M. Ch. Dumont avec celui de M. J. Caillaux, M. André Lefèvre faisait les réflexions suivantes :

J'ai dit tout à l'heure que le budget de M. Dumont contenait une grosse part de fonds d'emprunt; il contenait 400 millions — les dépenses du Maroc — que l'on rappelait; il contenait 145 millions pour les dépenses de la marine, et il contenait les 100 millions du compte provisionnel, auquel nous donnerons ou nous ne donnerons pas le caractère d'un emprunt fait par le moyen de la dette flottante, suivant que nous interpréterons l'utilisation des excédents des exercices clos d'après M. Caillaux 1901, ou d'après M. Caillaux 1914. M. le ministre des Finances nous propose maintenant de gager les 145 millions de la Marine sur l'emprunt pour les dépenses extraordinaires de la défense nationale, et, par conséquent, il est dans une situation analogue à celle de son prédécesseur. M. Dumont nous proposait de porter cette dépense à un compte; M. Caillaux nous propose de la gager sur un emprunt, et je lui donne cause gagnée sur la supériorité de l'emprunt amortissable vis-à-vis de l'emprunt perpétuel. M. le ministre des Finances voudra bien se rappeler d'ailleurs que, lors de la discussion sur l'emprunt, nous nous étions déjà trouvés d'accord pour soutenir cette thèse.

M. Caillaux nous propose 108 millions d'emprunt à court terme. Cela, c'est de la dette flottante et c'est un appel à l'emprunt.

Il nous propose de reporter 233 millions relatifs au Maroc à un compte spécial. Mais, messieurs, à un compte spécial

alimenté par quoi? Pas par les recettes du protectorat maro-
cain : son premier budget est en déficit de 11 millions —; par
conséquent, à un compte spécial dont il faudra bien que vous
assuriez le service. En réalité, c'est 233 millions qui seront,
eux aussi, transportés à la dette flottante. Si nous faisons ce
premier calcul nous trouvons que M. Dumont réclamait 545 millions à l'emprunt, que M. Caillaux, lui, en réclame 546. Par
conséquent, point n'était peut-être besoin de triompher aussi
fortement dans les phrases de la lettre à M. le président de la
Commission du budget, que je lisais tout à l'heure. (*Applaudissements au centre et sur divers bancs à gauche.*)

Voulons-nous discuter sur le caractère qu'il convient d'attribuer au prélèvement fait sur le compte provisionnel et aller
jusqu'au bout dans l'interprétation des règles financières existantes? Nous sommes obligés de reconnaître que c'est, en
réalité, une somme qui ne sera pas consacrée à l'amortissement, qui, dès lors, sera prise à l'amortissement. Comme
M. le ministre demande 112 millions au compte provisionnel,
tandis que son prédécesseur n'en demandait que 100, nous
arrivons à trouver qu'il réclame à l'emprunt 12 ou 13 millions
de plus que son prédécesseur. Il y a, par conséquent, de moins
en moins de raisons de triompher sur ce budget modifié.
(*Applaudissements sur les mêmes bancs.*)

Quand nous voudrons examiner une des raisons principales
de l'écart qui se produit — et vous vous souvenez qu'au début
j'ai reproché au budget actuel modifié de ne faire preuve
d'aucun effort pour combler dans une proportion quelconque le
déficit — nous la trouverons facilement.

M. Dumont, je vous l'ai rappelé, proposait un ensemble
d'impôts qui, devant produire dans leur plein 300 millions,
étaient évalués pour la première année à 290 millions environ.

Voyons dans les propositions de M. le ministre des Finances
comment il retrouve ces 290 millions. M. Caillaux conserve
44 millions des impôts proposés par son prédécesseur; il réduit,
en écritures, de 50 millions les dépenses; il augmente de
12 millions le compte provisionnel; il abandonne la règle de
la pénultième année, ce qui lui donne 186 millions. Tout cela
nous conduit au chiffre de 292 millions, si bien qu'à un ou
deux millions près, — différence qui résulte de quelques centaines de mille francs négligées dans les additions — nous
arrivons au même chiffre et avec M. Caillaux et avec M. Dumont. Les chiffres se recoupent et nous avons chance, en conséquence, de n'avoir point commis d'erreur en ce qui les concerne, réserve faite des interprétations qu'on peut leur donner.

Mais M. Caillaux n'avait pas seulement besoin d'emprunter 546 millions pour faire face aux dépenses normales de 1914; il avait également besoin d'une somme de 302 millions pour les dépenses extraordinaires de la Guerre de l'exercice 1913, d'une autre de 487 millions pour les mêmes dépenses de 1914 et enfin de 131 millions pour la Marine, soit au total plus de 900 millions, ce qui portait le total à $900 + 546 = 1\,446$ millions. Tel était le chiffre nécessaire de l'emprunt à contracter si l'on ne voulait pas surcharger la dette flottante. Or à l'heure présente (fin février 1914), il y avait déjà en circulation pour plus de 500 millions de bons et d'obligations du Trésor à court terme.

L'ajournement de l'emprunt de 1 300 millions avait donc eu ce résultat de grossir la dette flottante. Avait-il eu, du moins, l'avantage de procurer un bénéfice au Trésor? Pas du tout, puisque les intérêts de la dette flottante ajoutés à ceux des émissions nouvelles d'obligations du Trésor coûteraient certainement plus cher que l'emprunt projeté de M. Ch. Dumont. Et, en attendant, aucun effort n'était tenté pour équilibrer les finances publiques.

LES EMPRUNTS ÉTRANGERS

Pendant que l'emprunt était ainsi ajourné pour des raisons politiques, le ministre des Finances autorisait l'inscription à la cote officielle d'un nombre considérable d'emprunts étrangers. C'est ainsi que, après l'emprunt Serbe de 175 millions (janvier 1914), furent émis successivement en février, mai et avril suivants : l'emprunt des chemins de fer russes, 665 millions; l'emprunt industriel Chinois, 100 millions; l'emprunt Hellénique, 175 millions; l'emprunt Ottoman, 500 millions, etc.

En outre, les sociétés de crédit avaient escompté, à la même époque, et sur l'insistance du ministre des Finances, pour 35 millions de bons du Trésor Bulgare, dont les intérêts n'ont jamais été payés.

Ces émissions d'emprunts étrangers, disaient certains journaux financiers inspirés par le gouvernement, avaient pour but de donner plus d'activité au marché, de favoriser la Bourse de Paris, si languissante depuis deux ans. Ces prévisions optimistes ont été d'ailleurs singulièrement démenties par les événements : la Bourse savait très bien que les emprunts balkaniques étaient d'un placement difficile, qu'il resterait une grande partie des titres dans les portefeuilles des sociétés de crédit et que, dans ces conditions, les spéculateurs à la hausse marcheraient à la ruine. Les emprunts dont nous parlons ne pouvaient donc pas ranimer le marché et ils ne l'ont pas ranimé. Par contre, plusieurs d'entre eux ont eu pour effet de fournir des subsides à des pays qui devaient plus tard aider l'Allemagne à nous combattre.

L'emprunt Ottoman est de ce nombre. Il en était question depuis plusieurs années : après avoir échoué dans ses négociations, Djavid Bey s'était adressé aux banquiers allemands qui lui avaient offert d'ailleurs des conditions moins avantageuses que celles des banquiers français. Pour le consoler de sa déconvenue, les banquiers allemands lui avaient, il est vrai, consenti une avance de 75 millions. Or lorsque l'emprunt Ottoman finit par se réaliser à Paris en avril 1914, il fut stipulé que les avances des banques allemandes seraient remboursées par la Turquie sur le produit de l'émission. En sorte que l'emprunt Turc n'a pas eu seulement pour effet de permettre à l'alliée de l'Allemagne de s'armer contre nous, mais qu'il a fourni aux banques allemandes de nouvelles disponibilités.

Au cours de la même période, le ministre des Finances avait fait procéder à une émission de 200 millions d'obligations 4 p. 100 des chemins de fer de l'État, et à une autre de 73 millions d'obligations 4 p. 100 du Maroc, ce qui avait permis de dégager un peu la dette flottante. Mais la situation financière n'en restait pas moins tendue à ce point que le ministre avait dû procéder à une émission de 100 millions d'obligations du Trésor, avant même que l'autorisation lui en fût accordée par la loi de finances : le budget de 1914 n'a été en effet voté que le 15 juillet 1914.

L'IMPÔT SUR LE REVENU ET L'IMPÔT SUR LA RENTE

Pendant que la Chambre discutait le budget de 1914, le Sénat poursuivait l'examen du projet d'impôt sur le revenu dont il se bornait d'ailleurs à voter deux parties[1], l'une qui visait la contribution foncière des propriétés bâties et non bâties; l'autre, les valeurs mobilières. La première partie transformait l'impôt foncier sur les propriétés non bâties en impôt de quotité et le dégrevait de 50 millions, ce qui pouvait sembler inopportun au moment où le budget était en déficit de 800 millions. La seconde partie introduisait,

---

1. Le Sénat s'était en effet refusé dans la séance du 25 février 1914, à adopter un amendement ayant pour objet d'établir une taxe générale sur le revenu à partir du 1er janvier 1915. Il entendait garder toute sa liberté pour l'avenir et se borner à l'examen des titres 1 et 2 du projet en question.

dans la législation sur les valeurs étrangères, d'importantes innovations. Elle assujettissait notamment à l'impôt sur le revenu, mais en le portant de 4 à 5 p. 100, les diverses valeurs étrangères. Elle étendait cet impôt aux titres d'États étrangers qui, jusqu'ici, en étaient exempts, mais qui, par compensation, voyaient ramener de 3 à 2 p. 100, par une autre loi, le timbre une fois payé dont ils étaient grevés actuellement. Elle assurait enfin la perception du droit annuel de 5 p. 100 par deux procédés différents, d'abord en la mettant à la charge des banquiers qui font en France le service des coupons ; puis, lorsqu'il s'agissait de coupons payés hors de nos frontières, en assujettissant le propriétaire français à une déclaration annuelle faite au bureau de l'enregistrement.

Les titres français subissaient à leur tour de sensibles aggravations de taxes. Le droit proportionnel sur les valeurs mobilières était porté de 1 fr. 20 à 1 fr. 80 par 100 francs, c'est-à-dire augmenté de moitié, et il en était de même lorsque ce timbre était payé par voie d'abonnement annuel ; il était, en ce cas, élevé de 6 à 9 centimes par 100 francs. En outre, le droit de transfert des titres nominatifs passait de 75 à 90 centimes par 100 francs et le droit de transmission annuel sur les valeurs au porteur était porté également de 25 à 30 centimes par 100 francs.

Adopté ensuite par la Chambre, ce projet est devenu la loi du 29 mars 1914, promulguée au *Journal officiel* du 31 mars et complétée par un règlement d'administration publique du 21 juin 1914.

La discussion des articles de cette loi avait principalement porté, au Sénat, sur la question de l'impôt sur la rente. Le 2 mars, le ministre des Finances avait d'ailleurs soumis à la commission du Sénat un texte qui ne comportait pas cette taxation et consacrait, par suite, l'exonération du coupon. La nouvelle s'en était vite répandue à la Bourse et le 3 p. 100 qui cotait 87,25 le 27 février, s'était élevé aux cours suivants :

	Plus haut.	Plus bas.
3 mars 1914..............	88,10	87,90
4 —	88,15	87,90
5 —	88,90	88,40

Le 5 mars, une note officieuse annonçait que l'impôt sur la rente serait compris dans le projet sur les valeurs mobilières en discussion devant le Sénat. Mais cette nouvelle n'était parvenue à la Bourse qu'au cours de la séance du 5 mars et les acheteurs à découvert avaient eu le temps de revendre avec bénéfice[1]. Le même jour, un vif incident se produisit à la Chambre : M. Jaurès interpella le ministre des Finances pour lui demander comment il se faisait que, après avoir renversé le ministère Barthou sur la question de la taxation de la rente, il suivait la même politique que son prédécesseur. La réponse embarrassée du ministre des Finances obligea le président du Conseil à intervenir et l'insistance de M. Jaurès à obtenir une réponse précise contraignit le ministre des Finances à s'engager à déposer un nouveau texte qui fut d'ailleurs repoussé par la Commission des Finances du Sénat.

La discussion de l'amendement ayant pour objet d'établir un impôt sur la rente qui remplit, au Luxembourg, les séances des 12 et 13 mars 1914, fut impressionnante. Le rapporteur, M. Aimond, rappela que la plupart des républicains s'étaient toujours

1. Les spéculations sur la rente avaient été faites, a-t-on dit, par un Syndicat qui avait à sa tête M. Rosenberg, sujet autrichien.

élevés contre cet impôt et il cita à ce propos un discours de Casimir-Périer de 1872 au cours du débat sur la taxe des valeurs mobilières :

La majorité de la commission n'a voulu faire porter aucune charge sur les rentes françaises. Elle aurait pu invoquer, contre tout assujettissement de la rente à l'impôt, l'intérêt de la France à ne rien faire qui puisse porter atteinte au crédit qu'elle a trouvé si confiant et dont elle aura encore besoin ; mais ce sont des considérations plus hautes qui ont inspiré les adversaires de la taxe. Ils trouvent que le respect des engagements pris doit être porté jusqu'au scrupule.

Ce dernier mot donna à M. Aimond le thème de sa conclusion, qui, d'une émouvante éloquence, produisit une grande impression sur le Sénat. En voici le texte d'après le *Journal officiel* :

M. Aimond. — Voilà le mot qui domine la situation : « jusqu'au scrupule ». Ce mot a été écrit en 1872 ; et malgré moi je me reporte à quarante-trois années en arrière ; je me revois, dans ma première jeunesse, avec les blessures cuisantes, toujours vivantes dans mon cœur ; je me revois rentrant dans Paris avec les débris de l'armée de Sedan qui avaient échappé au désastre ; je revois l'Empire s'effondrant en quelques heures, sous le poids de ses fautes ; le gouvernement issu de la poussée populaire prenant les rênes du pouvoir ; la levée en masse, le matériel de guerre réuni en toute hâte, et au milieu de quelles difficultés !

Je revois tout cela, certes ; mais je me rappelle aussi les efforts de nos armées de province, de nos armées de Paris, malgré lesquels il a fallu capituler. Et je revois l'ennemi défilant sous l'Arc-de-Triomphe jusqu'au cœur de Paris, et plus tard s'éloignant comme à regret derrière nos nouvelles frontières, pas à pas, grâce aux payements qu'avaient rendus possibles et rapides les grands emprunts nationaux.

Je me rappelle tout cela. Et je me rappelle aussi que pendant ces six mois de guerre, alors que trente départements de notre pays étaient occupés par l'armée étrangère, on a vu des hommes, défenseurs de la nation, essayer de sauver ce qui pouvait encore être sauvé, c'est-à-dire l'honneur de ce pays, on a vu cette chose qu'on ne retrouvera dans l'histoire d'aucun autre pays : partout où l'ennemi n'était pas le maître, les arrérages furent payés à l'heure dite et sans aucune retenue, à tous ceux qui avaient des coupons de rente, dans les villes comme dans le moindre des hameaux.

Pour cela, le gouvernement de la défense nationale n'hésita pas à emprunter même à un taux usuraire au dehors pour tenir l'engagement solennel de la France. Voilà ce que nous avons vu. (*Vifs applaudissements sur un très grand nombre de bancs.*)

N'en doutez pas, messieurs, c'est de ce jour qu'a pénétré dans la moindre de nos bourgades cette foi tenace, invincible, inébranlable dans la parole de la France. Cette fidélité à tenir nos engagements, alors que les circonstances auraient presque légitimé une suspension de payements, a été le commencement de notre relèvement national et nous a permis d'implanter sur des bases inébranlables le gouvernement de la République, qui au cours de ces quarante années a permis à la France de reprendre le rang qu'elle occupe aujourd'hui dans le monde.

Et vous voulez oublier tout cela, alors que je vois devant moi un des survivants de cette époque héroïque (*L'orateur désigne M. de Freycinet. Vifs applaudissements sur tous les bancs.*), celui qui a donné tout son cœur, toute son âme, toute sa jeunesse à cette défense nationale, à l'organisation de nos armées improvisées? (*Nouveaux et unanimes applaudissements.*)

Et lorsqu'il y a quelques années je lui disais, dans une interpellation à la Chambre des députés : « N'êtes-vous pas frappé, monsieur le ministre de la Guerre, de cette augmentation des effectifs, de cet accroissement des armements de l'Allemagne? », il me répondait de sa voix tranquille : « Non, n'ayez aucune inquiétude; l'intelligence mène à des limites qui limitent elles-mêmes le nombre d'hommes qu'elle est capable de faire mouvoir sur le terrain toujours relativement restreint des champs de bataille futurs; donc ne soyez pas hypnotisés toujours devant le nombre; il y a quelque chose de supérieur au nombre, c'est la préparation militaire, c'est l'organisation, c'est le ravitaillement, toutes choses qui reposent sur le nombre, sans doute, mais encore plus sur la solidité et la valeur de notre trésor de guerre. Voilà le point central qu'il faut toujours défendre. » (*Applaudissements.*)

Ce point central, nous y pensons toujours, et je m'adresse ici à tous les membres de cette Assemblée. L'heure est-elle propice pour porter la main sur ce point central et pour l'entamer? N'entendez-vous pas ce qui se passe au dehors, et ces rumeurs sinistres qui retentissent des bords de la Moselle à ceux de la Vistule? Est-ce que chacun de vous n'a pas au cœur une angoisse profonde et ne se demande pas à tout instant de quoi sera fait demain? (*Vifs applaudissements sur un grand nombre de bancs.*)

Et c'est le moment que vous choisiriez pour aller jeter le trouble chez ces milliers de petits porteurs qui sont venus à votre secours en 1872, avec lesquels vous avez restauré le crédit de ce pays! Car, ne l'oubliez pas, vous en aurez besoin demain plus que vous ne le croyez.

Ah! je sais bien qu'il y a dans les caves de la Banque de France une réserve métallique considérable; mais ce n'est pas là qu'est le véritable trésor de guerre de la France : il est dans le bas de laine de vos prêteurs de 1872. (*Nouveaux applaudissements.*) C'est à eux que vous ferez peut-être appel demain.

Ce crédit de la France, c'est notre ressource ultime, c'est notre arche sainte; n'y portez pas la main, parce que ce n'est pas seulement l'honneur de la France que vous pourriez mettre en péril, c'est peut-être le salut de la patrie elle-même ! (*Applaudissements répétés sur un très grand nombre de bancs. — Le rapporteur, en retournant à sa place, reçoit les félicitations d'un grand nombre de ses collègues de la gauche, et en particulier de M. de Freycinet. — Nouveaux applaudissements.*)

Le ministre des Finances fit une réponse assez terne à ce discours patriotique et M. Ribot répliqua à son tour à M. J. Caillaux que le besoin le plus pressant était de donner confiance au pays, de ne pas diminuer la force du crédit public.

On ne peut pas dire, ajoutait M. Ribot, que nous n'ayons plus à emprunter ; les émissions qu'on fera, on les placera dans cette clientèle restée fidèle jusqu'à présent au Trésor français, mais qui commence à être ébranlée.

Il y a 1 100 000 maisons françaises et peut-être 1 500 000 où l'on trouve des titres de rente sur l'État.

Tous ces porteurs ont vécu sur l'idée que la rente ne serait jamais frappée. Ils ont été déjà frappés par la baisse.

C'est le moment que l'on choisirait pour ébranler la confiance? Nous allons à une crise. Les porteurs ont fait confiance à l'État. Ils sont prêts à continuer à condition qu'ils soient persuadés que l'État tiendra ses engagements.

Le Sénat ne doit pas subordonner sa décision à des considérations électorales. C'est là sa raison d'être.

> La crise financière est grave, elle n'est pas au-dessus de nos forces. Une crise morale serait encore plus dangereuse.
>
> La confiance une fois ébranlée, il faudrait de longues années pour la rétablir. Méditez ces paroles. (*Vifs applaudissements.*)

L'impôt sur la rente fut repoussé par une majorité de 20 voix (146 contre 136).

Quelques jours plus tard devaient se produire les graves incidents qui provoquèrent la démission du ministre des Finances : le drame du *Figaro*, les révélations sur l'affaire Rochette et sur la note du procureur général Fabre, dont nous n'avons pas à nous occuper ici. Par suite de la démission de M. J. Caillaux, ministre des Finances et de M. Monis, ministre de la Marine, le ministère Doumergue, formé le 9 novembre 1913, subissait les modifications suivantes (décrets du 17 mars 1914) : M. René Renoult, ministre de l'Intérieur, était nommé ministre des Finances ; M. Malvy, ministre du Commerce, était nommé ministre de l'Intérieur ; M. Raoul Péret, sous-secrétaire d'État à l'Intérieur, était nommé ministre du Commerce. Le 20 mars suivant, M. Gauthier était nommé ministre de la Marine.

A la fin du mois de mars, la discussion du budget de 1914 était achevée à la Chambre des députés et la Commission des Finances du Sénat était prête à déposer son rapport de telle sorte que le budget pût être voté avant les élections générales. Mais le 31 mars, le cabinet Doumergue fit décider par le Palais-Bourbon que le projet d'impôt sur le revenu global, rapporté depuis quelques jours par la Commission du budget, serait discuté sans délai et incorporé dans la loi de finances. Le projet fut examiné et voté en toute hâte, les 30 et 31 mars et 1er avril 1914, et l'ensemble du budget fut adopté le même jour.

Les élections générales étaient fixées au 20 avril suivant : on ne pouvait donc plus éviter l'ajournement de la discussion devant le Sénat. La Chambre se sépara le 3 avril sans que le budget de 1914 eût été voté.

APRÈS LES ÉLECTIONS

Au cours de la campagne électorale assez courte qui avait précédé le scrutin du 26 avril, la question financière n'avait pas joué un rôle prépondérant, malgré les efforts des diverses associations qui combattaient l'impôt sur le revenu global et faisaient ressortir, dans des brochures intéressantes, la gravité de notre situation financière[1]. Comme à l'ordinaire les professions de foi avaient été assez vagues et les résultats eux-mêmes n'étaient pas d'une clarté absolue, sauf toutefois en ce qui touchait les progrès du parti socialiste qui avait conquis un assez grand nombre de sièges[2]. Somme toute, la majorité ministérielle qui avait soutenu jusqu'au bout le cabinet Doumergue ne semblait pas amoindrie, mais son état d'esprit était peut-être différent. Quoi qu'il en soit, la nouvelle Chambre qui s'était réunie le 1er juin apprit que le ministère avait donné sa démission.

Après une crise qui dura jusqu'au 10 juin et plusieurs échecs successifs des personnages appelés à l'Élysée pour former un nouveau cabinet, M. Ribot dut se résigner, par devoir et sur l'insistance du Chef

1. Notamment les brochures de la *Fédération nationale* pour la défense des contribuables, présidée par M. Jules Roche et celles de l'*Association des classes moyennes*.

2. Voir notre étude sur les élections générales et la nouvelle Chambre parue dans la *Revue des Deux Mondes* du 1er juin 1914 et notre volume sur les *Élections législatives générales* des 26 avril et 10 mai 1914, avec application de la R. P. (Roustan, éditeur).

de l'État, à accepter cette mission. Le cabinet Ribot se présenta devant le Parlement le 12 juin. Nous croyons devoir détacher du discours prononcé par le président du Conseil, dans la séance de la Chambre de cette date, les déclarations qu'il a faites sur la situation financière :

M. A. RIBOT, président du Conseil. — La situation financière, si on ne fait pas le nécessaire, peut devenir dangereuse. Je m'explique. (*Vives interruptions à l'extrême gauche.*)

. . . .

M. LE PRÉSIDENT. — Veuillez laisser parler M. le président du Conseil.

M. LE PRÉSIDENT DU CONSEIL. — Je ne récrimine pas, j'explique. Un emprunt était nécessaire il y a quelques mois; je l'ai toujours dit; il n'a pas été fait. Je ne récrimine pas. Mais enfin, quel est aujourd'hui l'état de notre trésorerie ? Au 31 mai, sur 600 millions de bons du Trésor que le ministre des Finances a le droit d'émettre, 583 étaient en cours, de sorte que la faculté d'émission était épuisée. Une loi de douzièmes provisoires permet au gouvernement d'émettre des obligations à court terme pour 100 millions de plus. Elles se placent très difficilement. Les bons du Trésor eux-mêmes sont d'un renouvellement difficile parce que la clientèle pour ces bons est constituée, vous le savez, par les grands établissements de crédit...

A l'extrême gauche. — Ils sont patriotes, ceux-là !

M. LE PRÉSIDENT. — Ce n'est pas la peine d'interrompre pour dire cela.

M. LE PRÉSIDENT DU CONSEIL... et qu'en ce moment il y a dans toutes ces banques où la confiance publique apporte des dépôts pour des centaines de millions, une situation embarrassée parce que beaucoup de papier d'États étrangers y a trouvé asile et aussi parce qu'une campagne abominable est faite contre quelques-unes de ces Sociétés...

M. ÉMILE FAURE. — Ce n'est pas la question.

M. PAUL CONSTANS. — Si, si, nous devons savoir !

M. LE PRÉSIDENT DU CONSEIL... par des Français et aussi, je crois, par des étrangers qui abusent de notre hospitalité. (*Très bien! très bien!*)

Eh bien, nous sommes décidés à réprimer ces manœuvres, à les réprimer par l'action de la loi et aussi par l'action administrative quand il s'agit d'hommes qui n'ont pas leur résidence en France et qui doivent respecter notre territoire. (*Vifs applau-dissements à droite et sur divers bancs à gauche.*)

Ce qui fait l'embarras de notre Trésor, c'est que pèsent sur lui des dépenses considérables, que nous avons permis au gouvernement d'engager, sans lui donner les crédits néces-saires. (*Exclamations à l'extrême gauche et sur divers bancs à gauche.*)

M. LE PRÉSIDENT DU CONSEIL. — La pratique qui consiste à voter les dépenses sans se préoccuper de la manière de les couvrir et des voies et moyens à employer pour y parvenir est extrêmement dangereuse, et nous en voyons en ce moment les résultats. Voulez-vous que je vous dise quel est, à l'heure actuelle, l'état de la trésorerie? (*Bruit à l'extrême gauche.*)

M. LE PRÉSIDENT. — Il n'est pas possible de continuer la dis-cussion d'une interpellation dans de telles conditions. Mes-sieurs, si vous ne voulez pas cesser vos interruptions, je suspen-drai la séance.

M. LE PRÉSIDENT DU CONSEIL. — A la fin de ce mois, nous aurons épuisé tous les moyens dont nous disposons, et si nous ne faisions pas un emprunt, nous serions réduits à des expé-dients qui ne seraient pas dignes de la France... (*Exclamations sur divers bancs à gauche et à l'extrême gauche*)

. . . .

M. LE PRÉSIDENT DU CONSEIL. — Ce soir même, nous saisirons la Chambre de ce projet d'emprunt. Nous lui demanderons de vouloir bien en hâter l'examen autant qu'il lui sera possible. Ce n'est pas à moi à indiquer comment la procédure peut en être rendue plus rapide, mais ce que je me permettrai, au nom du gouvernement et suivant le langage de mon ancien collègue M. Renoult, c'est de ne pas perdre une heure.

Comme je le disais tout à l'heure, si nous ne faisions pas l'emprunt, nous serions réduits à des expédients et c'était pour protester précisément et pour dire qu'il n'est pas digne de ce grand pays d'avoir une trésorerie aussi gênée et aussi embar-rassée, qu'il faut faire un appel au public pour la dégager.

M. SIMYAN. — Il ne va pas être facilité par vos paroles!

M. WALTER. — On va faire faillite, donc j'emprunte!

M. LE PRÉSIDENT. — Messieurs, vous interrogez M. le prési-dent du Conseil, laissez-le au moins répondre. Je vous prie de l'écouter.

M. LE PRÉSIDENT DU CONSEIL. — Non, la France ne fera jamais faillite, à condition qu'elle ait pour la gouverner des hommes qui ne se payent pas de paroles et d'apparences, qui voient la réalité et qui accomplissent courageusement leur devoir.

LACHAPELLE. — Les Finances.   7

(*Applaudissements au centre.*) Nous apporterons un projet d'emprunt; ce sera un projet d'emprunt nominal de 900 millions et réel de 800 millions, ce qui répond aux nécessités du moment. Ce sera un emprunt qui sera fait en 3 1/2 p. 100, amortissable en vingt-cinq ans, et sur lequel — car il faut parler au public clairement — nous ne ferons pas peser les impôts de transmission, sur lequel nous ferons peser seulement l'impôt de 4 p. 100 sur le revenu des valeurs mobilières. (*Mouvements divers.*)

M. René Renoult. — Nous sommes d'accord.

M. le président du Conseil. — Au Sénat j'ai défendu ces idées, je les apporte en ce moment. Je ne veux pas réveiller le débat qui s'est institué il y a quelques mois sur l'immunité de la rente française du 3 p. 100. Mon opinion est connue; elle reste la même mais les titres de rente qui ont été émis jusqu'à ce jour doivent bénéficier à mon sens de la promesse, implicite tout au moins, sinon écrite, qu'elle sera exemptée d'impôt. C'est une thèse, nous la discuterons quand vous voudrez; je reste fidèle à mes idées et je défends le crédit public.

Le cabinet Ribot fut renversé le même jour par un vote de la Chambre et remplacé, dès le lendemain, par le cabinet Viviani[1].

L'EMPRUNT DE 805 MILLIONS

Le premier acte financier du cabinet Viviani fut de préparer le projet d'emprunt dont le cabinet Ribot avait annoncé la nécessité. Le dépôt de ce projet fut fait à la Chambre le 16 juin par le nouveau ministre des Finances, M. Noulens. Il était intitulé : « Projet de loi ayant pour objet l'émission de rentes 3 1/2 p. 100

1. Le cabinet Viviani était composé de la manière suivante par décret du 13 juin 1914 : MM. René Viviani, président du Conseil et ministre des Affaires étrangères; Bienvenu-Martin, Justice; Malvy, Intérieur; Noulens, Finances; Messimy, Guerre; Gauthier, Marine; Augagneur, Instruction publique; René Renoult, Travaux publics; Thomson, Commerce; Fernand David, Agriculture; Raynaud, Colonies; Couyba, Travail et Prévoyance sociale.

MM. Abel Ferry, Jacquier, Lauraine, Ajam et Dalimier étaient nommés sous-secrétaires d'État.

amortissables en vue de subvenir aux dépenses extraordinaires de la défense nationale et aux dépenses d'occupation du Maroc. » Mais il avait surtout pour but de dégager la Trésorerie dont M. Ribot avait déjà expliqué l'état lamentable dans les déclarations du 12 juin précédent[1].

Le projet d'emprunt fut rapidement voté par les Chambres les 19 et 20 juin. Personne ne s'avisa de faire remarquer combien le mode d'émission était défectueux et combien il serait difficile d'aboutir au classement de la nouvelle rente dans les portefeuilles. L'idée fixe du Parlement était alors que l'emprunt devait être contracté en rentes amortissables et que ces rentes devaient être frappées de l'impôt sur les valeurs mobilières. La loi autorisant l'emprunt de 805 millions, et qui porte la date du 20 juin 1914, a été promulguée au *Journal officiel* du 21.

Aux termes de cette loi, le ministre des Finances était autorisé à émettre la somme de rentes 3 1/2 nécessaire pour produire un capital effectif de 805 millions. Les rentes devaient être réparties en séries amortissables dans le délai maximum de vingt-cinq ans. Les arrérages étaient soumis à l'impôt de 4 p. 100 sur le revenu des valeurs mobilières.

D'autre part, le décret fixant le taux de l'emprunt à 91 francs pour 3 fr. 50 de rente fut signé le 24 juin et un arrêté du ministre des Finances du 25 juin

---

1. Si l'on veut s'en rendre compte, il suffit de consulter la situation de la dette flottante au 30 juin 1914. Il y avait alors en circulation 554 196 800 francs de bons et 342 millions d'obligations du Trésor. L'encaisse s'élevait à 366 millions, y compris l'avance de 200 millions de la Banque de France. Cette situation s'était du reste un peu améliorée depuis trois mois, grâce aux excédents budgétaires et aux émissions d'obligations des chemins de fer de l'État. Fin avril 1914, le montant des Bons en circulation était de 572 millions et celui de l'encaisse, 215 millions. Fin mai 1914, le montant des Bons était de 569 millions et celui de l'encaisse, 268 millions.

annonçait que la souscription publique aurait lieu le 7 juillet. Les souscriptions n'étaient admises qu'à partir de 7 francs de rente, soit à raison de 182 francs par 7 francs de rente. Les souscripteurs devaient soit verser en garantie la somme de 20 francs par 7 francs de rente, soit déposer des bons ou des obligations du Trésor. Le solde du versement n'était exigible qu'en trois termes : à la répartition, 42 francs ; le 16 septembre, 60 francs ; le 16 novembre, 60 francs. On donnait, en outre, aux souscripteurs, un délai de quinze jours pour se libérer des termes exigibles.

Ces diverses mesures et, notamment, la réduction à 10 francs par titre souscrit du montant du premier versement avaient évidemment pour but de faciliter les grosses souscriptions des sociétés de crédit et des spéculateurs.

Le succès de l'emprunt fut, en apparence, considérable. Voici comment deux grands journaux du soir en commentèrent les résultats dans leurs semaines financières :

Dimanche, 12 juillet 1914. — Comme il était aisé de le prévoir, l'émission de l'emprunt 3 1/2 p. 100 a obtenu un grand succès. Il convient de s'en réjouir sans arrière-pensée, car en somme c'est le bon renom du crédit de la France qui était en jeu. Et rien n'eût été plus déplorable qu'une mauvaise réussite de l'opération, qui serait venue aggraver encore les difficultés budgétaires.

Certes, nous l'avons dit d'avance, il ne faut pas se laisser abuser par les chiffres. Bien que l'emprunt ait été couvert plus de quarante fois, le public n'a pas montré l'empressement qu'aurait certainement suscité, à un autre moment, un prix d'émission aussi attrayant. C'est la conséquence de la politique fiscale du gouvernement ; les capitalistes sont inquiets et l'argent ne sort pas facilement de ses cachettes. Mais les souscriptions de spéculation ont largement compensé cette abstention relative. Et l'ardeur que les banquiers ont mise à se créer des disponibilités pour souscrire est des plus significatives. On peut comparer leur opération à celle des marchands de billets de théâtre, qui prennent des places d'avance au bureau de lôcation pour les revendre avec bénéfice. Ces marchands sont aussi des spéculateurs. Ils escomptent le succès de la pièce, et n'achètent des billets que s'ils la croient bonne. De même si les banquiers ont mobilisé tant de capitaux pour se procurer du 3 1/2 p. 100 nouveau, c'est qu'ils trouvaient le titre extrèmement avantageux au prix où il était offert. Ils n'estimaient pas courir grand risque en le conservant quelque temps, et se croyaient assurés, au contraire, de le replacer plus ou moins rapidement avec prime. (*Journal des Débats.*)

12 juillet 1914. — La semaine qui vient de finir a été presque exclusivement consacrée aux opérations de souscription ou de spéculation relatives à l'emprunt français. Celui-ci a été couvert plus de quarante fois, et cependant la prime cotée tout d'abord jusqu'à 1 fr. 80, est tombée à rien. Aujourd'hui elle est remontée à 0 fr. 80. Si l'opération est un grand succès, ainsi qu'il résulte des premiers chiffres publiés, n'eût-il pas été prévoyant — c'est l'opinion que nous avons soutenue — de faire en une seule fois, pour n'y plus revenir, l'emprunt entrevu de 2 milliards et demi, à versements échelonnés suivant les besoins des dépenses non renouvelables?

Une couverture de 40 fois n'eût pas été absolument nécessaire pour un si gros appel au public. Du moins, la spéculation eût laissé à celui-ci une plus large part de l'emprunt au prix d'émission. Car il n'échappera à personne que, dans l'opération d'emprunt restreint qui vient d'aboutir, la combinaison des gros capitalistes souscripteurs a consisté à écarter le plus possible les petits de la souscription au prix d'émission, afin de leur repasser la rente nouvelle avec une prime. C'est l'usage!

Quoi qu'il en soit, les opérations de l'emprunt nominal de 900 millions ont traversé deux phases, et nous pourrions dire les deux phases habituelles en pareille circonstance : on a créé tout d'abord à l'aide d'un enthousiasme factice et des hypothèses chiffrées les plus optimistes, une prime confortable dans le but de faciliter aux grosses souscriptions qu'on allait préparer, une liquidation brillante. On a donc coté jusqu'à 92,80 sur la rente nouvelle. A ce prix, les ventes n'ont pas manqué aux achats. Leur importance a été combinée avec les ressources qu'on a pu réunir en vue de la souscription du 7 juillet. A cette occasion, de louables efforts ont été faits par les grandes sociétés de crédit qui, par sentiment d'émulation autant que par esprit de lucre professionnel, ont tenu à faire connaître les chiffres considérables du premier versement qu'elles ont pu effectuer. Nous ne suivrons pas chacune d'elles dans ce sport financier où la vanité prend autant de place que la recherche du crédit. D'ailleurs pourquoi chagriner celles qui, plus faibles, ne sauraient lutter à armes égales ? (*Le Temps.*)

Cela veut dire que, si l'emprunt avait été couvert, il n'était nullement classé dans les portefeuilles de l'épargne et que, en réalité, la plus forte part en était détenue par la spéculation.

LE VOTE DU BUDGET DE 1914
L'IMPÔT SUR LE REVENU

La question de l'emprunt ainsi résolue, il restait au Parlement une tâche considérable à remplir : il devait voter le budget de 1914, resté en suspens depuis le 1ᵉʳ avril et les crédits extraordinaires de la Guerre et de la Marine que la nouvelle Chambre n'avait pas ratifiés avant les élections générales.

Le budget de 1914 comportait, on le sait, l'établissement d'un impôt sur le revenu global qui devait être établi à partir du 1ᵉʳ janvier 1915. La commission du Sénat avait examiné en toute hâte le texte de la Chambre qui avait pour objet, d'après le rapporteur, M. Aimond, d'établir une « supertaxe » atteignant l'ensemble des revenus à partir d'un certain chiffre.

Ce nouvel impôt se justifiait, d'après le rapporteur, par des nécessités patriotiques et ne comportait ni inquisition, ni vexation, ni inégalité, ni surcharges excessives.

C'est ainsi, déclarait M. Aimond dans son rappprt, que, dans l'article 19, il est spécifié que l'agent de l'assiette n'aura le droit d'exiger de l'assujetti la production d'aucun livre ou d'aucun acte quelconque. Il devra se contenter, aussi bien pour le contrôle des déclarations que pour les bases de la taxation, à défaut de déclaration, des éléments certains que pourront lui procurer les différents services en vertu des lois existantes, et, dans le cas où ces éléments certains, les seuls dont un tribunal pourra faire état, feraient complètement défaut, il ne pourra pas s'écarter des présomptions légales que lui fourniront les rôles des contributions directes existantes, et cela dans les limites qu'il ne pourra pas franchir.

Après avoir montré qu'on ne saurait plus en l'état actuel de notre système fiscal s'arrêter à cette objection que le projet tendra à substituer un impôt personnel à l'impôt réel, M. Aimond examinait cette autre objection qu'on va créer une catégorie restreinte de contribuables :

A ce sujet, dit-il, le reproche s'adressera aussi bien au système qui propose d'établir une surtaxe sur une certaine catégorie de cotes; nous répondrons en outre que le système de nos impôts indirects étant progressif à rebours, la surtaxe en question ne fait que redresser des inégalités existantes, et que la richesse acquise, pour employer l'expression consacrée, doit subvenir aux besoins généraux de l'État dans une mesure plus large que la simple proportion mathématique.

Au surplus, le tableau suivant calmera, nous l'espérons, les craintes excessives, pour ne pas dire injustifiées, que le projet a fait naître dans certains milieux.

Revenus.	Célibataire.	Ménage de 3 enfants.
	Francs.	Francs.
5 000 francs....................	»	»
10 000 —	20	»
15 000 —	60	14
20 000 —	120	42
30 000 —	300	140
60 000 —	900	560
100 000 —	1 700	1 120

Enfin, dernier argument, il fallait assurer la couverture de l'emprunt qui venait d'être voté. On ne pouvait mieux l'assurer que par cet impôt complémentaire.

M. Aimond l'expliquait en ces termes :

L'impôt actuel constitue donc une partie de l'imposition extraordinaire que notre pays doit patriotiquement consentir pour mettre notre pays à l'abri de toute agression. C'est dire par là que toutes les hésitations doivent cesser devant la grandeur du but à atteindre, et c'est pour cette raison que votre commission de l'impôt sur le revenu vous propose l'adoption des articles du projet voté par la Chambre avec les modifications qui ont été apportées au texte, pour la grande part, d'accord avec le gouvernement.

Distribué le 30 juin, le rapport de M. Aimond fut discuté par le Sénat, après la loi de finances; l'ensemble du budget, auquel se trouvait incorporé l'impôt sur le revenu global, fut adopté par la Haute Assemblée le 7 juillet.

Après avoir fait, à cinq reprises différentes, la « navette » habituelle entre le Sénat et la Chambre, le budget de 1914 fut enfin ratifié par les deux assemblées le 15 juillet. La loi portant fixation du budget général des dépenses et des recettes de l'exercice 1914 put être promulguée au *Journal officiel* du 18 juillet.

Les crédits ouverts pour les dépenses des ministères étaient définitivement fixés à 5191 millions, s'étant ainsi augmentés de plus de 100 millions depuis l'ouverture de la discussion. Les recettes étaient évaluées à la même somme : elles comportaient, outre les nouveaux impôts, des ressources exceptionnelles s'élevant à 440 millions et demi.

Le nouvel impôt sur le revenu global n'était applicable que le 1er janvier 1915 et nécessitait, d'ailleurs, avant sa mise en œuvre, divers règlements d'administration publique [1]. La déclaration de guerre n'a pas permis l'élaboration de ces règlements et l'application du nouvel impôt, évalué à 60 millions, a été au surplus ajournée, en vertu de l'article 5 de la loi du 26 décembre 1914.

LES CRÉDITS EXTRAORDINAIRES DE LA GUERRE ET DE LA MARINE

La question des crédits extraordinaires de la défense nationale n'est revenue devant la Chambre que le 10 juillet 1914. Le rapport de la Commission du budget, fait par M. André Lefèvre, expliquait que le précédent projet de crédits adopté par la Chambre avait été amendé par le Sénat et n'avait pas été ratifié avant les élections générales du 26 avril. Puis il rappelait que le projet comportait deux parties distinctes : les dépenses résultant de l'accroissement des effectifs et celles qui étaient destinées à l'amélioration du matériel militaire et naval.

L'accélération des travaux de la défense nationale nécessitait des crédits de 754 millions, qui devaient être engagés en sus des crédits inscrits à la troisième section du budget de la guerre. Les crédits étaient ainsi répartis :

1. Sans faire ressortir ici les inconvénients de l'impôt global sur le revenu, nous rappellerons que la principale objection à son établissement — et à laquelle il n'a jamais été répondu — est la suivante :
Dans un pays où l'ingérence des députés n'a cessé de se manifester dans tous les actes administratifs, il est inévitable qu'elle intervienne entre le fisc et les contribuables. Par suite, elle pourrait s'exercer soit en faveur du dégrèvement des amis du député, soit pour surcharger ses adversaires. Il en résulterait des abus intolérables.

	Francs.
Services des chemins de fer............	28 200 000
Service de l'artillerie...............	404 300 000
— du génie....................	231 300 000
— de l'aéronautique............	21 400 000
— de l'intendance..............	48 000 000
— de santé...................	6 840 000
— géographique...............	460 000
— des poudres et salpêtres......	14 000 000

Le ministre des Finances devait y faire face par les ressources de l'emprunt de 805 millions et des emprunts ultérieurs. Il ouvrirait, à cet effet, un nouveau « service spécial » du Trésor intitulé « dépenses non renouvelables de la défense nationale ».

La réalisation de ce programme nouveau aurait notamment permis d'accroître dans une large mesure notre force militaire, en dotant notre armée de terre d'un matériel de guerre considérable. Mais, il était un peu tard, le 10 juillet 1914, pour en commencer l'exécution. Sans doute, les dépenses d'amélioration de l'armement et de l'outillage militaire avaient été déjà assez élevées, mais elles avaient été loin d'atteindre celles de l'Allemagne. En voici la différence pendant les années écoulées de 1891 à 1912.

Années.	France.	Allemagne.
(En millions de francs.)		
1891...................	125	170
1892...................	80	176
1893...................	58	190
1894...................	54	100
1895...................	44	113
1896...................	30	116
1897...................	55	148
1898...................	82	149
1899...................	100	160
1900...................	87	149
1901...................	72	143
1902...................	55	119

Années.	France.	Allemagne.
	(En millions de francs.)	
1903	35	105
1904	40	91
1905	59	137
1906	138	159
1907	92	193
1908	60	241
1909	72	205
1910	98	142
1911	93	142
1912	119	208

Mais en 1913, l'Allemagne dépensait 736 millions pour son armement et son outillage. M. Clémentel, à qui nous empruntons ces chiffres, ajoute dans son rapport général sur le budget de 1914 (page 8) que l'avance de l'Allemagne sur nous s'élevait, fin 1913, à deux milliards et demi. Le même rapporteur général se livrait à ce sujet aux réflexions que voici :

Cette rapide comparaison montre que les charges financières considérables qui s'imposent à nous pour le perfectionnement de notre armement ne correspondent pas uniquement à des besoins nouveaux exceptionnels, mais résultent pour la plus grosse part de l'obligation dans laquelle nous nous trouvons, en présence du colossal effort de nos voisins et du mouvement général d'accroissement des forces militaires européennes, de rattraper le temps perdu et de supporter en une seule fois une charge qui aurait dû incomber à une longue série d'exercices.

La cause de ces retards ? D'abord les hésitations d'une administration militaire parfois trop obstinée dans la recherche du « mieux » qui, en cette matière, plus peut-être qu'en toute autre, est trop souvent l'ennemi du « bien ». Ces hésitations ont certainement retardé bien des progrès du matériel et de l'armement pour lesquels des projets très étudiés étaient ajournés dans l'espoir d'un perfectionnement souvent irréalisable.

Ensuite, la crainte de faire connaître les programmes d'ensemble établis par les services compétents, de peur de laisser croire à une situation plus mauvaise qu'elle ne l'était ou d'effaroucher l'opinion en lui dévoilant la nécessité de dépenses qu'elle eût pu trouver trop considérables bien que répondant à des besoins réels et parfois même impérieux.

Au surplus, si l'Administration de la guerre demandait les relèvements de crédits les plus urgents, elle n'avait pas toujours cause gagnée. C'était souvent, au cours de l'élaboration des projets de budget, entre le ministre de la Guerre, soucieux de ses responsabilités, et celui des Finances, gardien vigilant du Trésor public, une lutte de chaque jour pour l'incorporation de crédits nouveaux et des discussions sans cesse renouvelées sur l'équilibre à maintenir, quels que soient les besoins signalés, entre les dépenses à inscrire et les « possibilités budgétaires » de l'exercice. Ces discussions se transportaient quelquefois jusqu'au sein des Commissions des finances, parfois même au Parlement, et, nous tenons à le rappeler, elles y étaient toujours tranchées dans le sens le plus large et avec le plus vif souci des intérêts de la défense nationale.

Mais souvent aussi les Commissions et les Chambres ne percevaient que des échos très affaiblis des discussions entre les deux ministères, et bien des membres du Parlement se trouvent aujourd'hui tout surpris de constater qu'ils n'ont pas fait assez pour le perfectionnement de l'armement, alors qu'ils ont accordé tous les crédits qui leur ont été demandés.

Le premier résultat de cette méthode fut un moins bon emploi des crédits. Réaliser les parties les plus urgentes du programme d'entretien et de perfectionnement de l'armement, à l'heure où l'horizon politique paraît s'assombrir, en recourant aux crédits hors budget, aux crédits supplémentaires exceptionnels, en effectuant hâtivement des travaux dont la bonne exécution exige du temps et de la méthode, c'est au premier chef de la mauvaise administration.

Le second résultat a été d'accumuler les difficultés en les retardant et de nous placer en face d'un programme de 1 410 000 000 de francs, à l'accomplissement duquel les ressources annuelles ne peuvent suffire et qui nous contraint à recourir à l'emprunt.

La discussion du projet de loi relatif aux dépenses de la défense nationale, voté à la Chambre le 10 juillet[1], souleva au Sénat de très vifs incidents. Le

1. Le projet fut adopté par 337 voix contre 199. On trouvera dans le *Journal officiel* du 10 juillet 1914 les noms des 199 députés hostiles aux crédits militaires.

rapporteur de la Commission de l'armée, M. Charles Humbert, prononça le 13 juillet 1914, un discours véhément, qui faillit avoir pour effet de provoquer une crise ministérielle et l'ajournement du départ du Président de la République, fixé au 15 juillet, pour la Russie.

M. Charles Humbert, dont on retrouvera le discours dans le *Journal officiel* du 14 juillet 1914, se plaignait avec vigueur de la négligence apportée depuis vingt ans par le ministère de la Guerre dans la fabrication du matériel d'artillerie, de l'outillage technique et l'équipement des troupes. Nous détachons de son discours le passage que voici :

On laisse croire au public que, grâce à la loi de trois ans qui nous a donné le nombre, notre puissance militaire s'est trouvée d'un seul coup au niveau de celle de l'Allemagne, que nous n'avons plus à redouter désormais aucun risque d'agression, etc.

Or, rien n'est moins exact et plus dangereux que cette opinion. Si, à la guerre, le nombre est un facteur de la victoire, la direction, l'instruction et l'organisation matérielle de l'armée sont également des facteurs de succès autrement essentiels et dont la valeur s'accroît considérablement au fur et à mesure des progrès de la science militaire moderne. L'évidence de ce principe s'impose d'ailleurs de plus en plus.

En regard de ces déclarations en faveur de la loi de trois ans, je pourrais placer, sans chercher plus loin, les termes employés dans l'exposé des motifs du projet qui nous est soumis :

« ... Mais, à la guerre, est-il dit dans ce document, les gros effectifs ne sauront suffire, quelle que soit la valeur des troupes, si notre armée ne dispose pas des armes et des engins perfectionnés que la science moderne transforme incessamment, et si nos places fortes ne sont pas mises en état de résister aux armes à longue portée et à grande puissance, récemment introduites dans les armées voisines... »

De l'autre côté du Rhin, même opinion.

Le 8 avril 1913, le général Von Heeringen déclarait « que si les autorités militaires allemandes tenaient à augmenter considérablement le chiffre des effectifs du temps de paix, elles attachaient plus d'importance encore à la bonne organisation intérieure de l'armée ».

Son successeur au ministère de la Guerre, le général von Falkenheim, le 26 novembre 1913, à la tribune du Reichstag, s'exprimait en ces termes :

« Dans la future grande lutte, qui sera un combat à mort, seul aura l'espérance de vaincre celui qui aura su utiliser toutes ses chances en la préparant. »

Voici la conclusion de ce discours :

Pas plus demain qu'aujourd'hui nous n'hésiterons devant ces sacrifices indispensables qui donneront à l'administration de la guerre les moyens financiers d'accomplir l'effort militaire le plus considérable et surtout le plus efficace qui ait été entrepris chez nous depuis 1870. Mais l'empressement même avec lequel nous accorderons ces ressources, comme nous avons toujours accordé toutes celles qui nous ont été demandées pour la défense nationale, suffirait à prouver que le manque d'argent n'a pas été la seule cause de l'infériorité où est tombée peu à peu l'armée française sous le rapport des moyens d'instruction et de combat.

Il faut donc autre chose que des crédits. Il faut surtout et avant tout réformer l'organisation et la mentalité des services dirigeants de notre armée. (*Très bien!*)

Nous avons eu neuf ministres de la Guerre au cours de ces trois dernières années! Tel d'entre eux, par exemple, avait préparé à la fin de 1911 un programme de dépenses et son projet a disparu en même temps que lui.

Le ministre n'est pas renseigné par ses services avec la rapidité ni avec la précision qu'exigerait l'instabilité de son pouvoir.

L'état-major, dont le chef est pourtant la personnalité la plus élevée du haut commandement et qui possède d'une façon durable les attributions les plus étendues, n'en use pas pour exercer sur les autres services l'impulsion d'ensemble qui pourrait accélérer et coordonner leur action. Trop souvent, il prend ses décisions sans se soucier de savoir comment au-dessous de lui on pourra les appliquer, à peu près comme dans certains kriegspiels on manie des armées sur la carte en faisant abstraction de toutes les difficultés de transport, de communication et de ravitaillement. Il s'intéresse trop peu aux questions d'organisation générale et trop à certaines questions de personnes. (*C'est cela! — Très bien!*)

Les directions de l'administration centrale et les services annexes, comités, commissions, sections, etc., forment comme autant de ministères distincts, séparés sans être indépendants, en perpétuel désaccord et qui se paralysent les uns les autres. On y discute et on y travaille beaucoup, mais on n'y réalise presque rien.

Enfin, cette anarchie s'aggrave encore grâce au mystère dont s'entourent les services dirigeants. On ne laisse voir de l'armée qu'une façade brillante qui attire les acclamations de la foule, et on traite en importuns les représentants de la nation s'ils veulent contrôler sérieusement ce qui se passe derrière cette façade. Il résulte de cette défiance que les questions les plus importantes sont traitées dans une atmosphère de malsaine obscurité où la veulerie générale des caractères n'est presque jamais secouée par la crainte salutaire de l'opinion publique. (*Très bien !*)

Instabilité ministérielle, organisation vicieuse des services de l'administration centrale, répugnance pour les responsabilités, impossibilité de tout contrôle sérieux venant du dehors, voilà les véritables raisons de la situation où nous sommes, et voilà pourquoi nous ne commençons d'en sortir que grâce à ce fait inouï d'une commission parlementaire obligée de se substituer au ministère de la Guerre pour réclamer les réformes militaires les plus impérieusement indispensables.

Nous allons achever d'accomplir notre devoir. Au chef de l'armée d'entreprendre maintenant le sien, de réorganiser les services de son département, de les contraindre à plus de cohésion, à plus d'activité, à plus de franchise. Le ministre actuel de la Guerre est particulièrement qualifié pour cette tâche. J'espère qu'il trouvera l'énergie nécessaire dans la pensée qu'une nation comme la France, qui dépense pour son armée les millions sans compter et qui lui donne toute sa jeunesse aussi longtemps qu'on le lui demande, a le droit d'exiger que l'on n'hésite pas à opérer quelques réformes, et même à briser, s'il le faut, quelques résistances, pour lui rendre en puissance et en sécurité l'équivalent de ses sacrifices. (*Très bien ! très bien ! — Vifs applaudissements sur un très grand nombre de bancs.*)

L'impression produite par ce discours fut considérable. M. Messimy, ministre de la Guerre, défendit toutefois son administration et cita les chiffres que voici :

Messieurs, il est des chiffres qu'il faut mettre sous les yeux du Sénat. Ce sont les chiffres comparatifs des dépenses d'outillage qui ont été faites en France et en Allemagne depuis dix ans.

En 1903, on a dépensé en France 31 millions, en Allemagne 130 millions — le quadruple; en 1904, 32 millions en France, 130 en Allemagne; en 1905, 57 millions en France, 130 millions encore en Allemagne; en 1907, 92 millions en France, 245 en Allemagne; en 1908, 59 millions en France, 222 en Allemagne; en 1909, 71 millions en France, 178 en Allemagne; en 1910, 99 millions en France, 126 en Allemagne; en 1911, 93 millions en France, 128 en Allemagne.

En 1912, notre chiffre s'élève; je crois avoir en la circonstance engagé ma responsabilité, puisque ce sont mes propositions qui ont abouti pour la plus large part. Nous avons en France dépensé 135 millions contre 216 millions en Allemagne.

Ce ne sont donc pas les services de la guerre qu'il faut mettre en cause. Je tiens à affirmer de nouveau que les braves gens que j'ai pour collaborateurs n'ont, en la circonstance, aucune responsabilité. (*Très bien! très bien! à gauche.*)

M. Gaudin de Villaine. — Il fallait demander plus d'argent; on vous l'aurait donné! On ne vous a jamais rien refusé.

M. le ministre. — Sans doute, jamais les commissions parlementaires n'ont rien refusé à un gouvernement, mais lorsque le ministre de la Guerre s'adresse au ministre des Finances... (*Exclamations sur divers bancs.*) Je suis bien obligé de constater les faits — il reçoit de lui l'ordre impératif de comprimer les dépenses. (*Bruit.*)

M. Ribot. — En pareille matière, il ne peut être question d'ordre. (*Très bien!*)

M. Clemenceau. — De qui reçoit-il cet ordre? Est-ce qu'il n'y a pas un président du Conseil auquel le ministre de la Guerre peut toujours en appeler?

M. le ministre. — Je suis obligé de dire ce qui est.

M. Clemenceau. — La vérité, c'est que nous ne sommes ni défendus ni gouvernés! (*Très bien! à gauche.*)

Il n'était pas exact de soutenir, comme le faisait M. Messimy, que les services du ministère des Finances n'avaient cessé de s'opposer aux demandes de crédits du ministère de la Guerre. Au printemps de 1913, notamment, de nombreuses conférences avaient eu lieu entre les chefs de service des deux ministères et des crédits s'élevant à plus de 800 millions avaient été ensuite proposés par le cabinet Barthou. Ces crédits n'avaient pas été votés par la Chambre, parce que le parti radical et le parti socialiste exigeaient qu'ils fussent couverts sans délai par un impôt sur le revenu et un impôt sur le capital. Il est évident que, en subordonnant le vote de crédits militaires à l'adoption de nouvelles mesures fiscales, on provoquait l'ajournement des dépenses d'intérêt national.

Quoi qu'il en soit, la discussion, ajournée le 13 juillet, fut reprise le 14. Elle se termina plus simplement qu'on ne pouvait le prévoir : M. Viviani, président du Conseil, promit au Sénat de renseigner la Commission de l'armée sur l'état du matériel et des approvisionnements et, de son côté, la Commission de l'armée fit voter au Sénat la motion suivante : « Le Sénat donne à la Commission de l'armée mandat de lui apporter à la rentrée des Chambres un rapport sur la situation du matériel de guerre. »

Les crédits furent ensuite adoptés par l'unanimité des votants, et la loi « autorisant les ministres de la Guerre et de la Marine à engager des dépenses non renouvelables en vue de pourvoir aux besoins de la défense nationale » fut promulguée au *Journal officiel* le 18 juillet 1914. Elle comportait finalement 300 millions de crédits destinés à couvrir les dépenses déjà engagées par le ministre de la Guerre pendant l'exercice 1913 et l'autorisation d'engager des dépenses pouvant s'élever à 487 millions pendant l'exercice 1914.

SECONDE PARTIE

PENDANT LA GUERRE

CHAPITRE V

La déclaration de guerre.

Les moratoria; l'ajournement de la liquidation du 31 juillet;
la prorogation des échéances; le moratorium des dépôts. — La
loi du 5 août 1914. — Les mesures prises en Angleterre. — La
mobilisation économique et financière de l'Allemagne.

LES MORATORIA

La période de tension diplomatique qui a précédé
la guerre européenne a commencé le jeudi 23 août :
le gouvernement Austro-Hongrois envoyait ce jour-
là un ultimatum à la Serbie et réclamait une réponse
dans les quarante-huit heures. Le Président de la
République et le Président du Conseil étaient alors
en Russie et ils devaient terminer leur voyage par
une visite aux rois de Suède, de Norvège et du
Danemark. Mais après un court séjour à Stokholm,
le lundi 27 juillet, le voyage fut brusquement interrompu en raison de la gravité des événements. Dès
le 25 juillet, en effet, le gouvernement Russe avait
fait connaître qu'il ne pourrait rester indifférent aux
menaces dirigées contre la Serbie; il demandait que,
tout au moins, un nouveau délai fût accordé pour
examiner l'ultimatum Austro-Hongrois. Cette proposition avait été repoussée et, le mardi 28 juillet,
l'Autriche déclarait la guerre à la Serbie. Dès le lendemain, 29 juillet, dans l'après-midi, M. Poincaré et

M. Viviani étaient de retour à Paris et le Conseil des ministres siégeait pour ainsi dire en permanence à l'Elysée, afin de prendre les mesures que commandaient les circonstances.

La situation extérieure continuait à s'aggraver : la déclaration de guerre de l'Allemagne à la Russie date, on le sait, du samedi 1ᵉʳ août et, le même jour, le Président de la République signait le décret de mobilisation générale. La veille, c'est-à-dire le vendredi soir 31 juillet, M. Jean Jaurès, le chef du parti socialiste, avait été assassiné.

C'est dans ces circonstances tragiques que le gouvernement devait à la fois préparer la défense du territoire et régler les difficultés d'ordre financier et économique qui surgissaient à l'improviste et dont on ne s'était point jusque-là préoccupé. Dès le 24 juillet, les établissements de crédit avaient été assaillis par les déposants qui venaient retirer leurs fonds ; de même, les capitalistes qui avaient fait des placements en reports avertissaient les agents de change qu'ils désiraient être remboursés en liquidation du 31 juillet. Comment faire pour éviter les conséquences de la panique et empêcher des désastres ?

Le mardi matin 28 juillet, le syndic des agents de change, M. A. Rochet, se rendait chez le ministre des Finances pour l'entretenir de la situation du marché ; il le priait de convoquer pour le lendemain les principales maisons de banque en vue d'examiner les mesures à prendre pour faire la liquidation du 31 juillet. Cette réunion eut lieu le mercredi matin, 29 juillet, dans le cabinet du ministre, mais elle ne put aboutir qu'à un aveu d'impuissance. Les banquiers déclaraient que, contraints de garder toutes leurs disponibilités pour faire face aux retraits des déposants, ils ne pouvaient pas venir en aide au marché : la Banque de France serait seule capable de remplir ce rôle. Une seconde réunion, tenue dans la soirée du même jour, ne donna pas de meilleurs résultats ; la Banque de France, pressentie, avait d'ailleurs expliqué qu'elle devait réserver ses ressources pour les besoins de la défense nationale. Dans ces conditions, la réunion fut unanime à proposer l'ajournement de la liquidation du 31 juillet au 31 août. A la suite d'une conversation avec les représentants de la coulisse, le ministre des Finances n'hésita plus à accepter cette solution évidemment médiocre et qui fut imposée au marché sous la forme que voici : la Chambre syndicale procéderait à une revision de son règlement intérieur, lui permettant d'ajourner la liquidation, et le ministre des Finances homologuerait cette décision[1]. On n'avait pas envisagé une autre solution plus radicale et qui eût consisté à fermer provisoirement la Bourse.

L'ajournement de la liquidation était à peine décidé que les banquiers et un certain nombre de négociants demandaient à leur tour des mesures de protection. Les banquiers réclamaient un moratorium des dépôts et les négociants, un moratorium des effets de commerce. Mais si la loi du 24 décembre 1910 autorisait à proroger par décret les échéances des valeurs négociables, aucun texte législatif ne permettait d'appliquer aux dépôts le même traitement. Le Conseil des ministres se refusa donc, tout d'abord, à protéger les sociétés de crédit. Par contre, il soumettait à la signature du chef d'État le décret ci-dessous, portant prorogation des échéances commerciales et qui fut

____

1. Voir plus loin le chapitre intitulé : la *Bourse de Paris.*

inséré dans le *Journal officiel* du samedi matin 1er août 1914 :

Le Président de la République française,

Sur le rapport dú ministre du Commerce, de l'Industrie, des Postes et des Télégraphes, du ministre de la Justice et du ministre des Finances,

Vu la loi du 27 janvier 1910, relative à la prorogation des délais des protêts et des actes destinés à conserver les recours en matière de valeurs négociables ;

Vu la loi du 24 décembre 1910, prorogeant les échéances ;

Vu le Code de commerce ;

Le Conseil des ministres entendu,

Décrète :

ART. 1er. — Les délais dans lesquels doivent être faits les protêts et les autres actes destinés à conserver les recours pour toutes valeurs négociables souscrites antérieurement au 1er août 1914, échues depuis cette date, ou venant à échéance avant le 15 août 1914, sont prorogés de trente jours francs.

La même prorogation de trente jours francs est accordée aux valeurs négociables venant à échéance avant le 15 août 1914.

ART. 2. — Les ministres du Commerce, de l'Industrie, des Postes et des Télégraphes, de la Justice et des Finances sont chargés, en ce qui les concerne, de l'exécution du présent décret, qui sera inséré au *Bulletin des lois* et publié au *Journal officiel* de la République française.

Fait à Paris, le 31 juillet 1914.

La déception fut très vive dans les sociétés de crédit et une nouvelle démarche fut décidée auprès du gouvernement : elle eut lieu, le samedi 1er août, au Palais de l'Élysée où les ministres étaient réunis sous la présidence du chef de l'État et où ils préparaient, avec le décret de mobilisation générale, une proclamation au pays. M. Georges Cochery, qui était déjà fort malade — il devait succomber à une attaque quelques jours plus tard — avait tenu cependant à présenter la délégation à l'Élysée. Il insista avec énergie en faveur du moratorium des dépôts : que la mesure fût illégale, c'était possible ; mais peu importait, puisque la Chambre la ratifierait dans sa prochaine séance. Ne convenait-il pas d'éviter des ruines immédiates par un acte que les circonstances rendaient indispensable et que légitimait d'ailleurs le moratorium des effets de commerce? Absorbé par les préoccupations de la défense nationale, le Conseil des ministres céda, cette fois, aux sollicitations de M. Georges Cochery et des établissements de crédit. Un second décret de moratorium fut donc envoyé au *Journal officiel*, dans la nuit du 31 juillet au 1er août. Il était ainsi conçu :

Le Président de la République française,

Sur le rapport du président du Conseil, ministre des Affaires étrangères, du ministre des Finances, du ministre de l'Intérieur, du ministre du Travail et de la Prévoyance sociale,

Vu les lois des 27 janvier et 24 décembre 1910,

Le Conseil des ministres entendu,

Décrète :

ART. 1er. — La prorogation de délai édictée pour les valeurs négociables par le décret du 31 juillet 1914 s'appliquera à la délivrance des dépôts-espèces et soldes créditeurs des comptes courants dans les banques et établissements de crédit ou de dépôts, sous les réserves suivantes :

Tout déposant ou créditeur dont le dépôt ou le solde en sa faveur sera inférieur ou égal à 250 francs aura le droit d'en effectuer le retrait intégral.

Au-dessus dudit chiffre de 250 francs, les déposants ou créditeurs ne pourront exiger le paiement, en sus de cette somme, que de 5 p. 100 du surplus.

Toutefois les déposants ou créditeurs qui occuperaient un personnel d'ouvriers ou d'employés pour l'exercice d'une profession industrielle ou commerciale auront droit, sur les sommes leur appartenant, à la totalité du montant des salaires de chaque échéance de paye, à la charge pour eux d'en justifier par la production des états de payement du personnel.

ART. 2. — La prorogation de délai prévue ci-dessus s'applique également au remboursement des bons ou contrats d'assurance, de capitalisation ou d'épargne à terme fixe ou stipulés remboursables au gré du titulaire ou du porteur.

Art. 3. — Les dispositions du présent décret sont applicables à l'Algérie et à la Tunisie.

Art. 4. — Le présent décret recevra exécution immédiate en vertu de l'article 2 du décret du 5 novembre 1870.

Art. 5. — Le ministre des Affaires étrangères, le ministre des Finances, le ministre de l'Intérieur, le ministre du Travail et de la Prévoyance sociale sont chargés, chacun en ce qui le concerne, de l'exécution du présent décret.

Fait à Paris, le 1ᵉʳ août 1914.

Un troisième décret du 5 août 1914 devait étendre aux valeurs négociables échues non plus depuis le 1ᵉʳ août, mais depuis le 31 juillet, le même bénéfice d'une prorogation de trente jours.

Le moratorium des dépôts eut pour effet de provoquer, le lundi 3 août, des protestations assez vives et même des désordres dans les halls des sociétés de crédit. Le moratorium facultatif des effets de commerce incitait, d'autre part, les débiteurs à ne pas payer les traites qui leur avaient été présentées le 31 juillet et dont ils devaient cependant avoir prévu l'échéance avant cette date. Engagé dans la voie d'un ajournement de toutes les difficultés, le gouvernement ne pouvait guère plus s'arrêter. Les divers projets de lois dont il demanda le vote d'urgence, au Parlement, dans la séance historique du 4 août, avaient pour objet de lui donner les pouvoirs les plus étendus : l'un des plus importants lui permettait de suspendre par décret l'effet des obligations civiles et commerciales.

LA LOI DU 5 AOUT 1914

Les commentaires et les justifications de la loi du 5 août 1914 « relative à la prorogation des échéances des valeurs négociables » ont été donnés dans le rapport de M. A. Métin à la Chambre des députés, publié par le *Journal officiel* du 5 août. Le rapporteur rappelait que des mesures analogues avaient été prises pendant la guerre de 1870-71 et, après avoir cité le texte des décrets déjà rendus par le gouvernement le 31 juillet et le 1er août, il expliquait le « sens des mesures proposées aujourd'hui » dans les termes que voici :

Votre commission vous propose en premier lieu, comme le gouvernement le demande, de ratifier l'interprétation qu'il n'a pas hésité à donner des lois des 27 janvier et 24 décembre 1910.

Elle vous propose, en second lieu, de lui accorder les pouvoirs qu'il sollicite pour prévoir des mesures de portée plus générale, analogues à celles qui se sont imposées aux pouvoirs publics pendant la campagne de 1870-1871, telle que la prorogation éventuelle des termes de loyer, la suspension des péremptions, prescriptions et délais de procédure en matière civile, commerciale et administrative.

Il faut, en effet, que le gouvernement puisse prendre, pendant la durée de la séparation des Chambres, les mesures moratoires que les circonstances exigeraient.

Votre commission a émis la pensée qu'il ne devait y avoir pendant la durée d'application de la loi ni échéance exigible, ni déchéance forcée. Elle entend par là qu'une compagnie d'assurance, par exemple, ne pourra pas exiger le payement d'une prime, mais qu'elle n'aura pas non plus le pouvoir de déclarer déchu des droits acquis par les versements précédents celui que la loi autorise à ajourner son échéance. Cette interprétation, conforme à l'équité, rassurera tout le monde et particulièrement les nombreux assurés ou adhérents à diverses sociétés, qu'ils appartiennent au monde des employés ou des ouvriers.

Le gouvernement nous a donné une autre certitude, celle d'une interprétation large et généreuse des dispositions moratoires par les tribunaux, qui recevront les instructions nécessaires.

Il a accepté la suppression de la possibilité d'appliquer les mesures demandées « à une catégorie particulière de citoyens », comme il était prévu à l'article 3, dans le premier texte rédigé par lui.

Ayant reçu l'assurance que toutes les situations sur lesquelles nombre de nos collègues ont appelé l'attention de la commission du budget seraient envisagées et traitées dans un esprit de justice par les décrets annoncés dans la loi ou dans les circulaires promises, votre commission vous propose de voter le texte suivant :

Art. 1er. — Sont considérés comme valeurs négociables pour l'application des lois des 27 janvier et 24 décembre 1910, les chèques, reçus ou tous autres instruments établis en vue de constater soit la délivrance de dépôts-espèces ou de soldes créditeurs des comptes courants dans les banques et établissements de crédit ou de dépôts, soit le remboursement des bons ou contrats d'assurance, de capitalisation ou d'épargne, à terme fixe ou stipulés remboursables au gré du titulaire ou du porteur.

Art. 2. — Pendant la durée de la mobilisation, le gouvernement est autorisé à prendre, dans l'intérêt général, par décret en conseil des ministres, toutes les mesures nécessaires pour faciliter l'exécution ou suspendre les effets des obligations commerciales ou civiles, pour suspendre toutes prescriptions ou péremptions en matière civile, commerciale et administrative, tous délais impartis pour attaquer. signifier ou exécuter les décisions des tribunaux de l'ordre judiciaire ou administratif.

La suspension des prescriptions et péremptions pourra s'appliquer aux inscriptions hypothécaires, à leur renouvellement, aux transcriptions et généralement à tous les actes qui, d'après la loi, doivent être accomplis dans un délai déterminé.

Art. 3. — Le Gouvernement est autorisé à rendre ces mesures applicables seulement à une partie du territoire.

Art. 4. — Dans les circonstances prévues à l'article 2, aucune instance, sauf l'exercice de l'action publique par le ministère public, ne pourra être engagée ou poursuivie, aucun acte d'exécution ne pourra être accompli contre les citoyens présents sous les drapeaux.

Art. 5. — La présente loi est applicable à l'Algérie et par décret spécial aux colonies des Antilles, de la Guyane et de la Réunion.

Ce projet ayant été adopté sans changement par l'unanimité des membres des deux Chambres, le même texte fut promulgué sous forme de loi au *Journal officiel*. Il devait permettre au gouvernement de décréter successivement, outre la prorogation des échéances des valeurs négociables et celle du remboursement des dépôts, la suspension du paiement des coupons, intérêts et dividendes; la suspension du paiement des sommes dues à raison de contrats d'assurances, de capitalisation et d'épargne; la prorogation des délais de paiement en matière de loyers; etc. La vie économique du pays était donc en quelque sorte arrêtée et tout crédit était suspendu.

On trouvera plus loin des explications détaillées sur la situation de la Bourse et sur celle des établissements de crédit au moment de la déclaration de guerre. Rappelons, tout d'abord, ce qui a été fait, en Angleterre et en Allemagne, pour éviter une crise du crédit.

LES MESURES PRISES EN ANGLETERRE

Pour bien comprendre par quelles mesures l'Angleterre a pu traverser la même crise que la nôtre, il faut se rappeler que le mécanisme de son système de banque est très spécial. Le papier tiré par les grandes maisons de production sur les petits commerçants n'existe pour ainsi dire pas : les affaires se règlent au comptant ou à très court terme, soit par voie de chèques ou de virements — car tout le monde a son banquier — soit par voie d'encaissements mensuels opérés par les voyageurs du grand commerce qui présentent les quittances à leurs débiteurs. Par contre, le papier étranger est fort abondant : la place de Londres est, en effet, le *clearing house* de l'univers. Une part considérable des transactions mondiales s'effectue par l'entremise des *banques d'acceptation* qui, en échange d'une commission, acceptent des effets tirés d'Angleterre ou de l'étranger par des vendeurs de marchandises ou de titres. Ces banques d'acceptation s'entendent avec le débiteur anglais ou étranger qui s'engage à faire les remises nécessaires en temps utile : elles garantissent alors le paiement à l'échéance.

Mais l'avance du capital est fournie au porteur des effets acceptés par une seconde catégorie de banquiers — *bill brockers* ou *bill dealers* — qui font l'escompte avec leurs capitaux personnels ou avec les dépôts à terme dont ils sont pourvus. Ces banquiers escompteurs gardent les effets en portefeuille, s'ils n'ont pas besoin d'argent et, si de nouveaux capitaux leur sont nécessaires, ils s'adressent à un troisième intermédiaire, les banques de dépôt (*joint stock banks*) qui leur fournissent des fonds contre remise de leur papier.

Ces *Joint stock banks*, n'ayant que des dépôts à vue et remboursables par suite à toute réquisition, ne peuvent pas faire l'escompte du papier long; elles n'engagent donc leurs disponibilités que pour un temps assez court.

En temps ordinaire, ce triple organisme des banques d'acceptation, des banques d'escompte et des banques de dépôt fonctionne régulièrement. Les remises sont faites aux banques d'acceptation en temps utile; les traites présentées par les escompteurs sont payées à l'échéance et les courtiers d'effets, rentrant dans leurs fonds, remboursent les banques de dépôt. Mais s'il surgit une crise, un resserrement monétaire, les *Joint stock banks* ferment leurs caisses et le crédit devient de plus en plus difficile sur le marché des capitaux. C'est alors la Banque d'Angleterre qui vient au secours de la place : elle hausse d'ailleurs ses tarifs d'escompte selon l'importance des besoins monétaires.

La déclaration de guerre a nécessairement brisé le mécanisme délicat du crédit que nous venons d'expliquer. Les clients étrangers, pour lesquels les traites avaient été acceptées, n'ont pas fait les remises pour payer à l'échéance les traites en circulation. La brusque interruption des communications, la hausse des primes d'assurances maritimes, l'impossibilité de se procurer de l'or, la fermeture du *Stock Exchange* (Bourse de Londres), décidée dès la fin de juillet, ont provoqué un arrêt général des règlements. D'autre part, le marché du change s'est trouvé immédiatement paralysé : les débiteurs n'ont pu envoyer ni des effets sur Londres, ni de l'or, ni remettre de nouveaux effets à l'escompte.

Par suite de la défaillance que les événements imposaient à leur clientèle des pays alliés ou neutres et de l'abstention volontaire des belligérants ennemis, les banques d'acceptation étaient hors d'état de tenir leurs engagements et acculées à une suspension de paiement. Enfin les banques d'escompte, ne pouvant rentrer dans leurs avances, étaient incapables de rembourser les *Joint stock banks* qui, à leur tour, étaient menacées de ne pas pouvoir faire face aux retraits des déposants.

M. Lloyd George a expliqué, dans son discours du 27 novembre 1914 à la Chambre des Communes, le mécanisme des lettres de change dans les termes que voici :

J'ai été vivement frappé, depuis que je m'occupe de ces questions, du peu que même les commerçants, qui forment une partie de ce grand organisme, savent du mécanisme dont ils sont partie essentielle. J'ai maintes fois rencontré des hommes qui traitent leurs affaires par lettres de change, qui s'intéressent au rouage particulier du mécanisme qui les affecte, mais qui ne se sont jamais donné la peine d'examiner les ramifications de cette gigantesque machine. Ce qui est vrai des hommes engagés dans cette catégorie particulière d'affaires l'est encore davantage du grand public. Je ne crois pas que le grand public, — parmi lequel je me range moi-même, — se soit jamais rendu compte de la mesure dans laquelle les affaires, non seulement de ce pays mais du monde entier, dépendent de ce mécanisme de papier très délicat et extrêmement compliqué.

Le commerce international du monde, au début de cette guerre, était évalué à 75 milliards. Je suppose qu'au temps des guerres de l'Empire il pouvait être d'environ 5 milliards. Mais ce qui est bien plus remarquable, c'est la situation unique et maîtresse de la Grande-Bretagne dans ce commerce international. C'est là quelque chose qui est sans parallèle dans l'histoire du commerce du monde. Nous n'avions pas seulement à maintenir l'activité de nos propres affaires, mais nous étions une partie essentielle du mécanisme qui met en mouvement tout le commerce international du monde.

Nous fournissions le capital nécessaire à la production; nous transportions la moitié des produits, non seulement de notre propre pays, mais du monde entier. Bien plus, nous fournissions le capital qui faisait circuler ces produits d'un bout à l'autre du monde non seulement pour nous-mêmes, mais aussi pour les autres pays.

Il suffit à chacun de prendre un petit morceau de papier, une lettre de change, pour se rendre compte de ce que nous faisions.

Prenons le commerce du coton. Le coton est, avant tout, transporté des plantations le long du Mississipi, ensuite, il est amené à la Nouvelle-Orléans; de là, il est expédié soit en Allemagne soit en Grande-Bretagne, soit dans d'autres pays. Chaque mouvement est représenté par un papier signé ou à Londres ou à Manchester ou à Liverpool. Une seule signature est pratiquement responsable de la totalité de ces transactions. Ce n'est pas tout. Quand les États-Unis d'Amérique achetaient de la soie ou du thé en Chine, le paiement était fait par l'entremise de Londres, au moyen de documents acceptés à Londres. New-York payait ainsi le thé qui était acheté à la Chine. Cela montre combien le système était devenu compliqué. Nos transactions concernaient bien plus que nos propres affaires; nous effectuions aussi la moitié des affaires du monde au moyen de ces morceaux de papier. Ce que j'ai voulu établir par ces développements, c'est que le papier créé à Londres était devenu une partie de la monnaie commerciale du monde.

C'est une chose remarquable que toutes ces énormes affaires ne donnent lieu qu'à des transferts d'or tout à fait minimes. Londres a reçu l'an dernier 1 260 millions d'or et en a exporté 1 125 millions. Tout le reste était du papier. Qu'est-il arrivé? Tout ce délicat mécanisme reposant sur la circulation de lettres de change s'est trouvé ébranlé par une grande guerre affectant plus des deux tiers de la population du monde. Un grand désarroi ne pouvait manquer de se produire. C'est comme lorsqu'on donne un grand coup dans une fourmilière. Pendant quelque temps, il y a eu une grande consternation et un grand affolement dans toutes les bourses et sur tous les marchés du monde. Le sommet de la fourmilière était détruit. Pendant un moment, il y a eu un grand effroi. Tous les matériaux étaient là; mais il y avait une panique considérable, parce que la guerre n'avait jamais été faite par ce pays ni par un autre pays dans de telles conditions.

La première chose que je tiens à dire à ce sujet est que la stagnation qui a suivi chez nous n'a pas été due à un manque de crédit mais au fait que les remises de l'étranger faisaient défaut.

Prenons le total de ces lettres de change. Elles représentaient de 8 750 millions à 12 milliards et demi, je ne saurai dire exactement le chiffre; il est compris entre ces deux extrêmes. J'ai fait une enquête; mais jusqu'à présent, il m'a été impossible de le déterminer. Il y avait en circulation cette énorme quantité de papier portant des signatures anglaises. A ce moment, la plus grande partie de ce papier avait été déjà escomptée; les espèces fournies provenaient de source britannique et la défaillance n'a pas été due au fait que la Grande-Bretagne n'avait pas payé ses créances de l'étranger, mais au fait que les débiteurs de l'étranger ne pouvaient pas payer la Grande-Bretagne. Je crois qu'il est très important, au point de vue du crédit britannique, que ce point soit fortement compris.

Quand vint le moratorium, il a paru y avoir une sorte de faillite du crédit anglais. Mais ce n'était pas le moins du monde, je le répète, une faillite anglaise. Elle est venue de ce que nous ne pouvions obtenir des remises des autres pays. Nous avions déjà payé. Mais il y avait un intérêt vital pour le crédit et le bon renom de la Grande-Bretagne à ce que ces morceaux de papier, qui circulent sur tout le globe avec des signatures anglaises, associés au commerce et à l'industrie britanniques — peu m'importe quels sont ces noms dès lors que nous les avons acceptés — il y avait un intérêt vital, dis-je, pour le bon renom et le crédit de ce pays, à ce que ces morceaux de papiers ne restassent pas impayés.

Ce qui est réellement arrivé, ce fut une complète cessation du crédit, une paralysie de tous les changes. C'est exactement comme si un obus avait détruit les arches d'un aqueduc et qu'il y ait eu interruption du courant qui existait auparavant. Ce que nous avions à faire, c'était de réparer temporairement l'arche, de telle sorte que le courant fût rétabli et que le flot continuât de passer.

Le premier phénomène qui s'est produit a été, comme je l'ai déjà dit, la dislocation des changes. Il y a eu, à cet égard, des situations paradoxales et absurdes. Prenons par exemple la République Argentine. Elle doit à la Grande-Bretagne environ 10 milliards de capital fixe ou flottant. Nous étions donc créanciers de la République Argentine pour 10 milliards, et cependant notre système de crédit s'est trouvé tellement désorganisé qu'il ne nous était pas permis d'acheter une seule cargaison de viande congelée ou de céréales.

A ce moment, nous avons dû faire, pour cette raison, des arrangements spéciaux. J'ai entendu parler d'un débiteur — je ne suis pas sûr que ce soit la municipalité de Valparaiso — qui devait une somme considérable à notre pays. Il avait les fonds disponibles, mais il ne pouvait pas payer parce qu'il n'y avait pas alors de papier offert sur le marché du change. Le papier sur Londres, à ce moment, était hors du marché. Dans une circonstance ordinaire, le débiteur aurait acheté partout où il aurait pu du papier sur Londres, mais comme il ne pouvait procéder de la sorte il lui aurait fallu, pour s'acquitter, envoyer 20 ou 30 000 souverains d'or, ce qui était tout à fait impossible.

Nous ne pouvions ni acheter, ni vendre malgré que le monde entier fût notre débiteur.

Le cas des États-Unis de l'Amérique du Nord est encore plus remarquable. L'Amérique nous doit, je crois, 25 milliards de capital fixe ou flottant. Et cependant, il était impossible de traiter aucune affaire avec New-York parce que les changes étaient paralysés.

Dans ce même discours, M. Lloyd George a expliqué que les mesures prises à partir du 2 août 1914, soit par des lois soit par des proclamations royales, avaient produit le meilleur effet [1]. Le *Stock Exchange*

1. Le texte complet de ces lois et proclamations a été publié par le *Bulletin de Statistique et de législation comparée* du ministère des Finances (numéro d'août, septembre et octobre 1914).

une fois fermé pour empêcher la débâcle des cours, le gouvernement avait décrété « jours fériés » (*bankholidays*) les journées des 3, 4, 5 et 6 août, afin de réfléchir, pendant le chômage obligatoire des banques, aux mesures à prendre pour empêcher un *run* dans les *Joint stock banks* et un cataclysme général. On a ensuite déclaré un *moratorium* provisoire des lettres de change. Puis la Trésorerie a consenti à avancer aux *Joint stock banks*, au taux de la Banque d'Angleterre, des billets d État d'une livre et d'une demi-livre (25 francs et 12 fr. 50) et ce, jusqu'à concurrence de 20 p. 100 du montant de leurs dépôts. Ces billets d'Etat (*currency notes*) permettaient, en outre, de faire face à la pénurie de monnaie divisionnaire qui commençait à se faire sentir. Les *Joint stock banks* ont ainsi emprunté au Trésor environ 325 millions de francs; mais, dès la fin de novembre 1914, ces emprunts ne dépassaient guère 6 millions. Lorsque le public a su que de pareilles facilités étaient accordées aux banques, il a naturellement repris confiance et a cessé de réclamer le remboursement de ses dépôts.

Il était d'autant plus nécessaire de venir en aide aux banques de dépôt que la presque totalité des paiements s'opère en Angleterre par leur entremise et sous forme de chèques ou de virements. Le montant total des dépôts dans les banques anglaises, écossaises et irlandaises — au nombre de 57, comprenant 7 822 succursales — s'élevait, le 31 décembre 1914, à 27 milliards environ. Il est clair que cet énorme capital ne peut se transformer en monnaie et que si tous les déposants réclamaient le remboursement du solde de leur compte, il serait matériellement impossible de leur donner satisfaction.

La Banque d'Angleterre a été mise ensuite à contribution, mais *avec la garantie de l'État*. Par la convention du 27 août 1914 conclue entre le Chancelier de l'Échiquier et le Gouverneur de la Banque d'Angleterre, celle-ci devait escompter toute lettre de change accréditée (c'est-à-dire présentée par toute personne solvable) et acceptée avant le 4 août 1914, « à n'importe quelle époque avant la date à laquelle le paiement en est exigible, et ce, au taux d'escompte appliqué par la Banque ». Lorsque toute lettre de change ainsi escomptée était arrivée à échéance, la Banque d'Angleterre devait « donner à l'accepteur la faculté d'en différer le paiement jusqu'à nouvel avis, moyennant paiement, entre temps, d'un intérêt calculé au taux d'escompte de la Banque, majoré de 2 p. 100 ». Enfin la Banque d'Angleterre était « indemnisée de toutes démarches faites à ce sujet et garantie par la Trésorerie contre toutes pertes qu'elle pourrait encourir par suite de ces opérations ».

Ainsi les tireurs et endosseurs anglais ou étrangers se sont trouvés libérés de leurs obligations à l'égard des effets ; la responsabilité des escompteurs était dégagée ; les accepteurs avaient devant eux une longue période de tranquillité : la Banque d'Angleterre ne devait leur réclamer le remboursement des sommes qui ne leur avaient pas été payées qu'une année après la guerre. Chacun pouvait, par conséquent, contracter en toute sécurité de nouveaux engagements.

Le moratorium des effets de commerce a pris fin le 4 novembre 1914. Avant de le faire cesser, il fallait prévoir des dispositions spéciales pour les débiteurs dont la bonne volonté n'était pas douteuse, mais dont les affaires, particulièrement affectées par la guerre, ne pourraient se rétablir qu'après la fin des hostilités ; il fallait, en outre, régler la situation des avances faites au *Stock Exchange* et organiser les liquidations laissées en suspens par la fermeture de la Bourse.

Une loi a donné aux tribunaux des pouvoirs exceptionnels pour le règlement des actions contre les débiteurs défaillants : aucune procédure ne peut être engagée sans l'assentiment préalable du tribunal compétent. Si le débiteur prouve que son incapacité de payer est due à des circonstances résultant de la guerre, il lui est accordé un délai qui peut s'étendre jusqu'à six mois après la cessation des hostilités.

En ce qui touche le règlement des avances aux *Stock Exchange*, c'est-à-dire des reports, il a été décidé, par un arrangement entre l'État et la Banque d'Angleterre et par un autre accord entre les intéressés, que les reporteurs seraient divisés en deux catégories : 1° les *Joint stock bancks*, auxquelles il avait été fourni des moyens de circulation par la loi autorisant l'émission des billets d'État dont nous avons parlé plus haut ; 2° les banques qui n'appartenaient pas à cette catégorie, et les autres prêteurs.

Il n'a pas été jugé nécessaire de donner aux *Joint stock bancks* un moyen exceptionnel de mobiliser leurs créances, puisqu'elles avaient la possibilité de se procurer des avances en billets d'État, soit pour rembourser leurs dépôts, soit pour continuer leurs affaires.

Les prêteurs du *Stock Exchange* de la seconde catégorie pouvaient au contraire demander à la Banque d'Angleterre, sur dépôt de titres remis par eux en nantissement, une avance de 60 p. 100 de la valeur de ces titres évaluée au cours de compensation du 29 juillet 1914. La contre-partie de ces facilités était que ni les uns ni les autres ne pouvaient réaliser les titres donnés en garantie par leurs emprunteurs sans le consentement de ces derniers, et ce, pendant une période pouvant se prolonger jusqu'à douze mois après la cessation des hostillités. Pendant le même délai, la Banque d'Angleterre ne devait pas réclamer aux reporteurs le remboursement de ses avances.

Cependant, si les titres donnés en nantissement atteignaient un cours supérieur à celui du 29 juillet 1914, le remboursement des avances pouvait alors être exigé et, si ce remboursement était refusé par le débiteur, la vente du titre pouvait être faite d'office.

Ainsi le crédit tout entier de l'Angleterre a couvert le crédit de son commerce et de son industrie et même, jusqu'à concurrence de 60 p. 100, le crédit du *Stock Exchange*. Le marché de l'escompte a pu reprendre son allure normale et le remboursement en or des billets de la Banque d'Angleterre n'a jamais été interrompu. La circulation de ces billets n'a guère dépassé deux milliards de francs. C'est dans ces conditions que le gouvernement anglais a pu contracter, au mois de novembre 1914, un grand emprunt de guerre de 8 750 millions et un autre, plus important encore, au mois de juillet 1915.

LA MOBILISATION ÉCONOMIQUE ET FINANCIÈRE DE L'ALLEMAGNE

La mobilisation économique et financière de l'Allemagne était préparée, surtout depuis 1911, avec le même soin que la mobilisation militaire. Sous l'impulsion de la *Reichsbank*, les diverses banques allemandes avaient été invitées à accroître leurs disponibilités et à fortifier leur encaisse. La *Reichsbank* elle-même n'avait cessé d'augmenter ses réserves d'or : elle avait obtenu d'ailleurs, dès 1906, l'autorisation d'émettre des billets de 20 et de 50 marks (elle ne pouvait émettre à ce moment-là que des billets de 100 marks). Fixée d'abord à 300 millions de marks, cette émission de petites coupures fut autorisée sans limite à partir de 1913 et la plus grande partie des paiements, notamment ceux des salaires des ouvriers de Krupp, purent ainsi se faire en billets et non plus en or. Un article paru en 1912 [1], dans la *Revue financière de l'association allemande des banques et banquiers*, expliquait d'ailleurs que les mesures envisagées pour assurer la préparation financière de la guerre étaient commandées par les circonstances. « Les événements de l'année dernière (la crise franco-allemande de 1911 à la suite de l'incident d'Agadir) ont montré, disait l'auteur de cette étude, combien l'éventualité de la guerre peut devenir brusquement menaçante. Ancune personne compétente ne peut plus douter un seul instant de l'attention redoublée qu'il convient d'apporter chez nous à la préparation financière de la guerre. Il s'agit de s'y prendre à temps, pour que, à l'heure du besoin, l'armure nécessaire ne nous fasse point défaut. Et ce but ne devrait être perdu de vue par aucun de ceux auxquels incombe pour partie la tâche de faire corres-pondre notre préparation financière à notre prépa-ration militaire. »

Mais l'organisation des banques allemandes ne se prêtait guère à des réserves importantes ni à un accroissement sensible de leurs disponibilités en numéraire. En Allemagne, il existe entre l'industrie et la banque des relations particulièrement étroites. C'est ainsi que la *Deutsche Bank* était déjà repré-

1. Article cité par la *Revue de Paris* du 15 mars 1915 dans une étude de M. Charles Rist : *La préparation financière de l'Allemagne.*

sentée, en 1911, dans les conseils de 134 sociétés industrielles ; la *Disconto*, dans les conseils de 114 ; la *Dresdner*, dans les conseils de 112, etc. Par suite, il y a entre les affaires de banques et d'industries allemandes une étroite connexité : les banques s'occupent à la fois de placer des actions et des obligations industrielles, — et elles les gardent en portefeuille lorsqu'elles n'ont pas pu les placer, — d'ouvrir des crédits à ces mêmes sociétés et elles les aident, d'une manière générale, à faire prospérer leurs affaires. Mais avec quel argent ? Avec celui des dépôts qu'elles reçoivent dans leurs caisses et qui, par suite, sont en grande partie immobilisés. Or, il est clair que, au moment d'une panique causée par la guerre, les banques allemandes sont incapables de faire face aux retraits d'argent de leurs clients. En admettant même que ces dépôts puissent être remboursés, l'industrie serait alors condamnée à la ruine, puisqu'elle n'aurait plus aucun crédit.

Dans ces conditions, il fallait préparer des mesures financières et une nouvelle organisation du crédit applicables au lendemain d'une déclaration de guerre, et ces mesures furent longuement discutées et élaborées dans le plus grand secret. Elles devaient voir le jour, le 4 août 1914, à la séance du Reichstag où dix-sept projets d'ordre financier, social et économique furent déposés et votés sans discussion.

Le Dr Sentenis a fait paraître à Berlin, en septembre 1914, une longue brochure, distribuée à profusion dans les pays neutres et qui avait pour objet de démontrer combien avaient été prévoyantes et heureuses les réformes adoptées par le *Reichstag*. Il est, en effet, incontestable que ces dix-sept lois n'avaient pas été improvisées, comme chez nous, en quelques jours et qu'elles répondaient à d'impérieuses nécessités. D'autre part, l'une de ces lois donnait au *Bundesrat* [1] les pouvoirs les plus étendus pour modifier, compléter ou régler les détails d'application de ces diverses mesures. Voici, d'après les explications du D⁻ Sentenis, le résumé de l'organisation du crédit en Allemagne, depuis le début de la guerre.

L'Allemagne n'a point édicté un moratorium général qui eût arrêté son commerce et son industrie : elle a mieux aimé créer de nouveaux organismes qui reposent, il est vrai, sur la *Reichsbank*.

Cette Banque d'Empire a reçu d'abord le « trésor de guerre » déposé dans la tour de Spandau et qui s'élevait à 120 millions de marks en or : elle portait ainsi son encaisse or à un milliard et demi de marks. D'autre part, ses billets et les bons du Trésor allemand ont bénéficié du cours forcé. Mais, comment pouvait-elle couvrir ses émissions qui, légalement, ne doivent pas dépasser le triple de son encaisse ?

L'une des lois votées le 4 août lui donne la faculté de les accroître ; la Banque peut, en outre, assimiler à la couverture de son encaisse métallique les bons du Trésor, les lettres de change mises en circulation par l'État, les obligations de l'Empire à trois mois d'échéance et, enfin, les billets spéciaux des caisses de prêts sur gage, les *Darlehenskassenscheine*. De la sorte, les émissions de billets de la *Reichsbank* peuvent être sans doute indéfinies, mais elles ne sont plus garanties que par le crédit de l'État. Dans ces conditions, le papier-monnaie peut se comparer à des assignats dont la valeur se déprécie de jour en jour

---

1. Le *Bundesrat* ou Conseil fédéral est composé de hauts fonctionnaires nommés par les États de la Confédération germanique : il se trouve donc entièrement dans la main de l'Empereur.

et peut tomber à zéro si l'Empire ne sort pas victorieux de la guerre qu'il a déchaînée.

Toutefois, afin de pourvoir aux besoins de crédit exceptionnel en temps de guerre, sans surcharger la Banque de l'Empire, on a créé, comme aux époques de crises antérieures, des caisses de prêts sur gage, *Darlehenskassen*, dont l'administration est rattachée à la *Reichsbank*. Ces caisses font des prêts sur garanties, c'est-à-dire sur des valeurs cotées à la Bourse et sur des marchandises non sujettes à détérioration. Mais elles ne remettent pas à leurs emprunteurs des billets de la Banque d'Empire : elles ont été autorisées à émettre des coupures monétaires spéciales, que nous appellerons des billets numéro 2, et dont la valeur minima est fixée à 100 marks. Il est vrai que ces billets numéro 2 sont reçus en paiement par la *Reichsbank*, qui les transforme ensuite, selon ses besoins, en billets numéro 1.

En outre, comme beaucoup d'industriels ne possèdent pas de titres ou ne peuvent pas se dessaisir de leurs marchandises, on a créé à leur intention un autre système de crédit : les banques spéciales de crédit de guerre, *Kriegs Kreditbanken*, ou K. K. B. Ces banques sont constituées, par des industriels et des commerçants, en sociétés anonymes : leurs actionnaires obtiennent ensuite, sous forme de lettres de change, un crédit qui peut s'élever jusqu'à concurrence de cinq fois le montant du capital social. Et ces lettres de change sont escomptées par la *Reichsbank*, qui met ainsi à la disposition des K. K. B. les sommes dont elles ont besoin. Enfin, le gouvernement vient lui-même en aide aux K. K. B., en les dispensant de payer l'impôt du timbre.

Ce n'est pas tout. Lorsqu'un négociant ne peut s'adresser ni aux caisses de prêts sur gage, ni aux

K. K. B., il lui reste une dernière ressource : celle de ne pas payer ce qu'il doit. Quand il s'agit d'un créancier anglais, russe ou français, il lui est même interdit de faire une avance quelconque, sous peine d'amende et de prison. Et quand il s'agit d'une dette contractée à l'égard d'un créancier allemand, il peut demander au juge la permission, qui lui est rarement refusée, d'ajourner ses paiements. S'il n'y a pas en Allemagne de *moratorium* obligatoire, il existe donc, comme on le voit, un *moratorium* facultatif.

En ce qui touche les délais légaux assez courts en matière de paiement de lettres de change, il sont prorogés en cas d'empêchement de force majeure; les protêts faute de paiement peuvent être dressés dans le délai de 30 jours, et même dans le délai de 62 jours sur le territoire de la Prusse orientale. Les sociétés par actions bénéficient des mêmes faveurs : on a suspendu l'application des dispositions légales qui auraient pu les conduire à la faillite. Enfin, aucune procédure ne peut être dirigée contre les mobilisés et leurs familles jusqu'à la fin des hostilités.

On peut sans doute reprocher à ce mécanisme financier d'être artificiel et compliqué. Il peut cependant durer aussi longtemps que la guerre, à la double condition que la circulation du papier-monnaie ne dépasse pas certaines limites — on peut d'ailleurs la réduire par des emprunts d'État qui font rentrer le papier dans les caisses de la *Reichsbank* — et que, en outre, le pays qui se livre à un pareil expédient ne soit pas obligé de faire des achats à l'étranger. Mais le système ne peut guère survivre à une défaite militaire qui enlève la plus grande partie de sa valeur à cette circulation de papier à diverses combinaisons : la liquidation en devient alors à peu près impossible.

CHAPITRE VI

La Bourse de Paris.

L'organisation du marché ; le monopole des agents de change. — La Chambre syndicale des agents de change. — Les services de la Chambre syndicale ; la cote officielle des cours ; le Bulletin officiel des oppositions ; les négociations de rentes françaises. — Les règlements de la Bourse. — Les opérations à terme. — Le mécanisme des reports. — La solidarité des agents de change. — L'ajournement de la liquidation ; les tarifs de courtage. — L'affaiblissement du marché. — La liquidation du 30 septembre 1915.

La guerre européenne, déchaînée par le militarisme prussien, devait fatalement bouleverser tous les grands marchés de valeurs mobilières. Les Bourses de Londres, de New-York, de Vienne, de Budapest, de Pétrograd et de Berlin ont été fermées dès le 31 juillet 1914 ; celle de Paris n'a été close qu'à la fin du mois d'août. La baisse survenue depuis l'ultimatum envoyé à la Serbie par l'Autriche-Hongrie a fait perdre plus de cent milliards aux porteurs de titres pendant la dernière semaine de juillet 1914. A dire vrai, ce mouvement de baisse avait commencé à se manifester depuis le commencement de la guerre balkanique, au mois d'octobre 1912. Pour en donner une idée, voici les cours cotés sur diverses valeurs à la Bourse de Paris, le 30 septembre 1912, puis le 11 octobre 1912, date de la déclaration de guerre balkanique et enfin le 25 juillet 1914 :

	Cours de compensation 30 sept. 1912.	Dernier cours 11 oct. 1912.	Dernier cours 25 juil. 1914.
3 p. 100 français..........	90,40	88,62	78
Extérieure espagnole......	93,25	88,25	85,28
Italien 3 3/4-3 1/2 p. 100....	96,75	96,05	93,50
Turc unifié 4 p. 100........	89,50	80,25	78
Serbe 4 p. 100.............	86,75	68,35	71
Russe Consol. 4 p. 100.....	94	88,55	82,50
Banque de France........	4 450	4 395	4 549
Crédit foncier	855	835	864
Banque de Paris...........	1 763	1 605	1 225
Crédit Lyonnais...........	1 610	1 525	1 432
Société Générale..........	840	812	680
Comptoir d'escompte.......	1 049	975	942
Crédit mobilier...........	685	630	440
Banque russo-asiatique....	820	770	612
Canal de Suez.............	5 940	5 600	4 500
Thomson-Houston	810	740	605
Omnibus..................	815	735	470
Métropolitain.............	660	604	458
Électricité de Paris.......	840	730	548
Ateliers de Jeumont.......	566	460	360
Aciéries Nord et Est.......	2 497	2 497	2 025
Aciéries de la Marine......	1 999	1 980	1 720
Aciéries de France........	1 218	1 100	630
Rio Tinto.................	2 130	1 883	1 604
Boléo....................	905	816	622
Utah Copper.............	351	332	275
Mount Elliott.............	205	182	65,25
Penarroya................	1 410	1 252	1 300

Pendant la semaine du 18 au 25 juillet, la rente française 3 p. 100 avait baissé de 3,20 au comptant et de 4,07 à terme; le nouveau 3 1/2 p. 100 amortissable, de 5,67 et les obligations 4 p. 100 des chemins de fer de l'État, de 7 francs.

Comment s'étonner de pareilles fluctuations? Lorsqu'une guerre est menaçante et surtout lorsqu'elle éclate, les capitalistes se préoccupent naturellement des conséquences qu'elle peut avoir pour le crédit des États et des pertes qu'elle fera subir aux entreprises privées ; leurs alarmes provoquent des offres et font cesser les demandes de titres. Or on sait que, dans toutes les Bourses, une valeur baisse quand elle est plus offerte que demandée, et qu'elle monte quand elle est plus demandée qu'offerte. D'autre part, comme les besoins de capitaux ne cessent de s'accroître pendant la durée des hostilités, il est inévitable que l'argent coûte plus cher.

L'ORGANISATION DU MARCHÉ

Notre marché financier se distingue sensiblement des marchés étrangers. Il n'est pas un « club » fermé, comme le *Stock Exchange* de Londres et celui de New-York : il a été créé par une série d'arrêts du Conseil d'État qui ont été rendus à la suite des spéculations et des désordres. suscités par le « système » de Law. Les arrêts du 24 septembre 1724, du 30 mars 1774, du 7 août 1785 et du 2 décembre 1786 ont successivement fixé les conditions de la tenue de la Bourse : interdiction de se livrer ailleurs que sur le marché public aux négociations de valeurs ; monopole des agents de change nommés par le roi ; constitution d'un « comité permanent » présidé par un syndic et qui s'appelle aujourd'hui la Chambre syndicale des agents de change ; publication officielle des cours, etc.

Sous la Révolution, la suppression du monopole des agents de change et le désordre des finances publiques eurent pour effet de susciter des agiotages scandaleux : la Convention décida de fermer la Bourse. Le marché fut réorganisé par la loi du 28 vendémiaire an IV, puis par les lois du 28 ventôse an IX et du 27 prairial an X : ces deux derniers textes forment un statut complet de la Bourse dont se sont inspirés, en 1807, les rédacteurs du Code de commerce. Aux termes de l'article 76 de ce Code, « les agents de change, constitués de la manière prescrite par la loi, ont seuls le droit de faire des négociations d'effets publics et autres susceptibles d'être cotés ». Le monopole ainsi établi a pour objet de placer le marché sous la surveillance du gouvernement et de donner au public certaines garanties, en réglementant étroitement l'exercice de la profession d'agent de change. Parmi les obligations qui incombent aux intermédiaires du marché, il convient de rappeler « qu'ils ne peuvent faire des opérations de banque ou de commerce pour leur propre compte ». L'agent de change a, en outre, un autre rôle à remplir : il délivre les certifications exigées pour le transfert des inscriptions sur le grand livre de la dette publique et toutes autres certifications et légalisations prévues par des dispositions de lois ou de règlements. En même temps que courtier dans les opérations de Bourse, l'agent de change est donc un officier public spécialement désigné pour certifier, dans les transferts de valeurs, l'identité des parties et la vérité de leurs signatures. Enfin il est tenu au secret professionnel : s'il s'engage personnellement pour le compte de ses clients, il n'a pas le droit de dire leurs noms.

Le monopole légal des agents de change est toutefois restreint, dans la pratique, par les opérations du marché libre ou de la coulisse. Un arrêt de la Cour de cassation du 1er juillet 1885 porte, d'ailleurs, que l'application de l'article 76 du Code de commerce doit s'entendre dans un sens restrictif : par les expressions de « valeurs susceptibles d'être cotées », on

doit entendre celles qui figurent dans le *Bulletin de
la cote officielle*, publié par la chambre syndicale des
agents de change. Il en résulte que les valeurs assez
nombreuses, qui n'ont pas été admises à cette cote
officielle, peuvent faire l'objet de négociations par des
intermédiaires autres que les agents, c'est-à-dire, en
fait, par les coulissiers. La jurisprudence encore
incertaine des transactions sur les valeurs mobilières
semble admettre, également, que les banquiers, chan-
geurs ou autres émetteurs peuvent vendre des titres
au porteur sans l'intervention d'un agent de change,
mais à la double condition que le vendeur soit déten-
teur du titre *au moment de la vente* et que l'acheteur
en verse le prix lorsqu'il en reçoit livraison. C'est
ainsi que les établissements de crédit ont pris l'habi-
tude, qui offre, à notre avis, de sérieux inconvénients,
de vendre directement à leur clientèle les titres de
sociétés ou les fonds d'États étrangers qu'ils se sont
chargés de placer; que les compagnies de chemins
de fer ou autres sociétés industrielles vendent à leurs
guichets les actions ou les obligations qu'elles sont
appelées à émettre. Ce qu'on nomme le monopole des
agents de change s'exerce donc exclusivement sur la
vente, l'achat ou l'échange des titres admis à la cote
officielle et dont le montant s'élevait, le 31 décembre 1913, en capital nominal, à 66 810 millions pour
les valeurs françaises et 81 445 millions pour les
valeurs étrangères.

En échange du monopole qu'il a concédé aux agents
pour la négociation des valeurs inscrites sur la cote
officielle, l'État leur a imposé des responsabilités
étendues et des obligations assez lourdes. Il l'a fait à
la fois dans son propre intérêt, afin d'assurer la régularité des opérations sur la rente française, et dans

l'intérêt du public auquel il voulait garantir la sincérité des cours. Dans un pays qui détient pour plus de
70 milliards de valeurs françaises et pour près de
40 miliards de valeurs étrangères; dans un pays où
le nombre des petits porteurs s'accroît sans cesse et
où la fortune mobilière fait l'objet d'échanges continus, comment admettre que l'État se désintéresse
d'un marché aussi important, qu'il laisse à tous les
intermédiaires, quels qu'ils soient, la liberté de négocier ou d'émettre des titres? On peut critiquer tel ou
tel détail de l'organisation actuelle de la Bourse, mais
on ne peut pas raisonnablement demander qu'elle
soit supprimée et remplacée par un régime d'anarchie.

LA CHAMBRE SYNDICALE DES AGENTS DE CHANGE

En vertu du décret du 7 octobre 1890, complété par
le décret du 29 juillet 1898, le marché de Paris fonctionne sous la surveillance de l'État et sous la direction de la Chambre syndicale des agents de change
qui a élaboré, à cet effet, des règlements intérieurs
votés par l'assemblée générale de la compagnie. Cette
Chambre, organe essentiel de la Bourse, est élue
chaque année par les soixante-dix agents; elle se
compose de huit membres et d'un syndic dont l'autorité doit être assez large pour s'imposer à la compagnie tout entière.

La Chambre et le syndic possèdent des attributions
fort étendues. Ils peuvent, notamment, « faire com-
paraître tout agent de change, lui ordonner la production de son carnet et de ses livres, lui prescrire
toutes mesures de précaution qu'ils jugent utiles et,
en particulier, la constitution, dans la caisse syndicale, d'un dépôt de garantie ». La Chambre syndicale

peut, « suivant la gravité des cas, soit d'office, soit sur l'initiative du syndic ou de l'un de ses membres, soit sur une plainte, blâmer les membres de la compagnie, les censurer, leur interdire l'entrée de la Bourse pendant une durée qui ne peut excéder un mois, et provoquer leur suspension ou leur destitution [1] ». Ses pouvoirs disciplinaires lui donnent le droit de présenter les agents de change, d'agréer les fondés de pouvoir et les commis principaux [2]. Elle décide, en outre, les inscriptions des diverses valeurs à la cote officielle ; elle établit le tarif des courtages dont le maximum est fixé par décret après avis de la Chambre et du Tribunal de Commerce ; elle détermine les conditions particulières des marchés au comptant et à terme et elle surveille leur exécution. Enfin, pour remplir les multiples obligations dont elle a la charge et pour faciliter l'exécution des ordres de Bourse, elle a créé de nombreux services placés sous la direction du syndic assisté d'un secrétaire général.

LES SERVICES DE LA CHAMBRE SYNDICALE

Le service de la cote, qui est l'un des plus importants, comporte l'admission des valeurs françaises et étrangères, c'est-à-dire leur inscription au *Bulletin de la cote officielle* et la publication des cours dans ce *Bulletin* qui est imprimé et mis en vente par les soins de la Chambre syndicale.

En ce qui touche les valeurs françaises, les demandes d'admission sont adressées par les sociétés ou les

---

1. Articles 22 et 23 du décret du 27 octobre 1890.

2. Présentés par la Chambre syndicale à l'agrément du ministre des Finances, les agents de change sont nommés par décret du Président de la République.

banques à la Chambre syndicale. Elles doivent contenir, notamment, tous les renseignements de nature à attester la régularité de la société et toutes les indications nécessaires à la négociation des titres : le taux d'émission, la libération actuelle des titres, les dates de la jouissance. Si le siège social est en province, la société doit prendre en outre l'engagement d'avoir à Paris une caisse chargée du service des titres et du paiement des coupons, sans frais pour les porteurs. Après un examen approfondi des documents qui constituent le dossier, et sur le rapport de l'un de ses membres, la Chambre syndicale prononce l'admission ou rejette la demande. L'admission est définitive quelques jours après que l'avis en a été donné au ministre des Finances et s'il n'y a fait aucune objection. Les fonds d'État français sont seuls dispensés de ces formalités et admis directement à la cote officielle.

Mais pour les valeurs et fonds d'États étrangers, l'admission ne peut être autorisée qu'en principe et sous réserve de l'approbation du ministre des Finances. Aux termes du décret de 1880, modifié par le décret de 1893, si la Chambre syndicale a le pouvoir d'accorder, de refuser, de suspendre ou d'interdire la négociation des titres étrangers, elle ne peut proposer aucune admission de ces valeurs au ministre qu'après avoir reçu certaines justifications et notamment : un certificat de l'autorité consulaire attestant que la valeur a été constituée conformément aux lois et usages du pays d'origine et que les titres sont officiellement cotés dans ce même pays; la désignation d'un représentant responsable du paiement des impôts à percevoir par le Trésor et qui doit être agréé par lui. Il n'est pas besoin d'insister sur l'importance de ces justifications au double point de vue des intérêts du Trésor et des garanties de régularité et de notoriété qui en résultent pour les valeurs étrangères admises à la cote.

Les cours des différentes valeurs sont cotés de la manière que voici. Au comptant, ils sont inscrits, pendant la durée de la Bourse et au fur et mesure qu'ils sont fixés, sur un certain nombre de registres tenus par des employés de la Chambre syndicale. Ces registres constituent les minutes de la cote. Chacun d'eux, comprenant un certain nombre de valeurs, est divisé en trois colonnes : les deux premières destinées aux « demandes » et aux « offres », la troisième aux « cours faits ». La cote des cours à terme s'établit, au contraire, après la Bourse ; les agents de change se réunissent sous la présidence d'un adjoint au syndic qui appelle successivement les valeurs négociables à terme ; chaque agent annonce les cours auxquels il a fait des négociations. Pour les négociations fermes, la cote indique quatre cours : le premier, le plus haut, le plus bas et le dernier ; pour les négociations à primes, deux cours seulement : le plus haut et le plus bas. Enfin le service de la cote établit, après chaque séance, le « cours moyen », c'est-à-dire la moyenne entre le cours le plus bas et le cours le plus haut, de toutes les valeurs françaises et étrangères qui ont fait l'objet de négociations. C'est d'après ce cours moyen que sont perçus les droits de succession, de transfert, de conversion, etc.

Outre le *Bulletin de la cote*, la Chambre syndicale publie le *Bulletin officiel des oppositions*, qui a pris, depuis le début de la guerre, une si grande extension. La quantité de titres au porteur en circulation étant devenue considérable, les cas de perte, de vol ou de destruction des valeurs ont naturellement augmenté et il était par suite d'un intérêt général de donner aux propriétaires dépossédés le plus de chances possibles de recouvrer leurs valeurs. La loi de 1872 et le règlement d'administration publique de 1873 ont prévu à cet effet un mode de publicité des oppositions qui sont aujourd'hui centralisées à Paris et notifiées par huissier[1] au syndicat des agents de change. La liste des oppositions est rendue publique par l'insertion dans le *Bulletin officiel*, des numéros de titres perdus, volés ou détruits. Chaque intéressé, acheteur ou intermédiaire, peut ainsi s'assurer si les titres qui lui sont présentés se trouvent ou non placés en dehors de la libre circulation : aucune valeur dont le numéro figure dans le *Bulletin officiel* des oppositions ne peut faire l'objet d'une livraison utile.

La Chambre syndicale reçoit, en outre, directement les ordres d'achats et de ventes qui lui sont transmis par les trésoriers-payeurs généraux et par la Caisse des dépôts et consignations, et elle remet au ministère des Finances un état détaillé des négociations portant sur la rente française, afin que le contrôle de la direction du mouvement des fonds puisse s'exercer.

On comprend que l'examen, le transfert et la conversion des titres de rentes, exigeant des soins attentifs, ne puissent avoir lieu que sous la responsabilité d'officiers publics. L'État devait donc assurer la sincérité des cours de la rente et la régularité des titres par des mesures appropriées, en même temps

---

1. Depuis la promulgation de la loi du 4 avril 1915, les formalités d'opposition pour faits de guerre ont été simplifiées : il suffit d'adresser, au lieu d'un acte d'huissier, une lettre recommandée à la Chambre syndicale pour obtenir l'insertion des numéros des titres volés ou perdus dans le *Bulletin officiel des oppositions*. Des délais plus courts sont prévus pour la délivrance des duplicata.

qu'il accordait des privilèges spéciaux à ses propres valeurs : notamment l'exonération de tout impôt et l'insaisissabilité des titres de rentes. Il a ainsi obtenu ce résultat d'accroître la confiance du public dans la solidité du 3 p. 100 qui est réparti dans les porte-feuilles les plus modestes : le nombre des porteurs doit atteindre près de deux millions. Cette large diffusion de la rente française est une force incomparable pour le crédit public : loin de chercher à la restreindre par des menaces d'impôt, il serait de l'intérêt bien entendu de l'État d'affirmer en toute occasion que les coupons ne subiront en aucun cas la moindre retenue, qu'aucune atteinte ne sera portée aux immunités dont la rente a été dotée.

Signalons enfin les services organisés par la Chambre syndicale pour activer et simplifier les livraisons et les paiements de titres. Si chaque agent de change devait régler séparément ses diverses négociations avec tous ses confrères, il faudrait en effet un temps et un personnel considérables pour procéder aux échanges de titres et aux règlements de comptes. Afin d'éviter ces complications, les livraisons s'opèrent à la Bourse même, dans une salle de compensation où un employé de chaque charge reçoit et livre les titres négociés.

En ce qui touche le règlement, la Banque de France remplit le rôle de chambre de compensation, au moyen des comptes courants qu'elle a ouverts à la Chambre syndicale et à chaque agent. La compensation intégrale des paiements à effectuer le même jour étant établie par la Chambre syndicale, l'agent débiteur lui délivre un mandat égal au montant de son débit et la Chambre syndicale remet à son tour à la Banque de France un mandat au profit de chaque agent créditeur. Les compensations s'établissent donc sans aucun mouvement de fonds par l'entremise de la Banque qui débite ou crédite le compte de chaque agent[1].

LES RÈGLEMENTS DE LA BOURSE

Après avoir expliqué comment fonctionnent les principaux services intérieurs de la Bourse de Paris, il nous reste à faire connaître les règlements qui ont été élaborés en vue d'assurer la sincérité des cours, d'empêcher les manœuvres coupables, dans la mesure du possible, et de donner ainsi à l'épargne une sécurité nécessaire.

Nous savons déjà que, sur le marché officiel, les agents sont tenus à la plus rigoureuse neutralité, qu'il leur est interdit de s'intéresser aux opérations de Bourse. Si une charge a reçu de plusieurs clients des ordres en sens contraire, elle ne peut même les exécuter qu'après avoir fait constater par un membre de la Chambre syndicale que l' « application » est régulière, c'est-à-dire que des cours plus avantageux n'ont pas été offerts.

A cette impartialité contrôlée, vient s'ajouter la garantie de la publicité : les négociations ne peuvent s'opérer que dans un lieu public ouvert à tous, à la Bourse placée sous la surveillance du syndic et de ses adjoints. Si le marché pouvait se tenir en plusieurs endroits, aucun contrôle ne serait possible. D'autre part, le marché ne saurait être permanent : les ordres

---

1. Pour les négociations au comptant, les compensations ne s'établissent que sur les paiements.

Pour les négociations à terme, il s'effectue à chaque échéance une liquidation connue sous le nom de liquidation centrale. Cette liquidation a pour but de compenser les titres et les espèces.

doivent parvenir en même temps et dans un assez court délai, afin que, par leur multiplicité et par leur concordance, ils puissent être exécutés par le jeu normal des offres et des demandes. Sans cette unité de temps et de lieu, qui a d'ailleurs été édictée, dès l'origine du marché, par une ordonnance de Philippe le Bel, les cours ne seraient plus identiques sur les marchés coexistants et les transactions n'offriraient plus aucune garantie. C'est pour ce motif qu'on a fermé la petite Bourse du soir : un petit nombre de spéculateurs habiles pouvaient en effet provoquer des cours fictifs et de nature à exercer une fâcheuse influence sur le marché du lendemain.

Comment s'exécutent les ordres de Bourse? En principe, ils devraient être criés, mais s'il fallait offrir ou demander par ce procédé les douze cents valeurs qui figurent sur la cote officielle, ce serait la confusion et le désordre. Afin d'assurer la sincérité des cours et l'exécution rapide des ordres sur le marché au comptant, la Chambre syndicale a donc organisé un service dit d' « opposition » qui fonctionne sans bruit, d'après des règles très simples.

Avant l'ouverture de la Bourse, les cours extrêmes des ordres parvenus dans les charges sont notés sur les registres de la cote dont nous avons parlé plus haut : cette inscription permet d'assurer l'exécution des ordres d'après la progression des cours offerts ou demandés. Par exemple, l'agent de change X... a reçu l'ordre de vendre dix obligations de chemins de fer à 400 francs, l'agent de change Y... un ordre dans le même sens à 402 : si un acheteur demande des obligations de chemins de fer et se trouve d'abord en présence de Y..., celui-ci les offrira à 402, mais au moment d'inscrire ce dernier cours, on s'apercevra que X... les offre à 400 et l'acheteur sera obligé de s'adresser d'abord à X... et de traiter avec lui. Lorsque d'autres acheteurs se présenteront, ils pourront traiter avec Y... au cours de 402 et ainsi de suite. Les ordres d'achat et de vente concordants ayant été ainsi appliqués l'un en face de l'autre, les deux commis qui ont conclu l'un, l'achat et l'autre, la vente, inscrivent l'opération sur leur carnet et font rayer sur les registres les offres et les demandes auxquelles il a été donné suite ; le cours de la négociation est alors inscrit dans la troisième colonne du registre de la cote.

En résumé, un vendeur, qui offre à un cours bas, doit être servi avant celui qui propose un prix plus élevé ; inversement, un acheteur, qui demande à un prix élevé, doit passer avant celui qui demande à un prix inférieur.

LES OPÉRATIONS A TERME.

Les opérations à terme, qui font en temps normal l'objet de la plupart des négociations traitées pendant la durée de la Bourse, ne sont pas plus compliquées : conclues à une date quelconque, elles ne se traduisent par des livraisons de titres ou par des paiements qu'aux époques fixées d'avance par la liquidation des comptes respectifs. Cette liquidation a lieu le 15 et le 31 de chaque mois pour certaines valeurs, le 31 seulement pour d'autres, notamment les fonds d'État français.

Par exemple A... achète à B... le 7 juillet, cent titres à 100 francs livrables en liquidation de fin de mois. Le 31 juillet, B... livre les cent titres et reçoit 10 000 francs, moins les frais de courtage et l'impôt. C'est une opération très simple à concevoir et qui se réalise de la même façon qu'une opération au comptant, mais avec un délai accordé à l'acheteur pour se procurer de l'argent et au vendeur pour se procurer des titres.

Une seconde hypothèse peut se présenter : A... s'aperçoit, après avoir acheté les cent titres à 100 francs, que ces mêmes titres ont atteint le cours de 105, et, s'il les revend à ce prix, il aura réalisé, par conséquent, le jour de la liquidation, un bénéfice de 500 francs.

Enfin, troisième hypothèse : A... ne désire nullement lever les titres qu'il a achetés, soit parce qu'il n'en a pas le moyen, soit pour toute autre raison, et il n'aurait pu les revendre qu'avec perte, parce qu'une baisse s'est produite ; le vendeur B..., au contraire, désire livrer et recevoir son argent. A... va se tirer d'embarras, en s'adressant à un capitaliste qui lèvera les titres en son lieu et place et en fera remettre le prix à B... ; mais A... s'engagera en même temps à reprendre, à la liquidation suivante, les titres livrés à un cours dit de « compensation [1] » augmenté du

---

1. Le cours de compensation sert uniquement de base au règlement des opérations en cours, non liquidées et reportées à la liquidation suivante. Il est fixé par la Chambre syndicale le jour de la liquidation, une heure environ avant la clôture de la Bourse, d'après les cours du comptant. L'acheteur qui se fait reporter est considéré comme étant vendeur en liquidation au cours de compensation et acheteur en liquidation suivante au même cours de compensation augmenté du prix de report. Son compte de liquidation devient donc débiteur ou créditeur de la différence des cours, en tenant compte du courtage, de l'impôt et du report.

L'intermédiaire, qui reçoit l'ordre de faire reporter une position « acheteur », doit, au moment de la liquidation, trouver une contre-partie, c'est-à-dire soit un *vendeur* disposé à reporter sa position inverse à la prochaine liquidation, soit un *capitaliste* qui lui prête l'argent nécessaire au paiement réel de la levée des titres faisant l'objet de l'opération. Lorsque sa position est reportée, le spéculateur reste acheteur au cours de compensation augmenté du prix du report, c'est-à-dire de l'intérêt de l'argent qui lui a été prêté. (F. Combat, *Manuel des opérations de Bourse.* Paris, Berger-Levrault, 1912.)

prix du report, c'est-à-dire de l'intérêt de l'argent dont on lui a fait l'avance pour une période de quinze jours ou d'un mois. Le capitaliste reporteur sera garanti à la fois par la livraison des titres et par l'agent de change intermédiaire.

Ainsi l'acheteur pourra opter en liquidation entre trois solutions différentes : 1° lever les titres et en payer le prix; 2° les revendre et payer la différence, si la valeur a baissé, ou en bénéficier, si elle a haussé; 3° se faire reporter, c'est-à-dire ajourner le règlement de son opération à une liquidation suivante, en payant le loyer de l'argent qui lui a été avancé.

Quelle sera maintenant la situation du vendeur? B... ayant vendu à A... cent titres à 100 francs, trois hypothèses contraires peuvent alors se présenter.

Si A... lève les cent titres et en paye le prix, l'opération est terminée; elle pourra même se clore avant la date de la liquidation, car A... possède le droit d'exiger du vendeur la livraison des titres achetés, ce qui s'appelle les « escompter »; dans le cas où B... ne possède pas les titres vendus, il devra les acheter, même à perte.

Seconde hypothèse : B... qui ne possède pas les titres vendus et qui s'aperçoit de la baisse, rachète 95 francs, par exemple, les titres qu'il a vendus 100 francs; en liquidation, son compte se trouvera créditeur de 500 francs.

Enfin, troisième hypothèse : le vendeur sans titres n'ayant pas voulu se racheter parce que, contrairement à ses prévisions, les cours ont monté, devra reporter sa position. S'il y a plus d'acheteurs à découvert que de vendeurs à découvert, l'opération se réalisera selon les règles habituelles du report.

Mais, s'il y a plus d'acheteurs qui lèvent les titres que de vendeurs qui livrent, le vendeur sans titres devra s'adresser en liquidation, pour continuer sa position, à un propriétaire de titres qui les lui prêtera au cours de compensation, mais qui ne les lui rachètera en liquidation suivante qu'à un prix moindre, afin de tirer profit du service rendu. C'est ce qu'on nomme le « déport ».

LE MÉCANISME DES REPORTS.

Complétons ces explications par un exemple, non plus hypothétique mais réel, en passant en revue les opérations qui se sont produites sur l'emprunt de 805 millions en rentes 3 1/2 amortissables dont l'émission a eu lieu le 7 juillet 1914. Cet emprunt n'a pas été entièrement souscrit par l'épargne, mais il n'en a pas moins été couvert plusieurs fois par des spéculateurs qui n'ont consenti à faire le premier versement qu'avec l'espoir de revendre leurs titres à un cours plus haut que le prix d'achat de 91 francs. Selon leurs prévisions, la nouvelle rente a atteint les 8, 9 et 10 juillet les cours de 91,25, 91,50 ou 92 : ils revendent donc à terme et avec bénéfice les titres qu'ils ont souscrits et dont ils se sont ainsi débarrassés.

Si la liquidation du 31 juillet s'était régulièrement opérée — et on sait que la déclaration de guerre ne l'a pas permis — les nouveaux acheteurs auraient donc été obligés soit de lever leurs titres, soit de les revendre, soit de se faire reporter. Plusieurs d'entre eux auraient levé, surtout si les titres avaient continué à hausser, et le nombre des titres « flottants », ainsi appelés parce qu'ils n'ont pas de détenteurs définitifs, aurait diminué dans une certaine mesure ; d'une liquidation à une autre, le flottant aurait été peu à peu « classé » dans les portefeuilles et aurait cessé de peser sur le marché à terme. D'autre part, les acheteurs auraient pu revendre et bénéficier à leur tour de la différence entre le prix d'achat et le prix de vente. Enfin si les titres avaient baissé, ces mêmes acheteurs auraient pu faire reporter leurs positions jusqu'au jour où un mouvement de hausse leur aurait permis de se dégager dans des conditions plus ou moins favorables. Les reports offrent donc pour les acheteurs l'avantage de différer leurs engagements ; ils peuvent avoir pour effet de leur permettre de diminuer leurs pertes ou même de réaliser des bénéfices, si la hausse succède à la baisse. En sorte que les capitalistes reporteurs favorisent les acheteurs et par suite les mouvements de hausse. Supposons que la guerre n'eût pas éclaté : il est fort vraisemblable que le 3 1/2 aurait pu se maintenir à 92 et monter peut-être à 93 ; les acheteurs se seraient donc non seulement tiré d'embarras, mais ils auraient bénéficié de la hausse.

Si la liquidation du 31 juillet 1914 avait eu lieu, alors que les capitalistes reporteurs exigeaient le remboursement de leurs avances, on se serait alors trouvé dans une situation inextricable. Dès le 25 juillet, en effet, le 3 1/2 était tombé à 85 francs. Les acheteurs, qui avaient traité au cours de 92, auraient donc perdu 7 francs par titre, s'ils avaient pu trouver une contrepartie, ou ils auraient dû lever les titres en payant 92 francs ce qui n'était plus coté que 85. Mais ces acheteurs étant incapables de se libérer par l'un ou l'autre de ces moyens, les intermédiaires auraient été responsables d'engagements qui ne peuvent plus être éludés depuis que la loi de 1885 a décidé la validité des marchés à terme. Enfin, si l'agent de change n'avait pas pu lever les titres, c'est la Chambre syndicale qui aurait dû exécuter elle-même le marché, en vertu de la solidarité établie par l'article 55 du décret de 1898.

Dans cette hypothèse, la Chambre syndicale aurait commencé par réaliser l'actif des agents défaillants en vendant leurs charges, Puis elle aurait employé le solde de la caisse commune et les cautionnements à payer les dettes contractées par les clients des agents et dont ceux-ci étaient responsables. Mais comment supposer que ces diverses ressources, assez difficilement réalisables en temps de guerre, eussent suffi à liquider les engagements en cours et à rembourser les reporteurs auxquels il était dû, à ce moment-là, près de 500 millions ? En ruinant les intermédiaires, on ruinait du même coup le marché, sans aboutir à un règlement de comptes.

C'eût été, d'ailleurs, une solution inique. La solidarité n'a évidemment pas été décrétée en vue des graves événements qui ont provoqué la crise de la Bourse, mais pour des cas particuliers. Il ne faut pas oublier, d'autre part, que l'agent de change n'est qu'un intermédiaire, dont le seul bénéfice est le courtage minime qu'il perçoit sur les négociations de ses clients. On pouvait d'autant moins commettre l'injustice de rendre les agents responsables de toutes les défaillances, qu'on ne leur donnait aucune aide ni aucun appui, comme on l'avait fait en Angleterre. Enfin les imprudences commises ne pouvaient pas avoir été nombreuses ; jamais les positions n'avaient atteint un chiffre aussi peu élevé : alors qu'elles dépassaient, à Londres, 2 milliards et demi, elles n'atteignaient, à Paris, que 500 millions.

LA SOLIDARITÉ DES AGENTS DE CHANGE

La solidarité imposée aux agents de change a eu pour résultat de fausser la nature des opérations à terme et des reports. Sachant qu'il était couvert non seulement par son agent de change, mais par la compagnie tout entière, le capitaliste reporteur ne s'est plus préoccupé de la destination de son argent : la qualité des titres employés en reports l'intéressait d'autant moins qu'il avait la certitude d'être remboursé de leur valeur à l'échéance convenue. Par suite, l'intérêt des reports avait une tendance de plus en plus marquée à se niveler; il n'en coûtait pas plus cher de faire reporter des positions sur des valeurs de second ou de troisième ordre que sur des valeurs de premier ordre.

Si le capitaliste reporteur avait fini par se désintéresser de son opération, l'agent de change, assuré de trouver des concours pour reporter les positions de ses clients, pouvait à son tour commettre l'imprudence d'accepter des ordres sans prendre des garanties suffisantes, sans exiger notamment une couverture assez élevée. Il résultait de cette anomalie que les agents de change les plus scrupuleux étaient exposés à subir des pertes énormes, si certains de leurs collègues étaient moins avisés. Sous prétexte d'accroître les garanties du public, on les a plutôt diminuées; on n'a pas réfléchi aux conséquences de cette solidarité mal comprise, qui, certes, a sa raison d'être pour les opérations au comptant et qui doit être maintenue de ce chef, mais qui va à l'encontre de son but, lorsqu'elle s'applique à des spéculations dont les intermédiaires directs doivent être seuls responsables.

Quoi qu'il en soit, l'intervention des capitalistes est indispensable pour soutenir le marché. Si les acheteurs à terme n'étaient pas assurés de trouver des concours pour faire reporter leurs positions à une liquidation suivante, lorsqu'un mouvement de baisse se produit, ils ne consentiraient pas à prendre des engagements, — et il n'y aurait plus de marché à terme possible. Par suite, les émissions de l'État seraient exposées à un échec. N'est-ce pas l'existence du marché à terme qui a permis de contracter l'emprunt du 7 juillet 1914? Peut-on supposer qu'il eût été couvert si la plupart des souscripteurs n'avaient pas eu le moyen de se défaire de leurs titres, et si les nouveaux acheteurs n'avaient pas eu la ressource de pouvoir ajourner l'exécution de leurs engagements, grâce au mécanisme des reports? Il en a toujours été ainsi dans le passé et les divers emprunts d'État ont été contractés dans les mêmes conditions : souscrits par des capitalistes qui n'ont nullement l'intention de conserver ces valeurs en portefeuille, ils font l'objet de transactions plus ou moins longues sur le marché à terme avant d'être absorbés par l'épargne et définitivement classés.

L'AJOURNEMENT DE LA LIQUIDATION

Pour éviter l'ajournement de la liquidation du 31 juillet 1913, il eût fallu de toute nécessité trouver les capitaux indispensables pour rembourser les reporteurs et liquider les positions. Cette double opération n'aurait pu se faire qu'avec le concours des grands établissements de crédit et de la Banque de France. Mais cette combinaison, qui aurait pu se réaliser avec la garantie de l'État, n'a pas été sérieusement envisagée ou, pour mieux dire, elle a été écartée dans les conditions que nous avons déjà exposées[1]. On a mieux aimé ne prendre d'abord que des mesures transitoires, en attendant que la confiance se fût rétablie. Le décret du 27 septembre 1914 a accordé aux acheteurs de titres des délais pour se libérer et une première convention des agents de change avec la Banque de France a fourni le moyen de rembourser aux reporters les deux cinquièmes de leurs capitaux. C'était, évidemment, une mesure insuffisante. Pour assurer la reprise des affaires à la Bourse, il fallait nécessairement, et dès le début, aider les agents de change à trouver des ressources et leur donner à cet effet les moyens d'accroître leur crédit.

C'est ce qui avait été fait, en 1882, au moment de la débacle de l'*Union générale* qui avait provoqué une baisse énorme de tous les titres : les différences s'étaient élevées, en liquidation du 30 janvier 1882, à près de 175 millions. Pour venir en aide au marché, la chambre syndicale des agents de change avait dû demander aux sociétés de crédit et aux banques particulières une avance de 80 millions, par nantissement de 160 obligations de 500 000 francs qui ont été d'ailleurs remboursées au mois de novembre suivant. Mais, à cette époque, les disponibilités étaient plus grandes qu'aujourd'hui et, d'autre part, les garanties offertes étaient plus fortes, car la Chambre syndicale avait la liberté d'augmenter ses courtages. Cette liberté lui a été enlevée par le décret de 1890 et, en 1898,

1. Voir plus haut chapitre v, p. 118.

sous prétexte qu'il limitait, dans une loi fiscale, les opérations du marché libre aux valeurs qui ne figuraient pas sur la cote officielle — ce qui n'était que la consécration matérielle et même réduite d'un monopole reconnu par le Code de commerce — le ministre des Finances a décidé de diminuer encore les tarifs de courtage. Mais il diminuait en même temps le crédit des agents de change, il les empêchait de constituer une caisse commune possédant de larges ressources, afin de pouvoir faire face à toutes les éventualités.

Ce qui importe au public, ce n'est pas de payer des tarifs aussi minimes que ceux d'avant la guerre [1], c'est de faire des négociations en pleine sécurité. Si le monopole des agents de change ne se justifiait point par la nécessité d'assurer la loyauté des transactions, d'en contrôler la sincérité et donner des garanties particulières aux acheteurs et aux vendeurs, il serait évidemment inutile. Or, chaque fois qu'on l'a discuté, on a reconnu qu'il s'imposait dans un intérêt public, et que, s'il était supprimé, on ne pourrait le remplacer que par une organisation éphémère. Dans ces conditions, il vallait mieux accroître la force et le crédit des agents officiels du marché que de restreindre leurs moyens d'action en diminuant le rendement de leurs charges.

On l'a, d'ailleurs, si bien compris que la question du relèvement des tarifs n'a cessé de se poser et qu'elle allait enfin recevoir une solution lorsque la guerre a éclaté. Ajoutons que cette solution a surtout pour

---

1. Le décret du 27 prairial an X fixait les tarifs des courtages à raison « d'un quart d'un franc pour 100 francs ». Les tarifs de 1898 les ont abaissés à 10 centimes pour 100 francs, avec réduction sur les négociations de la rente française à terme.

objet de maintenir, dans l'intérêt du public, la valeur des charges ou pour mieux dire leur garantie, de conserver les commanditaires ou d'en trouver d'autres, lorsqu'un office devient vacant, de faciliter un emprunt de liquidation et de permettre la constitution d'un fonds de roulement important. La majeure partie des ressources fournies par l'augmentation des courtages devrait servir exclusivement à alimenter la caisse comme des agents de change, et non à provoquer des bénéfices supplémentaires.

L'AFFAIBLISSEMENT DU MARCHÉ

Cette mesure, dont le ministre des Finances a compris la nécessité, ne pourra avoir d'effet utile qu'après la reprise sérieuse des affaires à la Bourse. Ces affaires ont diminué dans de sensibles proportions, non seulement depuis le commencement des hostilités, ce qui est naturel, mais dans les trois années qui ont précédé la guerre de 1914.

En ce qui touche les opérations au comptant, la cause de ce fléchissement est bien connue. La puissance d'épargne de notre pays, qui est considérable, n'en est pas moins limitée, et, si on la dirige vers des émissions incessantes de valeurs mobilières étrangères, il est clair qu'elle délaissera les titres cotés en Bourse. Les vastes opérations de crédit lancées par les maisons de banque et qui ont fait l'objet de placements directs aux guichets de leurs succursales, ont créé une concurrence redoutable aux anciennes valeurs : on peut même ajouter qu'elles n'ont pas toujours été inspirées par un vif souci de l'intérêt national. Lorsqu'on a, par exemple, autorisé, l'an dernier, un emprunt ottoman de 500 millions, on n'a certainement pas pris, les événements l'ont bien démontré, la précaution de s'assurer des garanties nécessaires sur l'emploi de cet argent français. Et, de même, lorsqu'on a autorisé, à la même époque, l'emprunt hellénique de 175 millions, on ne semble pas avoir imposé à ses bénéficiaires des obligations assez nettes. Quoi qu'il en soit, il est évident que plus les émissions directes sont abondantes, plus les transactions deviennent rares sur le marché au comptant.

Par contre, le marché à terme devient plus animé lorsque des émissions publiques sont en voie de réalisation. Les emprunts sont un aliment à la spéculation : on achète ou l'on vend des titres nouveaux, quand on croit à la hausse ou à la baisse, et l'on achète d'autant plus volontiers, ce qui est indispensable pour le classement des titres, que l'argent est plus abondant et les reports moins onéreux. Ceux qui soutiennent ainsi le marché ne sont pas, comme jadis, des capitalistes qui se livrent à de larges spéculations : ils ont été remplacés depuis longtemps par la foule des petits spéculateurs dont les ressources sont infiniment plus restreintes. Ce changement était inévitable à partir du jour où des syndicats financiers se sont formés pour garantir les émissions publiques et où il a été plus aisé de s'enrichir en prenant des participations qu'en achetant des titres à la Bourse. Il serait vain de s'étonner de la transformation qui s'est opérée et de la regretter : elle existe et il faut en tenir compte.

C'est au seul point de vue de l'honnêteté et de la loyauté des conventions qu'il conviendra de se placer quand on procédera à la réorganisation du marché. Les autres considérations d'intérêts particuliers devront céder le pas aux nécessités de l'intérêt général.

LA LIQUIDATION DU 30 SEPTEMBRE 1915

En attendant, le ministre des Finances s'est efforcé d'améliorer la situation du marché par diverses mesures qui ont obtenu une approbation à peu près unanime. A la suite de longues et difficiles négociations, M. Ribot a réussi, en effet, à mettre d'accord l'unanimité des intermédiaires, agents de change et coulissiers, en vue de procéder à la liquidation, ajournée depuis quatorze mois, le 30 septembre 1915.

Un décret du 15 septembre 1915 a très heureusement modifié celui du 29 septembre 1914 relatif au moratorium des ventes et achats à terme des valeurs mobilières. Il est ainsi conçu :

ARTICLE 1ᵉʳ. — Les intérêts moratoires dus à raison des opérations à terme effectuées dans les bourses de valeurs et dont le règlement a été ajourné, seront exigibles à partir du 4 octobre prochain.

ART. 2. — Les différences dues à la suite de la liquidation qui aura lieu à la fin du présent mois seront payables, savoir :

10 p. 100 le jour des règlements de ladite liquidation, et

10 p. 100 les jours des règlements des liquidations de fin octobre 1915 à fin juin 1916.

Quant aux différences qui seront dues à la suite des liquidations postérieures à celles de la fin de septembre, elles seront exigibles lors de ces liquidations conformément aux règlements en vigueur.

ART. 3. — Les débiteurs pourront, conformément à l'article 1244, paragraphe 2, du Code civil, obtenir des délais supplémentaires. Le président du tribunal civil statuera par ordonnance de référé, exécutoire nonobstant appel.

ART. 4. — Les sommes dues de la fin d'octobre 1915 à la fin de juin 1916, ainsi que celles pour lesquelles des délais supplémentaires auront été accordés par le président du tribunal civil, seront augmentées d'intérêts moratoires à raison de 6 p. 100 par an.

ART. 5. — Les dispositions de l'article 69 du décret du 7 octobre 1890 seront applicables aux débiteurs qui n'auront pas rempli les obligations résultant des articles ci-dessus.

ART. 6. — Sont suspendues provisoirement toutes demandes de paiement à l'égard des débiteurs présents sous les drapeaux ou habitant des portions du territoire envahi.

ART. 7. — Sous réserve des dispositions ci-dessus concernant le paiement des intérêts moratoires et les différences, demeurent provisoirement suspendues, sauf à l'égard des sujets des nations ennemies, toutes demandes de paiement et toutes actions judiciaires relatives aux ventes et achats antérieurs à la publication du présent décret, de rentes, fonds d'État et autres valeurs mobilières, ainsi qu'aux opérations de report s'y rattachant.

Le ministre des Finances a fourni d'ailleurs, au sujet de cet important décret, des explications détaillées à la Commission du budget, d'abord, puis à la Chambre elle-même, en réponse à une interpellation de M. de Monzie. Une note communiquée, aux journaux après l'audition de M. Ribot par la Commission du budget, a résumé les déclarations du ministre dans les termes que voici :

Le ministre a considéré comme nécessaire que la liquidation se fît simultanément au marché officiel et au marché en banque. On comprend que des capitalistes ou spéculateurs — voire des intermédiaires — peuvent être débiteurs à un groupe, créanciers à un autre. La non simultanéité eut donc engendré de grands inconvénients.

La liquidation se fera conformément aux règlements de la Bourse. Tous les acheteurs pourront conserver leurs positions, à condition de payer les intérêts moratoires et de s'acquitter par des acomptes successifs des différences entre les cours de fin juillet 1914 et les cours actuels.

Les acheteurs pourront aussi lever leurs titres au moment qu'ils jugeront opportun. Jusqu'à ce moment, ils seront reportés d'office.

Les banquiers en valeurs, grâce à un arrangement conclu avec la Compagnie des agents de change, payeront immédiatement à tous leurs clients les intérêts moratoires et les différences dont ils sont responsables.

La Compagnie des agents de change, au moyen d'une convention passée avec la Banque de France et de l'émission de bons faite au nom de la Compagnie et gagés par la solidarité des agents, remboursera immédiatement le montant des reports à ceux qui ne voudront pas rester reporteurs.

En ce qui concerne les rentes 3 1/2 amortissables qui pesaient surtout sur la coulisse des rentes, le marché en est aujourd'hui à peu près dégagé par la conversion en obligations de la Défense nationale.

Quant aux rentes 3 p. 100 qui sont encore flottantes, pour partie au parquet et pour partie à la coulisse des rentes, une grande institution financière consent à les mettre dans son portefeuille au fur et à mesure que les titres se présenteront à la négociation.

De sorte que ces rentes ne pèseront à aucun moment sur le marché, résultat important, surtout à raison de l'éventualité d'un prochain emprunt.

Grâce à ces dispositions, prises d'accord avec le ministre des Finances, le marché financier reprendra peu à peu son allure normale et la place qu'il occupait auparavant.

Les explications données à la Chambre par M. Ribot, dans la séance du 23 septembre 1914, sur le décret dont nous venons de reproduire le texte, sont particulièrement intéressantes. En réponse aux critiques de M. de Monzie, qui se plaignait des dommages subis par les acheteurs et qui réclamait, dans le dessein de leur venir en aide, la fixation d'un cours de compensation sur la rente 3 p. 100 analogue à celui du 31 juillet 1914, le ministre des Finances a rappelé que les cours cotés à cette dernière date n'avaient aucune valeur, puisque la liquidation avait été alors ajournée. Si la liquidation du 31 juillet 1914 avait eu lieu, que ce serait-il passé? Les acheteurs, ne pouvant plus se faire reporter — les capitalistes s'étant refusé à continuer leur concours — auraient été dans l'obligation de revendre les titres qu'ils avaient achetés et, comme ils n'auraient pas trouvé de contre-partie, les cours auraient baissé dans des proportions énormes. Et M. Ribot a ajouté :

M. le ministre des Finances. — Je ne crois pas, messieurs, que l'ajournement de la liquidation, quoi qu'on en ait dit avec beaucoup de véhémence à cette tribune, ait maintenant empiré la situation des acheteurs; car, si l'on n'avait pas prorogé que se serait-il passé? A quel prix ces acheteurs auraient-ils pu vendre leur valeurs?

Voulez-vous me dire à quel taux, le 29 juillet 1914, s'il avait fallu liquider les 400 millions, à quel taux désastreux non seulement pour le crédit public, mais aussi pour les acheteurs, seraient tombées toutes les valeurs qu'ils avaient achetées et qu'ils ne pouvaient pas lever parce qu'ils n'avaient pas l'argent?

On leur a donc rendu un véritable service en leur donnant des délais, en leur permettant de reporter leur situation, en leur fournissant, comme reporteurs d'office, les reporteurs qu'une liquidation aurait dégagée et dont les successeurs auraient été singulièrement difficiles à trouver.

On dit : « Mais vous leur avez fait une situation terrible en leur imposant des intérêts moratoires! » Eh oui! le décret du 27 septembre a prévu des intérêts moratoires; mais il a fait la seule chose sensée, vous me permettrez de le dire, qu'on pût faire. J'ai, en effet, provoqué le décret du 27 septembre parce qu'il m'a paru qu'il ne fallait pas proroger la liquidation par des décisions successives; elle a été ajournée sans date. Mais il fallait protéger les acheteurs, il fallait protéger tout le monde, tous ceux qui avaient des engagements en bourse et particulièrement les acheteurs, qui sont débiteurs; il fallait les protéger par un moratorium, par une suspension provisoire des actions judiciaires.

Vous me dites que nous avons outrepassé nos droits en stipulant qu'ils payeraient des intérêts. Vraiment, nous aurions fait une chose monstrueuse, vous me permettrez de le dire, si nous avions ainsi accordé des délais indéfinis aux débiteurs sans leur imposer des intérêts moratoires. Comment! le reporteur, dont on n'a pas liquidé la situation, à qui on n'a pas rendu son argent, qui n'avait pas le droit de le réclamer, aurait été privé de son capital pendant un an, deux ans, sans toucher un intérêt quelconque!

M. Ribot a rappelé ensuite dans quelles conditions avait pu se préparer la liquidation du 30 septembre et à la suite de quelles négociations le marché officiel s'était mis d'accord avec le marché libre :

Ce fut une œuvre difficile que d'établir un accord complet entre le marché libre des valeurs et le marché officiel.

Les agents de change s'abouchèrent avec les représentants du marché libre, et, après discussion, ils se mirent complètement d'accord. L'accord a été ratifié par l'unanimité des intéressés de l'un et de l'autre côté.

Je dis que c'est une chose heureuse, non pas seulement dans les circonstances actuelles mais pour l'avenir. Ce rapprochement entre les deux parties pourra produire des résultats utiles et féconds.

M. de Monzie me reproche de ne pas m'être servi du scalpel, de ne pas avoir fait de la médecine opératoire. Ce n'était pas le moment. Il s'agissait de reconstituer le marché, de lui permettre de vivre, sans engager l'avenir. Faisons notre œuvre d'aujourd'hui, elle est assez difficile, assez urgente.

Le rapprochement s'est donc fait. L'accord s'est fait avec la coulisse. Les syndics de province sont venus ensuite. Avec eux l'accord s'est fait également. A l'heure qu'il est, cette œuvre, que vous critiquez, est acceptée, sans une voix discordante, sans une dissidence, par tous les représentants du marché.

Eh bien, je crois que c'est une œuvre qui mérite d'être signalée. Elle a été particulièrement difficile à réaliser. Je dois dire que j'avais quelques doutes sur sa réalisation.

Voici en quelques mots l'arrangement : on rouvre le marché à terme le 30 septembre. On ne le rouvre pas, comme le demande M. de Monzie dans sa proposition, d'une manière illimitée...

M. DE MONZIE. — Ce serait dangereux.

M. LE MINISTRE DES FINANCES. — Oui, dangereux. Je n'aurais pas consenti, comme ministre des Finances, à rouvrir purement et simplement le marché à terme, ne voulant pas laisser à quelques personnes peut-être mal intentionnées...

UN MEMBRE. — Et il y en a !

M. LE MINISTRE DES FINANCES. — ... qui ne seraient pas des Français, la possibilité de fausser les cours et de profiter du moindre incident. (*Applaudissements.*)

Nous rouvrons le marché à terme pour les opérations se rapportant à la liquidation. Personne ne peut s'en plaindre. On a examiné la situation sous toutes ses formes. On ne fait grief aux intérêts de qui que ce soit, puisqu'on permet à l'argent de venir et qu'on ne permet pas aux titres de s'offrir pour des ventes nouvelles. Donc on contribue plutôt à rehausser les cours qu'à les faire baisser et ce n'est certes pas l'acheteur qui pourra s'en plaindre.

On va procéder, le 30 septembre, à une première et très modeste liquidation, non pas, je le répète, à une liquidation définitive. Il ne s'agit pas de dire à l'acheteur : vous avez perdu tant; l'acheteur appréciera s'il peut lever ses titres; s'il ne peut pas les lever, on le reporte d'office. L'arrangement consiste à reporter indéfiniment toutes les positions de l'acheteur. Quelle situation plus favorable peut-on lui faire, à moins de le décharger de sa dette? Mais si sa dette est maintenue — et vous verrez tout à l'heure pourquoi il faut la maintenir pour l'honneur même du marché français — je ne ne pense pas qu'on puisse lui faire une situation meilleure.

Le syndicat des agents de change remboursera aux capitalistes l'intégralité de leurs reports, paiera toutes les différences pour les affaires qui ne seront pas reportées, et par conséquent fera une opération qui est de nature à rehausser son crédit. Il était désolant qu'une grande compagnie privilégiée restât une année et plus avec des engagements en souffrance. Ces messieurs sont responsables solidairement, ils considèrent qu'il est de leur honneur de se dégager le plus promptement possible; nous devons les y aider.

Ils empruntent à la Banque, non pas 475, mais 250 millions, garantis par des titres excellents — on les a vérifiés presque tous — garantis aussi par la solidarité des agents de change. La Banque ajoute donc 50 millions aux 200 millions qu'elle avait précédemment promis d'avancer. Les agents de change ont émis 75 millions de bons sous la signature de la chambre syndicale, pour payer la différence, et ils les ont placés avec facilité.

Les banquiers en valeurs ne pouvaient pas rembourser immédiatement les reports; ils ne l'ont pas demandé, ils ont demandé à s'acquitter des différences et la compagnie des agents de change leur avance 35 millions qu'ils rembourseront au moyen d'une caisse de liquidation.

Enfin, après avoir déclaré qu'il se refusait à intervenir dans le règlement des opérations de la liquidation, soit pour fixer des cours arbitraires, soit pour rompre des contrats passés librement entre les intéressés, le ministre des Finances a conclu dans les termes que voici :

Nous avons pour politique, et c'est notre force en ce moment-ci, de tenir scrupuleusement tous les engagements, les engagements de l'État et ceux des particuliers, parce que c'est là-dessus que repose le crédit national sans lequel nous ne pourrions pas continuer cette guerre. Tant que je serai ici je ne laisserai rien faire qui puisse porter atteinte à ce crédit, je ne m'associerai à aucune mesure de ce genre. La Chambre est assurément maîtresse de sa décision, mais je la connais assez pour penser qu'elle n'entrera pas dans de telles vues. (*Très bien ! très bien !*)

Nous avons fait une œuvre honnête, telle qu'elle devait être faite, en nous conformant aux lois, aux règles de l'honnêteté et en apportant tous les ménagements nécessaires.

J'ai promis l'aide du Trésor public s'il manquait quelque chose pour compléter ces arrangements si utiles, si nécessaires et bienfaisants. Je me suis expliqué avec la commission du budget et la commission des finances; aucune objection ne m'a été faite. Je puis le dire à cette tribune, j'ai pris l'engagement de remettre des bons du Trésor sans intérêts pour une somme peu considérable, 50 millions et 35 millions d'autre part, à condition qu'ils seraient renouvelés tous les trois mois pendant deux ans; je n'aurai pas un centime à décaisser. C'est une garantie sous une forme tout à fait acceptable que le Trésor donne pour faciliter l'opération.

On peut critiquer au point de vue de la régularité absolue, mais si l'opération est bonne, j'ai trop de confiance dans le jugement de la Chambre pour m'inquiéter du verdict qu'elle portera.

Voilà tout ce qui a été fait. Tout le monde dit que la liquidation était nécessaire, tout le monde reconnaît qu'elle était très difficile; nous l'avons faite; et si nous ne l'avions pas faite, bien d'autres reproches seraient portés contre nous. Rien n'est parfait dans ce monde; il n'y a pas d'œuvre qui ne mérite quelques critiques, surtout à une époque comme la nôtre. Vous êtes des hommes politiques et vous avez à juger si ces critiques sont telles qu'elles doivent entraîner la chute de l'œuvre elle-même. Nous la maintenons, non pas en plaidant des circonstances atténuantes, mais en disant que c'est une œuvre réfléchie, raisonnée, cohérente, se tenant dans toutes ses parties, bienfaisante, qu'on peut attaquer comme on attaque tout, mais qui se défend par elle-même.

La Chambre voit la situation, elle a à dire si nous avons agi dans l'intérêt du pays — je n'ai pas besoin de l'affirmer, tout le monde le sait — et si nous nous sommes trompés. Quant à nous, nous avons confiance que nous n'avons pas commis d'erreur, mais, au contraire, fait une œuvre utile au crédit de la nation et, par conséquent, à la défense nationale. (*Vifs applaudissements. — L'orateur, de retour à son banc, reçoit les félicitations de ses collègues.*)

Les explications de M. Ribot ont été approuvées par l'unanimité de la Chambre. Il en résulte, on vient de le voir, que tous les acheteurs, sauf ceux qui sont mobilisés ou qui habitent des régions envahies, doivent payer les intérêts moratoires mis à leur charge par le décret du 27 septembre 1914 et régler par acomptes successifs les différences résultant de la dépréciation des cours. D'autre part, des capitaux ont été fournis à la chambre syndicale des agents de change par une émission d'obligations de 75 millions et par la Banque de France qui a bien voulu porter à 250 millions le chiffre des avances de 200 millions déjà consenties au parquet en novembre 1914. Ces ressources de 325 millions, auxquelles viendra s'ajouter une garantie éventuelle du Trésor, sous forme de bons à trois mois et renouvelables pendant deux ans, permettront à la chambre syndicale non seulement de faire face aux besoins du marché officiel, mais de prêter son concours au marché libre. Elles seront même en partie inutiles, car la plupart des reporteurs n'ont pas réclamé le remboursement de leurs capitaux après la liquidation du 30 septembre : ils ont repris confiance et continué à soutenir le marché. Nul doute que, après la conclusion de la paix, la Bourse de Paris reprenne son essor et puisse participer dans une large mesure aux grands emprunts en perspective.

CHAPITRE VII

Les sociétés de crédit.

Les grands magasins financiers. — Les avantages et les inconvénients de la concentration des capitaux. — Concurrence nécessaire. — L'obscurité des bilans. — La contre-partie et l'utilisation des dépôts. — Les placements à l'étranger. — Le placement des titres étrangers : les syndicats de garantie ; les émissions occultes ; le danger des émissions de valeurs étrangères.

LES GRANDS MAGASINS FINANCIERS

On compare souvent et avec raison nos principaux établissements de crédit aux grands magasins de nouveautés parisiennes. De même que le *Bon Marché*, le *Louvre*, la *Samaritaine*, le *Printemps* ont installé, dans de vastes palais de la mode, des rayons où s'étalent les marchandises les plus variées ; de même, le Crédit Lyonnais, la Société Générale, le Comptoir National d'Escompte ont fait construire de somptueux immeubles comprenant des guichets sans nombre et où le commerce de l'argent revêt les formes les plus diverses : escomptes et recouvrements, délivrance de chèques, dépôts à vue et à échéance, achats et ventes de monnaies étrangères, ouvertures de crédits, locations de coffres-forts, valeurs de placement, avances sur titres, dépôts de titres, encaissements de coupons, ordres de Bourse, etc.

Tandis que, en Angleterre, les banques de dépôts se distinguent nettement des banques d'affaires et d'émissions, nos grands magasins financiers se livrent aux opérations de toute nature et s'adressent à toutes les catégories de capitalistes petits ou grands, aux rentiers comme aux industriels. Ils s'occupent de la gestion des capitaux d'épargne et se chargent de toutes les négociations de valeurs; ils écoulent des titres de toute provenance, soit par la vente directe aux guichets, soit en participant aux émissions publiques, soit en exécutant les ordres de Bourse. Ils ont fondé des succursales dans toutes les parties de la France et même dans les pays les plus lointains. A la fin de 1913, la Société Générale possédait, à Paris, en province, dans les colonies et à l'étranger, un réseau de 1 108 agences, sans compter les filiales qu'elle avait créées en Belgique, en Suisse, en Russie et en Allemagne[1]; le Crédit Lyonnais avait établi 415 agences et sous-agences; le Comptoir National d'Escompte, 395.

Quelques chiffres montreront les progrès réalisés par les grandes sociétés de crédit de 1880 à 1914, c'est-à-dire pendant les trente-cinq années qui ont précédé la guerre.

---

1. Parmi ces filiales se trouve la Société française de banque et de dépôts qui avait fondé, en 1909, une agence à Berlin. Nous empruntons ce renseignement au livre du D' Kaufmann intitulé *La Banque en France*. L'auteur y ajoute les commentaires que voici : « C'était la première fois qu'une grande banque française s'établissait en Allemagne. Si la Société Générale n'a pas fondé une agence directe à Berlin (la *Dresdner Bank* a agi, d'ailleurs de la même façon en achetant peu de temps après la majorité des actions de la Banque Allard), c'est parce que la représentation indirecte lui assure les mêmes avantages : une meilleure utilisation du taux de l'intérêt toujours élevé à Berlin, une participation plus active dans les affaires financières allemandes. Il est intéressant de remarquer que l'agence de Berlin avait l'intention de faire travailler non seulement les capitaux de la maison mère, mais encore ceux d'un certain nombre de banques et maisons de banques parisiennes. Elle se proposait de faire tirer les maisons allemandes sur les banques françaises directement (disposer par caisses), en se portant garante des crédits consentis. »

Au Crédit Lyonnais, le portefeuille commercial, qui s'élevait à 137 millions en 1880, atteignait 1 700 millions le 30 mai 1914; le montant des dépôts de fonds passait de 244 à 1 015 millions et le montant des comptes créditeurs, de 138 à 1 456 millions. Pendant la même période, le portefeuille de la Société Générale s'élevait de 108 à 989 millions; les dépôts de fonds, de 253 à 681 millions et les comptes courants créditeurs, de 73 à 1 187 millions. Au Comptoir National d'Escompte, les mêmes postes accusaient une augmentation de 136 à 1 227 millions pour le portefeuille; de 103 à 860 millions pour les dépôts et de 127 à 771 millions pour les comptes créditeurs.

LA CONCENTRATION DES CAPITAUX

A la date du 30 mai 1914, les capitaux confiés par le public aux trois principales sociétés de crédit s'élevaient aux chiffres que voici :

	Crédit Lyonnais.	Société Générale.	Comptoir.
	(En millions de francs.)		
Dépôts de fonds..............	1 015	681	860
Comptes courants créditeurs....	1 456	1 187	771
Totaux..........	2 471	1 868	1 631

Si l'on ajoute à ces dépôts qui forment un total de 5 970 millions, le capital versé des trois établissements, soit 700 millions, et leurs réserves qui atteignaient, d'après les bilans de l'exercice 1913, 322 millions, c'est donc à près de 7 milliards que s'élevaient les fonds dont elles pouvaient disposer. Cette énorme concentration de capitaux a parfois semblé exagérée, et l'on s'est demandé si elle ne présentait pas plus d'inconvénients que de réels avantages. N'est-il point, en effet, sans danger qu'un petit nombre d'établissements disposent d'une puissance financière telle que les grandes opérations de crédit ne puissent se réaliser sans leur concours et que, par suite, elles soient subordonnées à leur bonne volonté?

Il est cependant juste de reconnaître que les grands magasins financiers ont favorisé la production nationale en ce sens que, pour développer leur courant d'affaires, ils ont dû abaisser le taux de l'escompte : l'abondance des dépôts leur permettait d'ailleurs de mettre le crédit à la disposition de nos négociants à des tarifs moins élevés que dans la plupart des autres pays.

Mais ce crédit s'est-il étendu indistinctement à tous ceux qui en avaient besoin et qui offraient des garanties suffisantes? On peut d'autant moins l'affirmer que le petit et le moyen commerce ont fait entendre à ce sujet des plaintes assez vives et qu'une commission extraparlementaire pour la réforme bancaire, instituée en 1911, a élaboré un projet de loi destiné à leur donner satisfaction. Au surplus, l'initiative des abaissements de tarifs a été prise par la Banque de France et, si les grands établissements de crédit n'avaient pas suivi son exemple, ils se seraient heurtés aux réclamations de leurs clients.

D'autre part, la propagande intensive des grands magasins financiers a fort heureusement habitué le public aux dépôts de capitaux improductifs; elle a répandu l'usage du chèque et des virements et elle a, de la sorte, contribué aux progrès économiques de la nation. On peut même regretter que, chez nous, ces modes de libération se soient encore si peu développés et que certains propriétaires, notaires et autres catégories de créanciers, se refusent à accepter des chèques de leurs débiteurs. Alors que, en Angleterre, la plupart des paiements s'opèrent de cette manière, ceux de l'État comme ceux des particuliers, on se sert surtout en France du billet de banque et de l'effet de commerce pour solder ses dettes; les mouvements de fonds restent considérables et immobilisent une part beaucoup trop importante de la fortune privée.

CONCURRENCE NÉCESSAIRE

Cependant, le monopole des grands établissements de crédit n'est pas aussi absolu qu'on a pu le supposer. Il s'est fondé, à côté d'eux et à Paris, d'autres sociétés d'ordre secondaire qui ont mieux aimé, il est vrai, imiter leurs procédés commerciaux que leur faire une concurrence sérieuse. Le remède à la concentration excessive des capitaux consistait, selon nous, à augmenter le nombre des banques régionales déjà existantes et qui ont donné des résultats très favorables au commerce et à l'industrie, chaque fois qu'elles ont été dirigées avec intelligence et dans un véritable esprit de progrès économique. Les banques régionales qui se sont fondées à Lille, à Nancy, à Lyon, à Marseille et dans d'autres grands centres, ont, en effet, obtenu, par les mêmes moyens que les grandes sociétés, les mêmes succès. Elles avaient des frais généraux moins élevés que ceux de leurs concurrents, un personnel mieux adapté au milieu, plus connu de la clientèle; elles connaissaient mieux les besoins économiques de la région et, si elles possédaient moins de capitaux, elles savaient les employer plus utilement à des entreprises locales.

Un certain nombre de ces banques régionales ont

fini par se syndiquer : la Société centrale des Banques de province s'est créée, à Paris, en 1904, et elle s'est réorganisée, en 1911, en portant son capital à 50 millions. On pouvait espérer que cette Société centrale se serait surtout attachée à fonder de nouveaux établissements dans les régions qui en étaient dépourvues et à aider les petites banques locales qu'elle aurait pu grouper sous sa protection. Malheureusement elle a préféré se préoccuper presque exclusivement des intérêts personnels de ses membres, en prenant des participations dans les émissions financières, et, au lieu de faire une concurrence aux grands établissements, elle s'est attachée à prélever une part de leurs bénéfices dans les opérations les moins intéressantes pour le développement économique du pays. L'idée dont s'était inspirée tout d'abord la Société centrale n'en était pas moins excellente et la nouvelle administration n'hésitera certainement pas à la reprendre. Le véritable rôle d'un organisme de cette nature consiste à créer des institutions de crédit là où il n'en existe pas et à transformer, sous sa direction, en banques associées ou coopératives, les petits établissements qui sont trop faibles pour résister aux succursales des grandes sociétés.

L'État ne pouvait-il pas, à son tour, se défendre contre la toute-puissance des grands magasins financiers? Il lui suffisait de retenir et d'accroître l'ancienne clientèle des trésoriers-payeurs généraux. Mais, par un singulier oubli de ses intérêts, l'État s'est, au contraire, empressé de briser l'instrument qui lui permettait de développer son propre crédit. Au moment même où les grands magasins financiers multipliaient leurs agences de province, le ministère des Finances, obéissant à des injonctions parlementaires, jugeait à propos de fixer à ses trésoriers généraux un maximum de traitement qu'il leur était interdit de dépasser : il ne comprenait pas que, en limitant les profits légitimes de ses collaborateurs immédiats, il les incitait à se désintéresser des opérations de placement dont il avait été le principal bénéficiaire. En outre, au lieu de choisir le personnel des trésoriers parmi ses agents les plus capables, il distribuait au hasard ou à la faveur des postes de la plus haute importance.

Faut-il s'étonner que, dans de pareilles conditions d'infériorité, les trésoreries générales aient été impuissantes à lutter contre les sociétés qui, ayant le don des affaires, savaient si bien attirer la clientèle? D'un côté, c'était l'engourdissement et la routine; de l'autre, les efforts continus, les progrès persistants, tous les moyens de publicité mis en œuvre, des bureaux installés avec luxe dans les quartiers les plus riches et au centre des grandes villes, des employés toujours empressés à donner des renseignements et des conseils, des guichets et des halls largement ouverts, des affiches sur tous les murs et des réclames dans tous les journaux.

L'OBSCURITÉ DES BILANS

La question de savoir si la concentration des banques et des capitaux a été plus favorable que nuisible à l'économie nationale s'est souvent posée; l'opinion a été émise d'une manière générale que la gestion des grands établissements de crédit aurait pu être beaucoup plus utile au développement de la richesse publique. Reconnaissons que, pour discuter le problème dans toute son ampleur, il faudrait connaître d'une manière plus précise les opérations financières de nos trois principales sociétés, savoir plus exactement comment elles ont employé leurs ressources et celles que leurs déposants leur ont confiées.

Or il est très difficile de se renseigner à cet égard; les grands magasins financiers n'ont même jamais expliqué dans quelle mesure ils avaient consacré leurs efforts aux opérations régulières de banque et aux opérations très différentes de placement. Alors que des études nombreuses, sérieuses et documentées ont été publiées sur la Banque de France et sur les banques étrangères, il n'en existe pour ainsi dire aucune sur le Crédit Lyonnais, la Société Générale et le Comptoir National d'Escompte. Par contre, ces établissements ont été l'objet tantôt d'attaques violentes, tantôt d'apologies excessives; mais on ne peut pas faire état de polémiques toujours intéressées C'est seulement par la lecture attentive des bilans et des rapports annuels que l'on peut se faire une opinion réfléchie.

Malheureusement cette source précieuse de renseignements fait également défaut et l'on a souvent reproché, non sans raison, aux grands magasins financiers de ne publier que des bilans obscurs et des rapports incomplets. Nous ne pouvons donc pas connaître ce qui serait essentiel : le résultat de leurs opérations d'escompte et de placement, le montant de leurs frais généraux, le montant de leur portefeuille, le mode d'emploi de leurs réserves et tant d'autres comptes qu'il serait utile d'avoir sous les yeux pour discuter leur gestion en toute impartialité. Il est même singulier que l'établissement, qui passe à juste titre pour le plus solide, soit précisément celui qui cache avec le plus de soin ce qu'il nomme le « secret de ses affaires ».

Le bilan général du Crédit Lyonnais ne comprend, en effet, que sept postes à l'actif et neuf au passif; son compte rendu annuel d'une vingtaine de pages renferme à peine quelques renseignements statistiques sans valeur et ne donne aucune indication sur la nature des opérations de l'année. Le compte « profits et pertes », par exemple, comporte simplement et en une seule ligne le total des bénéfices dont le mode d'évaluation n'est pas expliqué; aucune distinction n'est faite entre les bénéfices provenant des placements de fonds et des placements de titres; l'évaluation de ses immeubles est fixée arbitrairement à 35 millions, alors que le vaste et magnifique siège social qu'il a fait construire entre le boulevard des Italiens et la rue du Quatre-Septembre vaut à lui seul bien davantage.

Le Comptoir National d'Escompte qui donnait, il y a vingt ans, des renseignements plus étendus et répartissait l'actif et le passif en un plus grand nombre de postes, a fini par renoncer à ses traditions pour imiter les errements du Crédit Lyonnais. Toutefois, la Société Générale a consenti à aller un peu plus loin. On trouve, notamment, dans son rapport sur l'exercice 1913 — celui de l'exercice 1914 n'a pas été rédigé de la même manière en raison des circonstances — des chiffres intéressants sur la composition de son portefeuille, divisé en effets sur Paris, sur la province et sur l'étranger; sur l'encaissement des coupons, les ordres de Bourse, les comptes de chèques, etc. Le compte « profits et pertes » est résumé, au débit et au crédit, en plusieurs chapitres malheureusement incomplets et qui prêtent à une confusion fâcheuse.

Le total des frais généraux, par exemple, y figure pour la somme de 12 772 865 francs, ce qui est tout à fait invraisemblable : il doit être certainement cinq ou six fois plus élevé. Comment admettre que les dépenses de personnel n'aient atteint que 7 millions pendant cet exercice? La Société Générale déclare, dans son rapport sur l'exercice 1914, que le nombre de ses agents mobilisé a été de 8 456; il n'est donc pas excessif de l'évaluer à 15 000 en temps de paix. Or 15 000 agents qui ne recevraient qu'une moyenne assez basse de 2 000 francs de traitements coûteraient à la Société la somme de 30 millions par an et non de 7 millions.

En se reportant aux chiffres des produits de l'exercice 1913, on s'aperçoit, d'autre part, qu'ils ont été à leur tour fortement diminués : les « intérêts sur placements de fonds » ne se seraient élevés qu'à 22 millions et les « commissions et bénéfices divers », c'est-à-dire les bénéfices sur les placements de titres, n'auraient atteint que 19 millions. Selon toute vraisemblance, ces derniers chiffres ne comprennent que les produits nets des agences de province et de l'étranger : on a déduit des bénéfices bruts les frais généraux du personnel et autres, afin de ne pas faire ressortir des chiffres trop significatifs. Il est, en effet, impossible d'admettre que la Société Générale n'ait obtenu qu'un rendement de 22 millions pour ses placements de fonds, alors que le mouvement général de son portefeuille a dépassé, pendant l'exercice, 48 milliards d'escomptes auxquels il faut ajouter 9 milliards d'effets remis à l'encaissement, et que les capitaux dont elle disposait, sous forme d'encaisse, de comptes, de chèques, et de dépôts, de réserves et de versements sur les actions, dépassaient 2 330 millions le 31 décembre 1913. Au taux moyen de 4 p. 100, cela ferait 93 millions et non 22.

Il ne saurait être douteux, selon nous, que les sociétés de crédit ont réalisé des bénéfices beaucoup plus importants que ceux qui figurent sur les bilans. Elles les ont employés, sans le dire, soit à des constructions et à des agencements d'immeubles rapidement amortis, soit à des réserves plus ou moins occultes qui leur ont servi à accroître progressivement leurs dividendes, quel que puisse être le résultat de l'exercice.

En ce qui touche le Crédit Lyonnais, la constitution de ces réserves occultes ne saurait faire aucun doute : on en trouve la preuve dans son rapport du 29 avril 1915 à l'assemblée générale des actionnaires. « Les *provisions* faites dans les exercices antérieurs en vue de risques aujourd'hui éteints, déclare ce rapport, pourront au besoin servir à l'amortissement des pertes résultant de la guerre. Ces provisions seront-elles suffisantes et pourrons-nous conserver intacte notre réserve de 175 millions? Nous le souhaitons ; disons même, nous l'espérons. Mais trop de faits imprévus peuvent encore surgir pour que nous ne soyons pas tenus à la plus grande circonspection dans l'expression de nos espérances. Nous pouvons dès maintenant vous proposer de prélever sur ces *provisions*, pour l'exercice 1914, le montant de l'intérêt de 5 p. 100 de notre capital, soit 12 millions et demi de francs. »

Que d'aveux significatifs et même que de contradictions dans ces quelques lignes! D'une part, le Crédit Lyonnais affirme que, outre ses réserves de 175 millions, il a mis de côté des provisions dont il ne fixe nullement le chiffre et qui figurent on ne sait dans quel poste de son bilan, mais qu'il est aisé de découvrir; de l'autre, il prélève sur ces provisions inconnues un dividende de 12 millions et demi. En agissant de la sorte, il dissimule son exacte situation financière, au lieu de la faire apparaître en pleine lumière, et il distribue des dividendes au gré de sa fantaisie ou de ce qu'il croit être son intérêt. Le procédé n'est évidemment pas régulier : comment se fait-il qu'aucun actionnaire ne l'ait relevé?

Autant que l'on en peut juger par la teneur des bilans, les établissements de crédit se bornent, en définitive, à aligner dans la colonne de l'actif le montant des espèces en caisse, qui est certainement très exact; le montant du portefeuille-effets, dont la valeur est sujette au contraire à discussion; les avances sur garanties dont on ne peut apprécier le degré de solvabilité, et le solde des comptes courants débiteurs, qui soulève les mêmes objections; le portefeuille-titres qui peut être évalué de bien des manières; les immeubles dont la valeur est toujours contestable. Mais ces évaluations diverses sont-elles exagérées ou intentionnellement diminuées? Il est impossible de le savoir. Quant au passif, il comporte, en dehors des réserves et du capital versé, le montant des dépôts à vue et à échéance, les comptes courants créditeurs, des comptes d'ordre au sujet desquels aucune explication n'est fournie.

Après avoir additionné les divers chiffres de l'actif et ceux du passif, on trouve une différence au profit de la colonne de l'actif; c'est tout simplement cette différence qui est portée au compte des bénéfices et ajoutée à la colonne du passif, de telle sorte que la balance soit exacte : elle l'est en effet, mais les chiffres de l'actif ont été plus ou moins majorés ou diminués selon qu'il a convenu à la société de faire apparaître des bénéfices plus ou moins élevés.

Jetons les yeux, par exemple, sur le bilan général du Crédit Lyonnais, au 31 décembre 1914 :

Actif.

Espèces en Caisse et dans les Banques.....	721 361 383ʳ,80
Portefeuille.............................	653 589 064 ,67
Avances sur garanties et Reports..........	321 776 869 ,93
Comptes courants........................	508 613 714 ,52
Portefeuille-titres (Actions, Bons, Obligations et Rentes)............................	8 608 625 ,11
Comptes d'ordre et divers.................	3 442 706 ,74
Immeubles...............................	35 000 000 »
Total..............	2 252 392 264 ,77

Passif.

Dépôts et Bons à vue.....................	654 830 572ʳ,90
Comptes courants........................	1 082 606 528 ,92
Acceptations............................	15 360 465 ,05
Bons à échéance.........................	28 686 524 ,15
Comptes d'ordre et divers.................	10 740 018 ,68
Solde du dividende de l'Exercice 1913 réglé le 20 janvier 1915.....................	16 250 000 »
Profits et Pertes (Bénéfices de l'Exercice 1914).	14 421 603 ,94
Solde du compte « Profits et Pertes des exercices antérieurs »......................	4 496 551 ,13
Réserves diverses........................	175 000 000 »
Capital entièrement versé.................	250 000 000 »
Total..............	2 252 392 264 ,77

La méthode employée pour dresser ce bilan incomplet est bien celle que nous avons indiquée plus haut : le poste des « Profits et Pertes » a été établi de la manière la plus sommaire. Après avoir additionné les chiffres de la colonne du passif, on s'est aperçu qu'ils étaient inférieurs de 14 421 603 fr. 94 à ceux de la colonne de l'actif et on a ainsi évalué les bénéfices de l'exercice 1914 à ce dernier total de 14 millions. Mais si la valeur des immeubles n'avait pas été diminuée dans des proportions considérables ; si, au lieu d'avoir été fixée arbitrairement à 35 millions, elle l'avait été à 100 millions par exemple, on aurait pu faire apparaître un bénéfice de 65 millions de plus. Or il est clair que les bénéfices ne peuvent résulter que de la différence entre les frais généraux de toute nature — qu'on n'indique pas — et les divers produits des commissions, escomptes, placements de titres, etc. — qu'on n'indique pas davantage.

En parcourant, d'autre part, les dix postes du passif, on peut trouver aisément celui qui cache les provisions de ce grand établissement de crédit. Comme ces provisions ne peuvent se trouver ni dans les acceptations, les bons à échéance, les comptes d'ordre ou divers (trop peu élevés), le solde de l'exercice 1913, les profits et pertes, les réserves diverses ou le capital entièrement versé, elles ne peuvent, par conséquent, être dissimulées que dans le poste des « dépôts et bons à vue » ou, plus vraisemblablement, dans le poste des « comptes courants créditeurs » qui dépassent un milliard. Mais à quelle somme s'élèvent les provisions du Crédit Lyonnais qui devraient régulièrement figurer dans ses réserves ? C'est ce qu'il est absolument impossible de savoir [1].

Il est sans doute difficile de dresser des bilans rigoureusement exacts ; la méthode la plus sincère d'évaluation des divers postes de l'actif peut toujours provoquer certaines critiques. Mais le public se tiendrait pour satisfait, les actionnaires et les déposants

---

1. Si nous discutons le bilan du Crédit Lyonnais de préférence à ceux des autres sociétés de crédit, c'est parce que, la force de cet établissement étant considérable, nos critiques ne peuvent lui nuire en aucune manière. Nous lui reprochons l'obscurité de ses comptes, mais nous ne contestons nullement sa solvabilité, et nous sommes même convaincus que les dépôts de ses clients sont en pleine sécurité.

ne soulèveraient aucune objection, si les chapitres de l'actif étaient plus nombreux et plus clairs; si le montant de toutes les réserves était sincère; si le compte de profits et pertes faisait apparaître nettement le montant des frais généraux et celui des bénéfices, et comportait plusieurs postes distincts.

A titre d'exemple, nous citerons les comptes rendus de la Banque de France et ceux du Crédit Foncier qui fournissent tous les renseignements, toutes les explications et tous les chiffres nécessaires pour connaître la situation financière de ces deux établissements. Nous citerons encore les comptes rendus de la Société Générale de Belgique dont les opérations sont à peu près les mêmes que celles de nos propres établissements de crédit : les bilans ne comprennent pas moins de vingt postes à l'actif et de dix-huit au passif; le compte de profits et pertes de 1913, que nous avons sous les yeux, comprend, au débit, quatorze articles dont plusieurs sont même divisés en sous-articles et, au crédit, treize articles — alors que le même compte ne comporte qu'un seul chiffre aux bilans du Crédit Lyonnais et du Comptoir National d'Escompte. Tous les frais généraux et toutes les sources de bénéfices y figurent; le rapport contient 80 pages d'un format plus grand que celui de nos établissements de crédit. Cette publicité loyale et complète n'a certainement pas nui à la prospérité de la Société Générale de Belgique, puisqu'elle a pu répartir, pour l'exercice 1913, un dividende de 235 francs par action venant s'ajouter à l'intérêt fixe de 5 p. 100 sur l'action qui s'élève à 52 fr. 90, soit au total 287 fr. 90 par action.

Pourquoi la méthode de clarté et de précision, qui a été adoptée par la Société Générale de Belgique dans la publication de ses comptes, serait-elle de nature à porter préjudice à nos établissements de crédit? Elle aurait pour effet, dans tous les cas, de faire cesser les attaques violentes, pour ne pas dire les tentatives de chantage dont nos sociétés ont raison de se plaindre, mais dont elles ont tort de ne pas se disculper, comme elles pourraient certainement le faire, en substituant la pleine lumière à l'obscurité de leurs bilans.

Toutefois il est des chiffres que l'on ne peut cacher et nous avons indiqué plus haut ceux qui ne sauraient prêter à aucune contestation. En les examinant avec soin, en se livrant à des recherches et à des comparaisons d'ailleurs assez longues, on peut aboutir à des conclusions intéressantes.

LA CONTRE-PARTIE ET L'UTILISATION DES DÉPÔTS

La fonction la plus nécessaire d'une banque moderne consiste, on le sait, à mettre des crédits à la disposition des industriels, des commerçants et des agriculteurs qui pourront les utiliser pour le développement de la richesse nationale. Les capitaux sont fournis, en premier lieu, par les actionnaires ou par les commanditaires de la banque; en second lieu, par les dépôts de ses clients. Mais comme la majeure partie de ces dépôts sont exigibles à vue, ils ne doivent être immobilisés que pour une courte durée : l'escompte des effets de commerce constitue à cet égard le meilleur des placements, à la condition cependant que ces effets aient été souscrits pour des actes réels de commerce, et qu'ils puissent ainsi être réescomptés sans délai, en cas de besoin, par la Banque de France. De la sorte, les dépôts seront toujours en parfaite sécurité; ils seront remboursés en espèces et à toute réquisition, même si tous les déposants se présentaient à la fois aux guichets de l'établissement de crédit, ce qui ne peut arriver d'ailleurs qu'au moment d'une panique provoquée par une déclaration de guerre.

En temps ordinaire, une banque peut également placer ses dépôts en reports sur des valeurs de premier ordre, parce que les capitaux ainsi employés sont remboursables après chaque liquidation. Quant aux avances sur titres et autres garanties, elles ne constituent pas des ressources liquides, et à plus forte raison les avances à découvert ont-elles encore moins le caractère de liquidité qui convient seul au placement des dépôts à vue. Sans doute les établissements de crédit doivent consentir des avances, mais à leurs risques et périls, c'est-à-dire avec leurs ressources propres, avec les capitaux versés par les actionnaires et avec leurs réserves, non avec l'argent des déposants qui ne leur appartient pas.

Pour apprécier le degré de liquidité des ressources d'une banque, il faudrait donc avoir sous les yeux un bilan d'une clarté absolue, comprenant non seulement, d'une part, le montant de l'encaisse et le montant du portefeuille-effets, et, de l'autre, le montant des dépôts à vue et des comptes courants créditeurs, mais encore la composition du portefeuille. Ce portefeuille devrait être divisé en plusieurs postes : celui des effets de commerce sur la France et celui des effets sur l'étranger ; le montant des effets négociables à la Banque de France et celui des effets qui n'ont pas cette qualité.

Bien que cette règle n'ait pas été suivie par les sociétés de crédit, ainsi que nous l'avons déjà expliqué, on peut cependant admettre que le portefeuille dont nous parlons comprenait, à la veille de la guerre, des effets de commerce que la Banque de France pouvait escompter dans une proportion de 75 à 80 p. 100 et qui étaient par suite susceptibles d'une mobilisation immédiate. A ce portefeuille, on pourrait ajouter le montant des capitaux employés en reports, parce que ces capitaux sont susceptibles d'être remboursés, en temps normal, après chaque liquidation de quinzaine ou chaque liquidation mensuelle. Mais si la Société Générale et le Comptoir indiquent, dans leurs bilans, cette nature de placement, les deux établissements ne disent pas s'il s'agit de reports sur le marché officiel ou sur le marché libre, ou même de titres mis en pension par leurs clients particuliers. Quant au Crédit Lyonnais, il ne dit absolument rien : le chiffre des reports et avances sur titres figure, dans son bilan, dans le même poste.

Pour connaître le total des disponibilités des trois principales sociétés de crédit deux mois avant la guerre, nous n'avons donc pu tenir compte du montant des reports que l'on peut cependant évaluer à 100 millions. Mais nous avons ajouté le montant de l'encaisse à celui du portefeuille réalisable calculé à raison de 80 p. 100. Voici, d'après cette méthode de calcul, quelle était la situation des trois établissements :

	Dépôts et comptes créditeurs.	Portefeuille réalisable et encaisse.	Différence.
	(En millions de francs.)		
Crédit Lyonnais	2 471	1 590	881
Société Générale	1 868	962	906
Comptoir National	1 631	1 202	429
	5 970	3 754	2 216

En ajoutant aux 3 754 millions de disponibilités les 100 millions de capitaux engagés en reports, il n'en manquait pas moins aux trois grands établissements de crédit, à la veille de la guerre, plus de 2 milliards pour rembourser sans délai tous les dépôts.

Cela ne voulait pas dire, loin de là, que leur situation fut compromise. Le découvert du Crédit Lyonnais était en effet largement compensé par les comptes courants débiteurs s'élevant à 721 millions, par des reports et avances sur titres de 359 millions, sans parler de la valeur des titres et des immeubles qu'il possédait. La Société Générale avait engagé 672 millions en comptes courants et 403 millions en avances sur titres; le Comptoir faisait figurer 162 millions au poste des comptes débiteurs et 255 millions au poste des avances sur titres.

Si aucun doute ne pouvait s'élever sur les garanties offertes par les sociétés de crédit, et tout au moins par deux d'entre elles, il leur était cependant impossible de rembourser sans délai leurs créanciers. Voilà pourquoi le ministre des Finances, cédant à leurs sollicitations pressantes, dut soumettre à la signature du Président de la République, dans la soirée du 1er août 1914, un décret de moratorium accordant un premier délai de trente jours pour le remboursement des dépôts-espèces et des comptes courants créditeurs.

Ce décret, ainsi que nous l'avons déjà expliqué, était illégal, puisqu'il s'appuyait sur une loi de 1910 visant uniquement les prorogations d'échéance des effets de commerce et nullement les dépôts. Il a été régularisé, il est vrai, par la loi du 5 avril 1914, assimilant les dépôts aux effets de commerce, ce qui n'a pas empêché les déposants de protester avec une certaine violence contre une mesure aussi inattendue.

Ne leur avait-on pas répété sans cesse qu'ils seraient remboursés à vue et en toute circonstance? Et voilà qu'on limitait les remboursements à 250 francs et à 5 p. 100 du surplus, en expliquant que, des délais de paiement étant accordés à tous les débiteurs, il était logique d'appliquer le même traitement aux banquiers. N'y avait-il pas cependant une différence entre une dette et un dépôt? Sans doute, un décret de moratorium du 1er août avait suspendu les poursuites contre les débiteurs d'effets de commerce échus depuis cette date ou venant à échéance avant le 15 août 1914. Sans doute aussi, la Banque de France avait restreint ses escomptes à partir du 2 août et, dès lors, la contre-partie des dépôts pouvait se composer dans une certaine mesure d'effets moratoriés. Mais, à la date du 1er août, plus de 2 milliards de ces effets avaient déjà été escomptés par la Banque de France et la décision prise par elle de défendre sa circulation de billets a suivi et non précédé le moratorium des dépôts. A quoi eût-il servi que la Banque de France escomptât du papier, sans même le regarder, comme elle l'avait fait depuis le 25 juillet, alors que les établissements de crédit limitaient à 5 p. 100 le retrait des dépôts? Même si la Banque avait escompté la totalité de leur portefeuille, la totalité des remboursements, on vient de le voir, n'aurait pu d'ailleurs être effectuée.

On peut donc en conclure que la crise des dépôts a été provoquée par l'imprévoyance des sociétés de crédit. Ce n'était pas une raison, toutefois, pour ne pas tenter de les sortir d'embarras. Il fallait se borner, le 30 juillet 1914, à fermer les banques et la Bourse de Paris pendant quelques jours, comme on l'a fait en Angleterre, et chercher les moyens de rassurer les déposants. Tout valait mieux qu'un moratorium général qui devait déchaîner une crise de crédit des plus graves. Dans la situation où se trouvaient les établissements de crédit, l'État pouvait même leur donner une certaine garantie comme il l'a fait en Angleterre. Il pouvait surtout n'accorder qu'aux mobilisés le bénéfice du moratorium des effets de commerce et du moratorium des loyers, sauf à autoriser les tribunaux à donner des délais aux autres catégories de débiteurs.

LES PLACEMENTS A L'ÉTRANGER

Est-il vrai de dire que les établissements de crédit avaient immobilisé une trop large part de leurs dépôts à des avances à des banques étrangères? Les sociétés visées ne se sont défendues de ce reproche que par des déclarations équivoques. Elles ont affirmé, par exemple, que leurs portefeuilles ne contenaient qu'une proportion normale d'effets de commerce de l'Allemagne sur la France et elles ont rappelé avec raison que les banquiers étaient les intermédiaires naturels des règlements des comptes qui suivent les échanges du commerce extérieur.

C'est évident, mais il ne s'agit pas de cela. Il s'agit de savoir si, par l'entremise des banques de pays neutres, comme la Suisse, ou même par l'entremise de ses filiales, telle ou telle société n'a pas mieux aimé placer des dépôts d'argent français dans des entreprises étrangères qui concurrençaient les nôtres que d'aider notre propre industrie à lutter contre la concurrence allemande, austro-hongroise ou autre.

On peut admettre que les banquiers fassent telles ou telles ouvertures de crédit à qui bon leur semble, mais avec leurs ressources propres, non avec l'épargne des déposants qui doit être employée, encore une fois, à des avances de courte durée et d'une réalisation certaine.

Quoi qu'il en soit, il est juste de reconnaître que les grands établissements de crédit ont fait de sérieux efforts pour se mettre en règle avec leurs déposants. Après avoir remboursé 25, 50, et 75 p. 100 des dépôts à ceux de leurs clients qui se présentaient à leurs guichets, ils ont fait connaître à la fin de décembre 1914 qu'ils renonçaient à se prévaloir du moratorium facultatif dont ils continuaient à bénéficier.

A ce moment-là, c'est-à-dire le 31 décembre dernier, leur situation était la suivante :

	Dépôts et comptes créditeurs.	Portefeuille.	Encaisse.
	(En millions de francs.)		
Crédit Lyonnais........	1 736	653	721
Société Générale........	1 079	277	101
Comptoir National......	1 039	355	385
	3 854	1 285	1 207

Pendant les derniers jours du mois de juillet 1914 et les cinq premiers mois de la guerre, les dépôts avaient donc diminué de 2 112 millions; ils ont eu, il est vrai, depuis, une tendance à s'accroître. Mais le brusque arrêt des remboursements n'en a pas moins laissé subsister une méfiance fâcheuse et, pour la faire disparaître, il sera nécessaire que les grands établissements de crédit modifient leur politique financière et qu'ils opèrent de sérieuses réformes dans leur gestion de l'épargne publique.

LE PLACEMENT DES TITRES ÉTRANGERS

La plus urgente consiste, selon nous, à renoncer aux méthodes de placement de titres qui ont été suivies jusqu'ici. On sait comment procèdent en cette matière les établissements de crédit. Connaissant d'avance les disponibilités de leurs clients, puisqu'ils les ont sous les yeux, et la composition de leurs portefeuilles, puisque la garde leur en est confiée, ils peuvent les solliciter en toute connaissance de cause, leur donner le conseil de vendre ou d'acheter telles ou telles valeurs. A cet égard, la plupart des capitalistes sont d'une telle ignorance et ils disposent d'ailleurs de si peu d'éléments d'informations qu'ils n'hésitent pas à écouter les avis toujours intéressés des démarcheurs des établissements de crédit. Par le réseau d'agences et le nombre d'employés dont ils disposent, ces établissements possèdent donc ce qu'ils nomment une « puissance de placement » considérable et ils peuvent la faire payer très cher, quand on est obligé d'avoir recours à eux.

Les placements de titres étrangers offrent, pour les banques de dépôts et pour le public, de sérieux dangers. Qu'un établissement de crédit ouvre ses guichets à la souscription publique de valeurs de premier ordre et qu'il perçoive une commission en échange du service rendu, on peut d'autant moins s'en plaindre que, en pareil cas, il n'expose ses dépôts à aucun risque. Mais il en est tout autrement lorsque, après avoir accepté en prise ferme la totalité d'un emprunt étranger ou même une part de cet emprunt, il utilise sa puissance de placement pour faire absorber les titres par sa clientèle.

Les émissions de cette nature étaient, d'ordinaire, précédées d'avances assez importantes et consenties aux villes ou aux États étrangers sous forme d'achats de bons du Trésor ou de bons de Caisse; dès que ces avances avaient atteint un certain chiffre, le prêteur cherchait alors le moyen de se récupérer de sa créance en préparant une émission. S'il s'agissait d'une consolidation nécessitant un large appel au public, une entente s'établissait entre les diverses sociétés de crédit et les membres de leur conseils d'administration. On formait un syndicat de garantie qui souscrivait la totalité de l'emprunt et qui faisait ensuite vendre les titres aux guichets des établissements.

Si tous les titres étaient placés, le syndicat n'avait plus qu'à se dissoudre, après avoir touché les bénéfices de l'opération. Mais si une partie seulement de l'emprunt avait été absorbée par le public, il fallait avoir recours à un autre moyen pour se dégager. On annonçait alors dans tous les journaux que le succès de l'émission était considérable, que l'emprunt était couvert plusieurs fois et qu'il ne restait plus un seul titre disponible : on provoquait ainsi, à la Bourse, par cette fausse déclaration, un mouvement de hausse qui permettait d'écouler une certaine quantité des titres soit sur le marché à terme en les vendant à des spéculateurs, soit sur le marché au comptant en les vendant à l'épargne. Enfin si ces divers procédés de placement ne suffisaient pas, les syndicataires et les sociétés de crédit devaient conserver en portefeuille les titres dont ils n'avaient pu se défaire : c'est ce qui s'est produit après les émissions d'emprunts balkaniques du commencement de 1914.

Une autre méthode de placement, plus discrète et plus sûre, consistait à préparer un emprunt de moindre importance sans publicité et par la seule entremise des agences et des démarcheurs. D'après les instructions qu'ils recevaient, ceux-ci se mettaient en campagne : ils offraient à la clientèle qu'ils connaissaient des titres qu'ils appelaient de « tout repos » et à des conditions qu'ils déclaraient « exceptionnelles ». De la sorte, l'emprunt était souscrit avant même que l'émetteur ait pris des engagements envers l'emprunteur; il pouvait réaliser des bénéfices sans courir le moindre risque.

Par contre, les souscripteurs étaient très souvent déçus : ils ne s'apercevaient qu'ils avaient fait une mauvaise affaire qu'après l'introduction du titre en Bourse où il subissait une dépréciation plus ou moins sérieuse. Ajoutons que, en l'espèce, la commission de l'établissement de crédit était d'autant plus élevée que le titre était émis à un cours plus haut ou qu'il avait une moindre qualité. En sorte que, pour placer avantageusement un titre nouveau et de second ordre, l'agent d'une société pouvait ne pas hésiter à faire vendre à son client des titres anciens de premier ordre : il en résultait par conséquent à la Bourse une baisse plus ou moins accentuée sur les bonnes valeurs et qui lésait les intérêts de l'épargne la plus prudente.

Dans cette sorte d'opérati ons, l'émetteur achetait donc à l'emprunteur au meilleur marché possible et il revendait à sa clientèle le plus cher possible. Mais c'est ainsi, a-t-on répondu, que procèdent tous les négociants dans un intérêt personnel qui est l'âme du commerce! La comparaison n'est pas exacte. Un négociant de denrées ou autres marchandises ne peut pas vendre à sa clientèle des produits à un prix supérieur à celui de son voisin, car il ne trouverait plus d'acheteurs, et la concurrence a pour effet de faire baisser les prix. En matière de placement direct de valeurs mobilières qui ne sont pas cotées en Bourse et qui ne le seront qu'après l'émission — si elles le sont — il n'y a plus de concurrence; il n'y a qu'un monopole que s'est attribué la banque de dépôt. Et il n'y a pas non plus de contrôle possible : comment l'acheteur de telle ou telle valeur étrangère aurait-il pu connaître la situation financière de l'établissement industriel ou de l'État emprunteurs, puisque aucune indication ne lui avait été fournie, puisque aucun prospectus ne lui avait été délivré, puisqu'on lui avait mis simplement sous les yeux un titre muni de coupons dont le rendement paraissait supérieur à celui des titres qu'il possédait ?

Les émissions occultes de titres étrangers ont pris, dans ces dernières années, une extension très grande et on en a souvent critiqué l'importance sans pouvoir d'ailleurs se rendre un compte exact des exportations de capitaux auxquelles elles avaient donné lieu. Pour obtenir des chiffres approximativement justes, nous avons fait le relevé des valeurs françaises et étrangères admises de 1905 à 1914 à la Cote officielle de la Bourse de Paris et, d'autre part, il nous a été facile de calculer le montant annuel des émissions publiques qui ont été faites pendant la même période. La différence entre le montant des valeurs admises à la Cote officielle et le montant des émissions publiques s'est élevée, de 1905 à 1914, en ce qui touche les valeurs étrangères, à 11 050 millions. Nous pouvons donc en conclure que la moyenne annuelle des placements directs de valeurs étrangères aux guichets des sociétés de crédit, sans publicité et sans prospectus, a dépassé 1 milliard.

Sans doute, toutes les valeurs étrangères admises à la Cote officielle n'ont pas été placées en France, mais beaucoup de ces valeurs n'ont pas été inscrites à la Cote officielle, soit parce que leur admission n'a pas été demandée ou qu'elle a été refusée, soit parce qu'elles figurent à la cote du marché libre. Dans ces conditions, des compensations rationnelles peuvent s'établir et le chiffre que nous avons obtenu se rapproche beaucoup de la vérité.

Voici d'ailleurs les deux tableaux que nous avons dressés d'après des relevés rigoureusement exacts :

Montant des émissions pratiquées de 1895 à 1914 et ne comprenant que les valeurs admises à la Cote officielle de la Bourse de Paris.

Années.	Valeurs françaises.	Valeurs étrangères.
1905	845 millions	2 191 millions
1906	1 217 —	2 611 —
1907	560 —	1 221 —
1908	495 —	1 550 —
1909	1 351 —	2 394 —
1910	1 112 —	4 163 —
1911	871 —	2 921 —
1912	2 335 —	1 796 —
1913	1 702 —	1 553 —
1914	1 812 —	2 000 —
Totaux....	12 300 millions	22 400 millions

Montant des émissions publiques.

Années.	Valeurs françaises.	Valeurs étrangères.
1905	200 millions	800 millions
1906	700 —	1 450 —
1907	100 —	400 —
1908	50 —	650 —
1909	600 —	1 700 —
1910	450 —	1 800 —
1911	150 —	1 400 —
1912	1 100 —	400 —
1913	1 000 —	950 —
1914	1 200 —	1 800 —
Totaux....	5 550 millions	11 350 millions

Il résulte du premier de ces deux tableaux que les admissions à la Cote officielle des valeurs étrangères se sont élevées, depuis dix ans, à un chiffre très supérieur à celui des valeurs françaises : 22 400 millions contre 12 300, c'est-à-dire près du double. Dans le total des 12 300 millions de valeurs françaises, se trouvent surtout des titres des grandes compagnies de transport, du Crédit Foncier, de la Ville de Paris et de l'État, empruntant soit pour son propre compte, soit pour le compte de son réseau de chemins de fer, et enfin des titres coloniaux garantis par l'État. Mais les émissions de valeurs industrielles sont fort rares : elles ont été faites presque exclusivement par nos grandes banques régionales.

En consultant le second tableau, celui des émissions publiques, c'est-à-dire celles qui ont été faites par voie de souscriptions dont les affiches et les prospectus expliquent les conditions et permettent d'apprécier le degré de confiance qu'on peut accorder aux titres émis, on s'aperçoit que la différence entre les placements des valeurs françaises et ceux des valeurs étrangères est encore plus grande : en dix ans, les souscriptions publiques de valeurs françaises n'ont atteint que 5 550 millions, alors que celles de valeurs étrangères s'élevaient à 11 350 millions. Il faut évidemment en conclure que les grandes sociétés de crédit ont usé de leur force et de leur prestige pour placer dans leur clientèle des titres étrangers de toute provenance, mais qu'elles n'ont participé aux émissions de valeurs françaises que dans la mesure où elles ne pouvaient pas faire autrement. Si l'on excepte, en effet, les titres de premier ordre dont nous venons de parler — Crédit Foncier, Ville de Paris, Chemins de fer et Fonds d'État français — quelles sont donc les valeurs nationales dont nos établissements ont favorisé la diffusion ? La liste n'en serait pas longue à dresser.

Sans aller jusqu'à proscrire les placements en valeurs étrangères et sans être partisan d'un « nationalisme financier » qui pourrait offrir d'autres inconvénients, ne peut-on pas regretter les périls d'un internationalisme poussé à l'excès? M. Lucien Brocard, professeur à la Faculté de Droit de Nancy, relevait très justement les abus qui se sont produits, dans une éloquente conférence faite en 1912 à l'École libre des Sciences politiques :

Puisque, disait-il, les placements à l'étranger enlèvent au travail national une partie de ses moyens d'action, encore faut-il que, si nous ne voulons pas nous sacrifier au développement des autres peuples, nous soyons servis avant eux, de préférence à eux ; encore faut-il que nous ne procurions aux étrangers, c'est-à-dire à des concurrents, parfois même des adversaires (ce qui a été le cas pour la Turquie et pour l'Autriche-Hongrie, par exemple) que l'excédent des capitaux dont nous ne pouvons pas faire emploi. Or, il est manifeste que nous leur prêtons bien davantage. Nous prêtons précisément les capitaux qui pourraient contribuer le plus efficacement à l'expansion de notre production, les capitaux qui, sous forme d'avances à moyenne et à longue échéance, permettraient à nos industries régionales de se développer et de se multiplier; les capitaux qui, consacrés à l'amélioration de notre outillage national, encourageraient les progrès de nos entreprises en leur facilitant la lutte contre les concurrents étrangers. Nous prêtons même depuis quelque temps les capitaux que nos grands emprunts nationaux ou privés avaient su jusqu'ici attirer et retenir. En agissant ainsi, nous lésons les intérêts de notre pays et par conséquent les nôtres. Nous nous comportons comme un industriel qui, ayant des capitaux disponibles, les mettrait à la disposition de ses concurrents et laisserait, faute de ressources, végéter sa propre entreprise.

A ces objections si sensées, qu'ont répondu les sociétés de crédit? Elles ont dit qu'elles n'étaient point responsables des préférences du public pour les valeurs étrangères et que, si le public délaissait les bonnes valeurs françaises, c'est qu'il redoutait les inquisitions du fisc, les menaces d'impôt sur le revenu, les aggravations de taxes successorales. Sans doute il est aisé, malgré les précautions prises, de frauder le Trésor en plaçant des valeurs étrangères dans les coffres des banques étrangères; mais les sociétés de crédit auraient-elles donc consenti à favoriser de fausses déclarations? Nous ne pouvons pas le croire, et ceux qui auraient suivi d'aussi mauvais conseils en auraient été cruellement punis, puisqu'ils n'ont pu, pendant la guerre, ni encaisser les coupons des titres déposés à Bruxelles, ni savoir ce qu'ils étaient devenus.

Ce qui est vrai, c'est que les sociétés de crédit ont imité l'exemple des pouvoirs publics, des ministres et des députés qui ont trop souvent pratiqué dans le passé une politique personnelle si nettement opposée à l'intérêt national. Si nos établissements ont mieux aimé placer des valeurs étrangères que des valeurs françaises, c'est parce que les premières leur laissaient une marge plus grande de profits et des commissions plus élevées que les secondes et ils ont ainsi sacrifié l'intérêt général à leur intérêt particulier.

Il leur a manqué, dans trop de circonstances, le sentiment élevé du devoir social qui s'impose aux dirigeants de l'épargne. Ils ont fait ce qu'ont fait bien des hommes d'affaires, bien des hommes publics dont l'égoïsme aurait causé la ruine et la déchéance du pays, si ses fils n'avaient pas opposé leur poitrine à l'invasion germanique avec un courage et un mépris de la mort qui ont fait l'admiration du monde.

Mais la leçon des événements servira sans doute aux uns et aux autres. Pendant de longues années, il ne pourra être question de placements à l'étranger par les moyens divers dont on a usé jadis : il y aura, en France, assez d'efforts à accomplir pour réparer les désastres matériels de la guerre, assez de besoins de capitaux et de crédit pour absorber l'activité de nos établissements financiers. Nous sommes heureux de reconnaître, d'ailleurs, que, dans leur empressement à provoquer des souscriptions aux bons et obligations de la défense nationale, ils ont nettement manifesté leur intention de suivre désormais une politique nouvelle et plus conforme à l'intérêt national.

CHAPITRE VIII

La Banque de France.

Les débuts de la Banque de France. — Le billet de banque.
— L'organisation de la Banque de France. — Son privilège;
ses statuts. — Ses opérations. — Les services rendus par la
Banque de France. — Les taux d'escompte. — L'encaisse métallique. — Les comptes courants. — La Banque de France pendant
la guerre de 1870-71. — La politique de la Banque de France; la
Banque de France pendant la guerre de 1914; les versements
d'or du public.

LES DÉBUTS DE LA BANQUE DE FRANCE

Tout le monde reconnaît que, depuis le début de la
guerre, la Banque de France a rendu à la défense
nationale et à la défense économique du pays les plus
signalés services. Elle a pu à la fois faire face aux
besoins immédiats du Trésor public et permettre au
commerce français de supporter la crise dont il était
atteint. Elle a pu remplir la tâche énorme que lui
imposaient ses devoirs envers la nation, en conservant à ses billets une confiance universelle.

Le large crédit de la Banque de France est dû, tout
d'abord, à l'ancienneté de son institution. Fondée le
24 pluviôse an VIII (13 février 1800), elle est la plus
ancienne des banques d'émission, après la Banque
d'Angleterre créée en 1694, mais dont l'organisation

actuelle ne remonte, il est vrai, qu'au 19 juillet 1844.
Ses débuts ont été difficiles. Elle avait à lutter contre
la méfiance du public pour la monnaie de papier, et
cette méfiance était justifiée, non seulement par la
faillite du système de Law [1] et l'échec des « Caisses de
crédit » instituées sous le règne de Louis XVI, mais
aussi par les ruines qu'avaient provoquées les
assignats de la Révolution.

Ses premiers statuts avaient toutefois limité ses
attributions de telle sorte qu'elle fût à l'abri de toutes
les crises. Les opérations de la Banque devaient se
borner : « 1° à escompter des lettres de change et
billets à ordre revêtus de trois signatures de citoyens
français et de négociants étrangers ayant une réputa-
tion notoire de solvabilité; 2° à se charger, pour le
compte des particuliers et des établissements publics,
de recouvrer le montant des effets qui lui seront
remis et à faire des avances sur les recouvrements de
ces effets lorsqu'ils lui paraîtront certains; 3° à
recevoir en compte courant tous les dépôts et consignations, ainsi que les sommes en numéraire et les
effets qui lui seront remis par des particuliers ou des
établissements publics; à payer pour eux les mandats
qu'ils tireront sur la banque, ou les engagements
qu'ils auront pris à son domicile et ce, jusqu'à concurrence des sommes encaissées à leur profit; 4° à
émettre des billets payables au porteur et à vue et des
billets à ordre payables à un certain nombre de jours

1. A la première assemblée générale des actionnaires de la Banque
de France, tenue le 25 vendémiaire an IX, le citoyen Cornu-Auber, l'un
des Censeurs, s'exprimait dans les termes que voici : « Citoyens actionnaires, depuis la catastrophe trop mémorable du système de Law, une
prévention contre tout projet de banque générale en France était si
fortement prononcée, que les meilleurs esprits n'osaient ni en reproduire l'idée, ni en concevoir l'espérance. »

de vue. Ces billets seront émis dans *des proportions telles que, au moyen du numéraire réservé dans les caisses de la Banque et des échéances du papier de son portefeuille*, elle ne puisse dans aucun temps être exposée à différer le paiement de ses engagements au moment où ils lui seront présentés. »

LE BILLET DE BANQUE

De ces diverses opérations, les trois premières constituent la pratique habituelle du commerce de l'argent, c'est-à-dire de la banque. Elles ont pu, depuis cette époque, s'accroître dans des proportions considérables, notamment par la diffusion des valeurs mobilières, par l'usage des chèques et des virements, mais elles n'ont pas varié. Par contre, la quatrième opération, celle qui consiste à émettre des « billets au porteur et à vue » est d'une nature spéciale. A l'époque où fut créée la Banque de France, elle n'avait pas un privilège : d'autres établissements, la Caisse d'Escompte de commerce, le Comptoir commercial et la Caisse Jaback, émettaient également des billets au porteur et à vue, selon les besoins de leur portefeuille d'escompte et sans aucune restriction légale. La Banque de France, au contraire, devait limiter ses émissions de billets à vue au montant de ses réserves métalliques et des effets de commerce qu'elle avait escomptés. Un portefeuille sain, ne comprenant que du papier revêtu de trois signatures de négociants notoirement solvables, constitue en effet la meilleure garantie du billet de banque; au fur et à mesure des échéances de courte durée, les avances de la banque seront remboursées, soit par le versement de ses propres billets, soit par des espèces métalliques. La

monnaie de papier, gagée sur des ressources certaines,
aura la même valeur que l'or et l'argent.

L'ORGANISATION DE LA BANQUE DE FRANCE

Lorsque Bonaparte fit appel au concours des capitalistes de Paris pour fonder la Banque de France, les
affaires étaient rares, le crédit suspendu et le Trésor à
peu près vide. En dépit de la protection officielle dont
on l'accablait[1], la Banque était réduite à l'impuissance :
on crut cependant que, en la dotant du privilège
exclusif d'émettre des billets à Paris, on l'aiderait à
se tirer d'embarras, et ce privilège lui fut accordé par
la loi du 14 avril 1803. Le ministre du Trésor avait
un droit de contrôle, mais la Banque de France conservait son indépendance. Elle était administrée par
quinze régents et trois censeurs nommés par l'assemblée générale des actionnaires, et le Conseil général,
ainsi formé de dix-huit membres, élisait à son tour un
comité de trois régents chargés de diriger l'ensemble
des opérations. L'assemblée des actionnaires, qui
n'avait d'autre pouvoir que celui de choisir les membres du Conseil général, n'était formée que par les deux
cents plus forts actionnaires ne pouvant pas se faire
représenter et ne disposant chacun que d'une seule
voix. Ces prescriptions impératives de la loi de 1803
sont d'autant plus intéressantes à rappeler qu'elles
n'ont pas été modifiées depuis cette époque, sauf en ce

1. Cette protection officielle s'était traduite notamment par la souscription de la Caisse d'amortissement à 5 000 actions de la Banque de
France. Sur la liste des principaux actionnaires de la Banque qui figure
en tête du compte rendu de l'assemblée générale du 25 vendémiaire
an IX, on lit également les noms du général Bonaparte, premier Consul ;
Louis Bonaparte ; Hortense de Beauharnais ; Babé-Marbois ; Dubois, préfet
de police ; Cambacérès, deuxième Consul ; Lebrun, troisième Consul, etc.

qui touche le mode de nomination du comité directeur de la Banque. Au surplus, le choix de ce comité ne devait pas rester longtemps à la discrétion des régents : la loi du 3 mai 1806, qui a réorganisé la Banque pour la troisième fois, décide que le comité de trois membres sera remplacé par un Gouverneur et deux sous-gouverneurs, nommés par l'État et par suite révocables à sa volonté.

Cette dernière disposition souleva les protestations des régents qui s'efforcèrent, d'ailleurs vainement, après la chute de l'Empire, de la faire supprimer. Le premier Gouverneur de la Banque, Cretet, conseiller d'État, avait eu, il est vrai, l'habileté de calmer ces appréhensions, en rappelant que le Conseil général restait le maître de ses décisions et que la direction ne pouvait rien faire sans son consentement. Dans le remarquable discours qu'il prononça à l'assemblée générale des actionnaires du 13 mai 1806, le nouveau Gouverneur sut, en outre, nettement définir le rôle de la Banque de France : « Il n'est, disait-il, qu'un genre de banque solide et durable, celui d'une association simple et dégagée de toute fiction, formée par des capitaux réels ; c'est une maison de commerce, mais supérieure par son capital, ses privilèges, son crédit, à toutes les maisons privées qui pourraient exister. Une telle banque, conduite par des règles fixes, ne fait que les affaires limitées et déterminées par ses statuts. Rien ne peut la pousser dans des spéculations contraires à son but et à ses intérêts, ni dans aucune opération qui puisse l'entraîner, à peine de sa honte et de sa ruine, à jamais différer le remboursement de ses engagements : telle est la Banque de France. »

Mais, pour suivre cette politique, il eût fallu que la Banque pût résister aux propres sollicitations du gouvernement et ne pas escompter trop largement ses valeurs. Or, en s'emparant de la direction de la Banque, Napoléon Ier avait évidemment le dessein de lui imposer sans cesse de nouvelles avances qui pouvaient la conduire à sa perte. Quoi qu'il en soit, la loi de 1806 accordait à la Banque, en échange de droits nouveaux attribués à l'État, une prorogation de son privilège qui ne devait expirer que le 24 septembre 1843. Les statuts de la Banque étaient désormais arrêtés par l'Empereur sous forme de règlement d'administration publique et ce règlement ne pouvait être modifié que par une loi. Un décret impérial du 16 janvier 1808 régla de la sorte les statuts définitifs de la Banque : il contenait soixante-deux articles reproduisant pour la plupart les statuts antérieurs ; les dispositions nouvelles avaient surtout pour objet de fortifier l'action du gouvernement sur la Banque.

LE PRIVILÈGE DE LA BANQUE DE FRANCE

Les lois ultérieures du 10 janvier 1840, du 9 juin 1857, du 17 décembre 1897 [1] et du 21 décembre 1911, qui ont de nouveau prorogé le privilège de la Banque de France, maintiennent dans leurs grandes lignes les statuts primitifs, en les adaptant toutefois aux circonstances et aux progrès économiques, mais avec une tendance marquée à accroître les pouvoirs de l'État et les sacrifices de la Banque en sa faveur. L'organisation de la Banque de France, ainsi comprise, ne ressemble à aucune autre : elle est, d'ailleurs,

---

1. La discussion du renouvellement du privilège fut particulièrement intéressante en 1897 : M. Ribot, président de la commission chargée d'examiner le projet déposé à cet effet par le cabinet Méline, prononça à la Chambre des députés, le 30 mai 1897, un discours des plus éloquents et des plus lucides.

en contradiction avec les principes de l'économie politique orthodoxe et avec les principes socialistes.

Les économistes ont toujours soutenu, en effet, que les banques d'émission devaient vivre sous un régime de pleine liberté et de pleine indépendance vis-à-vis de l'État. La confiance, disent-ils, ne s'impose pas; c'est au public qu'il appartient d'apprécier la différence entre une monnaie de papier très saine et une autre qui l'est moins. Lorsque l'État se mêle de la gestion d'une banque d'émission, c'est toujours pour l'accabler de charges nouvelles et pour l'obliger à lui faire des avances qu'il n'est jamais pressé de lui rembourser, et il porte ainsi l'atteinte la plus grave au crédit de la banque.

Les socialistes tiennent au contraire le raisonnement que voici : il est absurde que l'État confie à une banque privée le « droit régalien » d'émettre des billets ayant cours légal et de lui fournir ainsi le moyen de s'enrichir avec trop de facilité. Elle escompte, en effet, le papier de commerce avec des billets qui ne lui coûtent pour ainsi dire rien. L'émission de ces billets ne saurait appartenir qu'à l'État qui pourra, d'ailleurs, avec l'aide de négociants autorisés, se livrer en toute sécurité aux mêmes opérations que la Banque de France. Enfin, aux époques de crises ou de calamités publiques, l'État aura à son entière disposition un instrument de crédit merveilleux lui permettant de faire face à toutes les difficultés momentanées qui pourront surgir, soit d'une guerre, soit même d'une situation économique précaire.

Entre le principe absolu de la liberté et le système opposé de la gestion directe par l'État, il y a place évidemment pour une modalité intermédiaire et qui consiste à placer la banque d'émission sous le contrôle du gouvernement, mais avec une indépendance et une responsabilité assez larges pour qu'elle puisse défendre ses intérêts et ceux de sa clientèle en toute sécurité, pour qu'elle puisse vivre et prospérer à l'abri des coups d'autorité, pour qu'elle puisse rendre surtout au monde des affaires et au public les services qu'ils attendent d'elle. Les discussions parlementaires ou autres qui s'engagent périodiquement sur le rôle de la Banque de France, sur les prétendus principes qui doivent être appliqués à une banque d'émission, sont d'ordre théorique : il en est de même de la plupart des conceptions inspirées par l'esprit de parti ou l'esprit de système.

Pour ne pas être dupe de ses illusions, il faut regarder les faits et ne s'en rapporter qu'aux données certaines de l'expérience. Or, les statuts de la Banque de France ont résisté à une expérience de plus d'un siècle et ils ont donné des résultats excellents : cela suffit pour démontrer leurs avantages.

Il est, d'ailleurs, à remarquer que, en France, les solutions intermédiaires ou de juste milieu ont toujours semblé préférables aux solutions basées sur des principes absolus. Lorsqu'il s'est agi, par exemple, d'instituer le régime des chemins de fer, on s'est trouvé en présence de deux systèmes : celui de la liberté complète de l'industrie des transports et celui de l'exploitation directe par l'État. On en a longtemps discuté les avantages et les inconvénients réciproques et, finalement, on a dû reconnaître, avec M. Dufaure, qu'une transaction s'imposait et que, pour ne pas se tromper, il convenait de faire l'expérience d'un système mixte, consistant à faire exploiter les chemins de fer par des compagnies privées, mais sous le contrôle et avec la garantie de l'État. Les statuts de la Banque de France procèdent d'une même idée : ils ont été conçus de manière à conserver à la Banque son caractère d'établissement privé, soumis au contrôle et à la surveillance d'un Conseil général nommé par les actionnaires, mais en donnant à l'État des pouvoirs considérables.

L'organisation de la Banque de France est donc sensiblement différente de celle des autres établissements de crédit soumis à la loi sur les sociétés anonymes. Si le Gouverneur peut s'opposer à toutes les propositions du Conseil général, il ne peut cependant rien faire sans son autorisation formelle; il doit s'appuyer sur son avis pour prendre telle ou telle décision engageant le crédit de la Banque. Il est vrai que ce Conseil général comprend, outre le Gouverneur et les deux sous-gouverneurs, désignés par l'État, trois trésoriers-payeurs en exercice qui sont des fonctionnaires publics. L'assemblée générale des actionnaires se réunit tous les ans, d'ordinaire vers la fin de janvier, pour entendre la lecture du compte rendu qui lui est présenté par le Gouverneur au nom du Conseil général et le rapport des censeurs sur la gestion de la Banque; elle nomme les régents et les censeurs qui font partie du Conseil général, mais c'est tout ce qu'elle peut faire.

Dans les autres sociétés de crédit, que se passe-t-il? L'assemblée générale a, certes, des pouvoirs plus étendus et elle se compose de tous les actionnaires qui possèdent un certain nombre de titres. Ces actionnaires peuvent prendre la parole, discuter le rapport du Conseil d'administration, présenter des motions. Mais lorsque cette intervention se produit, elle n'exerce aucun effet utile : la majorité des suffrages est acquise d'avance aux Conseils d'administration qui ont eu le soin de se faire donner des pouvoirs par un grand nombre d'actionnaires indifférents, et qui, en outre, possèdent eux-mêmes un grand nombre de titres, c'est-à-dire un nombre de voix important.

Au surplus, il n'y a pas d'exemple qu'une assemblée générale ait repoussé les propositions d'un Conseil d'administration d'une société de crédit ni qu'elle ait réussi à modifier la composition de ce Conseil. Elle entend la lecture d'un rapport, mais elle n'a pu en prendre connaissance à l'avance et, par conséquent, elle n'est pas en mesure de le discuter sérieusement. Enfin ce rapport est si peu développé et si peu clair qu'il n'offre aucun intérêt et qu'il n'apprend pas grand'chose à ceux qui en entendent la lecture. Les assemblées générales sont ainsi devenues de pures formalités; elles sont d'autant moins suivies que la majorité est d'avance acquise aux dirigeants de la société.

Il en serait tout autrement dans une assemblée générale des actionnaires de la Banque de France, si ceux-ci avaient les mêmes droits que les actionnaires d'une société anonyme. La Banque de France dispose, en effet, par son privilège d'émission, d'une force de crédit très supérieure à celle des autres établissements. Elle peut escompter des effets de commerce ou consentir des avances sur titres avec plus ou moins de libéralité et avec un taux plus ou moins élevé : mais elle est contrainte à se livrer à ses opérations avec prudence, sous peine de compromettre la sécurité de ses émisssions. Par suite, elle est amenée à mesurer et à défendre son crédit, à ne point céder à des sollicitations qui pourraient avoir pour effet de provoquer, à leur suite, une crise de confiance, des demandes de remboursement susceptibles de diminuer, sinon d'absorber son encaisse. Mais, en suivant cette politique, elle contrarie nécessairement certains intérêts opposés aux siens. Or, le jour où les intermédiaires qui ont besoin du crédit de la Banque pourraient se rendre maîtres de l'assemblée générale, en achetant la majorité des actions; le jour où ils pourraient s'emparer du Conseil général de la Banque et dicter telles ou telles résolutions à son Gouverneur, ce jour-là il n'y aurait plus de Banque de France : il n'y aurait plus qu'une succursale des établissements de crédit.

LES OPÉRATIONS DE LA BANQUE DE FRANCE

En examinant la série des opérations de la Banque de France, nous ferons mieux comprendre encore la nécessité qui s'impose à son Conseil de suivre une politique de prudence. A ses débuts, elle se livre presque exclusivement à l'escompte des effets de commerce qui constitue d'ailleurs sa raison d'être. En échange de la remise de ces effets, elle délivre des billets remboursables en espèces et à toute réquisition. Mais, avant même de faire l'escompte, elle doit posséder une encaisse métallique suffisante pour rembourser les porteurs de ces billets, puisqu'il s'écoulera un certain délai entre la remise des effets et leur paiement.

Si elle escompte trop largement et si les effets ne sont pas payés à l'échéance, les porteurs de billets s'alarmeront et demanderont à les échanger contre des espèces. C'est précisément ce qui s'est produit à diverses époques, notamment en 1805, où l'encaisse métallique est tombée à 1 185 000 francs et où il a fallu limiter le remboursement des billets ; en 1814, où la même crise s'est renouvelée ; en 1848, où le cours forcé, c'est-à-dire la faculté de ne pas rembourser les billets en espèces, fut pour la première fois établi.

Que faut-il donc faire pour maintenir la confiance du public dans le billet de banque ? Il faut deux choses : une encaisse métallique très forte et un portefeuille très sain. Si ces deux conditions sont remplies, le public ne songera même plus à réclamer le remboursement des billets et il fera mieux encore : comme la monnaie de papier est plus commode que la monnaie métallique, il ira lui-même échanger à la Banque son or et son argent pour des billets — et l'encaisse de la Banque augmentera dans les mêmes proportions, offrant ainsi un complément de garantie aux porteurs. Quant aux billets mis en circulation par l'escompte, ils reviendront à la Banque, lorsque les effets de commerce seront payés par leurs débiteurs. Mais, pour que cet échange se réalise, il faut que chacun des signataires de l'effet soit d'une solvabilité notoire, afin que le recouvrement soit assuré à l'échéance.

La Banque se garantit des risques de non-paiement, en exigeant sur les effets escomptés trois signatures. Si elle n'en exigeait que deux, il pourrait se glisser dans son portefeuille ce qu'on appelle des effets de complaisance, c'est-à-dire des effets souscrits par un débiteur qui ne doit rien, mais qui a voulu rendre service à un autre négociant dans l'embarras. La troisième signature certifie en quelque sorte la régularité de l'effet de commerce ; elle lui sert de caution et diminue pour la Banque les chances d'erreur sur la solvabilité de ses clients.

Un banquier ordinaire n'a pas besoin de prendre les mêmes précautions. Il peut escompter des effets à deux signatures, dans bien des cas, sans le moindre risque ; dans d'autres, il peut élever le taux de l'escompte, accroître ainsi ses bénéfices et par suite diminuer les pertes qui résulteront de ses libéralités d'escompte : la Banque de France, au contraire, applique les mêmes tarifs à tous ses clients. Par contre, les établissements de crédit, qui disposent de larges dépôts, peuvent escompter les effets de commerce de premier choix à un taux inférieur à celui de la Banque : comme ils ne payent qu'un intérêt minime d'un demi p. 100 aux déposants, il leur suffit d'escompter à un taux supérieur pour réaliser des bénéfices. Si les retraits des déposants excèdent les disponibilités de l'établissement, celui-ci pourra aisément se procurer des fonds en faisant réescompter par la Banque de France les effets de son portefeuille.

LES SERVICES RENDUS PAR LA BANQUE DE FRANCE

Quels sont les services que l'organisation séculaire de la Banque de France va lui permettre de rendre à l'État et au public? On en trouve le détail dans le rapport qui est présenté chaque année par le Gouverneur, au nom du Conseil général, à l'assemblée générale des actionnaires. Ce rapport est ordinairement suivi d'annexes fort intéressantes sur les diverses opérations faites par la Banque, à Paris, dans les succursales et les bureaux auxiliaires.

On y remarque tout d'abord les « opérations pour le compte du Trésor ». La Banque de France fait à l'État des avances permanentes en temps de paix et, en temps de guerre, des avances temporaires dont nous aurons à parler plus loin. Elle est le banquier du Trésor public auquel elle prête son concours le plus large au moyen d'un compte courant, ouvert depuis 1806. Ce compte courant bénéficie de l'avance permanente de 200 millions que la Banque accorde à l'État, depuis 1911, en échange de son privilège; ces 200 millions sont représentés par un bon du Trésor remboursable seulement à l'échéance du privilège, c'est-à-dire le 31 décembre 1920.

C'est dans les caisses de la Banque que les agents du Trésor versent les excédents des recettes disponibles, et qu'ils viennent puiser les sommes nécessaires pour faire face aux dépenses locales excédant leurs encaissements. On comprend que les recettes et les dépenses de l'État, centralisées dans la Trésorerie générale, ne puissent s'équilibrer dans tous les départements; dans telle région, les recettes seront supérieures aux dépenses et, dans telle autre, elles seront très inférieures. La Banque de France se charge de faire parvenir sur tous les points du territoire les fonds nécessaires pour effectuer les paiements du Trésor; elle se charge même d'approvisionner les caisses publiques de monnaie d'appoint pour que ces paiements puissent s'effectuer avec la plus grande facilité et elle doit, par suite, faire transporter à ses frais d'une succursale à une autre tout le numéraire dont le Trésor peut avoir besoin. Enfin, la Banque de France escompte le papier du Trésor; elle paye les coupons de ses rentes et obligations; elle ouvre ses guichets à toutes les émissions de l'État.

Le total des opérations ainsi effectuées par la Banque pour le compte du Trésor public, à Paris et dans les succursales, s'est élevé, en 1872, jusqu'à 19 milliards; et, en 1914, il a dépassé 31 milliards. Pendant les époques normales, il est naturellement moins important. En 1913, par exemple, le montant des versements de l'État à la Banque a atteint 5 948 833 200 francs; celui des prélèvements, 5 821 056 500 francs, soit au total 11 769 888 800 francs. Ce total comporte, avec les versements et prélèvements des trésoreries générales, les virements de fonds par lesquels la Banque assure à Paris et dans les départements le service de caisse du Trésor. Il comprend, en outre, les remises d'effets à l'encaissement qui se sont élevés, en 1913, à 168 millions, les encaissements de mandats qui ont atteint 143 millions, les émissions de bons du Trésor et les paiements de valeurs du Trésor, effectués aux guichets de la Banque.

Si cet ensemble d'opérations avait été fait pour le compte de ses clients ordinaires, les frais et commissions auraient atteint la somme de 1 286 200 francs : en vertu des conventions acceptées par la Banque, le Trésor n'a eu de ce chef rien à lui payer.

*
* *

Quelles sont maintenant les autres opérations de la Banque de France et quels sont les services qu'elle peut rendre au public et à sa clientèle? Ce sont les mêmes que ceux de tous les établissements de crédit, à part quelques restrictions qui lui sont imposées par ses statuts : la Banque ne participe, notamment, à aucune émission de valeurs mobilières, sauf les fonds d'État français; elle n'achète aucune de ces valeurs pour son propre compte et son portefeuille ne comprend que des effets de commerce ayant au maximum trois mois d'échéance : toute spéculation lui est donc interdite.

La Banque de France n'en rend pas moins au public des services de toute nature; on en trouve l'exposé dans une petite brochure très claire qu'elle délivre gratuitement à tout le monde. Voici, d'après cette brochure, en quoi consistent ses opérations :

1° A *escompter* à toute personne ayant compte courant avec faculté d'escompte des lettres de change, warrants commerciaux et agricoles et autres effets de commerce à ordre, revêtus de trois signatures, à des échéances déterminées qui ne peuvent excéder trois mois, tirés, acceptés ou souscrits par des commerçants, des syndicats agricoles ou autres et autres personnes notoirement solvables.

Les effets et les warrants à deux signatures sont également admis, sous certaines conditions : les effets, avec une garantie supplémentaire en valeurs françaises; les warrants, lorsque les marchandises qu'ils représentent font partie de la catégorie de celles admises par le conseil général, qui règle le quantum du prêt à consentir sur ces nantissements; les warrants agricoles, lorsque les produits pour lesquels ils ont été créés remplissent les conditions exigées par les articles 1er et 18 de la loi du 30 avril 1906 et à raison de 60 p. 100 de la valeur attribuée au gage;

2° A se charger, moyennant commission, pour le compte des particuliers et des établissements publics ou privés ayant un *Compte courant*, un *Compte courant d'avances* ou un *Compte de dépôts de fonds*, *du recouvrement des effets qui lui sont remis à l'encaissement*;

3° A recevoir en *Compte courant* ou en *Compte de dépôts*, sans intérêts, les sommes qui lui sont versées par des particuliers et des établissements publics et privés;

4° A payer les *dispositions faites sur elle et les engagements personnels pris à son domicile* par les Comptes courants, jusqu'à concurrence des sommes figurant à leur crédit;

5° A consentir des *Avances sur titres* français qui lui sont déposés ou transférés en garantie;

A ouvrir des Comptes courants d'avances sur les mêmes titres;

6° A faire des *Avances sur lingots et monnaies* étrangères d'or;

7° A délivrer des *billets à ordre* — à Paris, sur Paris et sur les succursales et bureaux auxiliaires — dans les Succursales et Bureaux auxiliaires, sur Paris et sur les autres Succursales et Bureaux auxiliaires;

8° A opérer, par voie de *virement*, le transport des sommes versées à Paris au profit des Comptes courants, Comptes courants d'avances et Comptes de dépôts de fonds de toutes les succursales et bureaux auxiliaires, et dans les succursales et bureaux auxiliaires, le transport des sommes versées au profit des Comptes courants, Comptes courants d'avances et Comptes de dépôts de fonds de Paris ou des autres succursales et bureaux auxiliaires;

9° A délivrer, dans ses comptoirs, des *lettres de crédit* payables à vue en France, soit à Paris, soit dans les Succursales et bureaux auxiliaires;

10° A conserver en *dépôt* les *titres* français et étrangers, en se chargeant de toutes les opérations que comporte ce service; — et à capitaliser pour le compte de ses déposants les arrérages de fonds publics français;

11° A se charger de faire exécuter, en France et à l'étranger, *tous les ordres de Bourse* de sa clientèle; — et généralement toutes les opérations concernant les titres;

12° A payer ou à escompter les coupons au porteur des rentes et autres valeurs du Trésor français;

13° A concourir à l'émission des rentes françaises et des valeurs du Trésor; — à placer des Bons du Trésor à échéance maxima d'un an;

14° A recevoir des personnes n'ayant ni Compte courant, ni Compte de dépôts, des sommes qui leur seront rendues sur la simple remise du Récépissé acquitté par le déposant;

15° A conserver en dépôt à Paris et dans quelques succursales les diamants et les bijoux;

16° A acheter et vendre des lingots d'or et des monnaies d'or étrangères.

En premier lieu, la Banque escompte donc les effets de commerce, et les mouvements de son portefeuille sont portés à la connaissance du public par la publication de son bilan hebdomadaire qui est inséré le vendredi au *Journal officiel*. Le compte rendu annuel publie, en outre, le nombre des effets escomptés pendant l'exercice et le total des escomptes. En voici les chiffres pour les cinq derniers exercices :

	Nombre d'effets.	Total des escomptes.
1910............	23 520 889	14 580 730 800 francs.
1911............	25 242 438	16 648 262 200 —
1912............	28 047 623	19 167 547 100 —
1913............	30 041 247	20 005 642 400 —
1914............	21 953 000	18 802 000 000 —

La proportion des petits effets d'une valeur inférieure à 100 francs atteint, en général, 50 p. 100 environ. Les effets de 5 à 50 francs dépassent 30 p. 100.

Outre les effets admis à l'escompte et dont elle crédite les comptes courants ou verse le montant à ses clients, la Banque de France se charge pour ses titulaires de comptes du recouvrement des effets à ordre de toute nature payables sur l'une quelconque de ses 586 places bancables et elle crédite ces comptes après encaissement des effets payés à l'échéance. Le nombre de ces effets s'est élevé en 1914, à 2 789 000 pour la somme totale de 768 200 000 francs; en 1913, à 3 572 076 effets pour 811 314 900 francs.

Il est à peine besoin de faire remarquer que le service d'encaissement des effets de toutes sortes nécessite un personnel considérable de garçons de recettes. En 1913, l'échéance du 30 novembre a atteint, à Paris, 456 350 effets pour 213 966 000 francs répartis entre 107 975 domiciles. Pour le montant des encaissements, la plus forte recette a été celle du 31 mars 1913 : elle s'élevait à 257 137 000 francs pour 400 375 effets présentés à 97 495 domiciles. Enfin, au cours de cette même année, le nombre des domiciles visités par les garçons de recettes a atteint 2 789 700.

Les avances sur titres constituent la seconde des opérations importantes de la Banque de France. Elles ne sont consenties, il est vrai, que sur les valeurs de premier ordre, celles qu'on appelle, en Angleterre, les titres à tranches dorées, c'est-à-dire les valeurs émises par l'État français et les Colonies, les actions et obligations des chemins de fer français, les obligations du Crédit Foncier de France, les obligations des départements et des principales villes de France, les titres d'emprunts de quelques Chambres de commerce. Le montant total des opérations d'avances sur titres s'est élevé à Paris, et dans les succursales :

En 1910..................	à 3 657 250 300 francs.
— 1911..................	— 4 515 980 400 —
— 1912..................	— 5 540 698 200 —
— 1913..................	— 6 382 410 700 —
— 1914..................	— 4 716 500 000 —

LES TAUX D'ESCOMPTE

Les taux de l'escompte et des avances se modifient naturellement selon les circonstances, les besoins d'argent, les situations monétaires et les variations du change. Ils sont généralement, à la Banque de France, moins élevés et plus stables que dans toutes les autres banques d'émission à l'étranger. En janvier 1914, ils s'élevaient à 3 1/2 p. 100 pour l'escompte, à 4 1/2 pour les avances. Le 30 juillet suivant, les taux d'escompte et des avances ont été portés à 4 1/2 et à 5 1/2 p. 100. Enfin, le 1ᵉʳ août, alors que la guerre était inévitable et que la Banque d'Angleterre élevait ses tarifs à 10 p. 100, la Banque de France fixait les siens à 6 p. 100 pour l'escompte et à 7 p. 100 pour les avances ; mais, dès le 20 août, ces taux étaient ramenés à 5 p. 100 et à 6 p. 100. Si le taux des avances sur titres est toujours plus élevé que celui de l'escompte, c'est parce qu'une banque d'émission ne doit se livrer qu'avec prudence à des avances qui peuvent constituer une immobilisation assez longue.

Quoi qu'il en soit et sans tenir compte, bien entendu, des circonstances exceptionnelles de l'état de guerre, les variations du taux de l'escompte ont été beaucoup moins nombreuses à la Banque de France que partout ailleurs et la moyenne de ce taux a été également moins élevée. Pendant la période de 1898 à 1913, les variations du taux de l'escompte de la Banque de France n'ont été qu'au nombre de 14, alors qu'elles ont été de 62 à la Banque impériale d'Allemagne et de 79 à la Banque d'Angleterre. Pendant la même période de quinze années, le maximum du taux a été de 4 1/2 en France, le minimum, de 2 p. 100 et la moyenne, de 3,07 p. 100; en Allemagne, le taux de l'escompte a été de 7 1/2 au maximum, de 3 p. 100 au minimum, de 4,59 en moyenne; en Angleterre de 7 p. 100 au maximum, de 2 1/2 p. 100 au minimum, de 3,69 p. 100 en moyenne.

L'ENCAISSE MÉTALLIQUE DE LA BANQUE

Cette différence si favorable au commerce français tient à des causes diverses et notamment à notre situation constamment créditrice, avant la guerre, à l'égard de l'étranger, situation qui assure à la France la possession de puissantes réserves métalliques. Voici les chiffres de l'encaisse de la Banque de France pendant les six dernières années, à la date du 31 décembre :

	Encaisse or.	Encaisse argent.	Total.
	(En millions de francs.)		
1909	3 487	873,2	4 360,2
1910	3 263,1	823,9	4 087
1911	3 190,3	805,2	3 995,5
1912	3 194,6	670,8	3 865,4
1913	3 507,7	638,6	4 146,3
1914	4 158,5	355,9	5 514,4

Essayons de donner une idée de l'importance d'une pareille encaisse métallique. Un kilogramme d'or au titre monétaire valant 3 100 francs, il en résulte que les 4 158 millions d'or de la Banque de France pèsent environ 1 351 250 kilogrammes; pour transporter cette masse d'or, il faudrait environ 270 wagons avec un chargement de 5 tonnes par wagon. La même encaisse formerait un ruban de pièces d'or de 20 francs d'une longueur de plus de 4 350 kilomètres; et si on plaçait ces pièces d'or les unes au-dessus des autres, on obtiendrait une pile dépassant 135 kilomètres de hauteur. Enfin, pour ramasser et compter les pièces d'or de 20 francs d'une valeur de 4 158 millions, il faudrait, à un seul homme travaillant douze heures par jour, plus de treize années, en supposant qu'il manipule une pièce par seconde.

Cette énorme encaisse d'or et d'argent enfermée dans les caisses de la Banque de France constitue évidemment un capital improductif; mais elle offre l'avantage d'accroître la confiance du public dans le billet de banque, de permettre, par cela même, en temps de crise, une émission plus large et de maintenir l'escompte, pendant les périodes normales, à un taux modique.

Lorsque la Banque de France escompte des effets de commerce ou fait des avances sur titres, elle ne remet pas nécessairement des billets à ses clients; ceux-ci préfèrent souvent faire porter au crédit de leur compte courant les sommes dont ils pourront disposer ensuite, soit sous forme de chèques remis à leurs créanciers, soit — lorsque ceux-ci ont eux-mêmes un compte à la Banque — sous la forme plus commode encore de mandats de virement. Ces deux modes de paiement sont évidemment très pratiques : ils simplifient les transactions commerciales, puisqu'ils dispensent de l'emploi du numéraire et qu'ils donnent une pleine écurité aux titulaires des comptes courants.

La Banque s'est efforcée de les développer en recevant des dépôts de fonds de tous ceux qui désirent se faire ouvrir un compte sans présentation d'effets de commerce ou d'avances sur titres, dans la seule intention de mettre leur argent en sécurité et de pouvoir en disposer librement. Si ces titulaires de comptes courants possèdent des titres, ils pourront les déposer à la Banque qui encaissera les coupons et en portera le montant à leur crédit. De la sorte, ils bénéficieront à leur tour de l'avantage de se libérer envers leurs créanciers soit par un chèque, soit par un mandat de virement et ce, jusqu'à concurrence des sommes portées à leur crédit.

Le nombre des comptes courants et des comptes de dépôts de fonds ouverts à Paris, dans les succursales et les bureaux auxiliaires a une tendance à s'accroître : il était de 127 963 à la fin de 1913 et de 147 800 à la fin de 1914 : le mouvement total des versements et des prélèvements opérés au cours de ce dernier exercice a atteint 271 964 millions. On peut toutefois s'étonner que les soldes de ces divers comptes ne soient pas plus élevés, bien qu'ils aient beaucoup augmenté depuis le début des hostilités : le minimum était, le 18 avril 1914, de 526 millions et le maximum, le 17 décembre de la même année, de 2 790 millions.

Il est du reste intéressant de noter que de grands progrès se réalisent d'année en année et que la pratique du mandat de virement s'accroît de plus en plus. Le mouvement général des caisses (recettes et paiements compris) s'est en effet réparti, au cours des derniers exercices, de la manière que voici :

	Espèces.	Billets.	Virements.	Totaux.
		(En millions de francs.)		
1911.......	4 803	63 608,4	270 940,7	339 502
1912.......	5 194,7	67 666,6	319 724,1	302 585
1913.......	5 158,8	66 748,2	309 788,4	381 695
1914.......	8 900	75 710	329 900	414 600

Si les paiements de toute nature effectués par voie de virement et par l'entremise de la Banque de France ont atteint de telles proportions, c'est évidemment qu'on a fini par en comprendre la simplicité. Il a fallu toutefois au public un temps assez long pour s'y accoutumer : en 1840, les virements ne se sont élevés qu'à 6 562 millions; en 1862, à 15 406 millions; en 1882, à 38 864 millions.

Signalons enfin, parmi les autres services importants, celui des dépôts de titres et des ordres de Bourse; il a pris une telle extension que, à Paris, on a dû l'installer place Ventadour, dans un immeuble spécial. Le nombre des déposants était, à la fin de 1912, de 116 206 et le nombre des titres déposés de 13 195 485; à la fin de 1913, il y avait 121 279 déposants pour 13 462 309 titres d'une valeur totale de 8 154 millions; à la fin de 1914, il y avait 125 578 déposants et 13 484 935 titres. Les ordres de Bourse, les achats et

ventes se sont élevés en 1912 à 673 millions de francs,
il se sont abaissés à 565 millions en 1913, et bien plus
encore, en 1914, à 352 millions.

LA BANQUE DE FRANCE PENDANT LA GUERRE DE 1870-71

Au moment de la guerre de 1870, la Banque possédait une encaisse métallique de 1 029 millions,
très suffisante pour maintenir le crédit de ses émissions, si l'État n'avait pas eu besoin de son concours
et si les effets de son portefeuille avaient été payés à
l'échéance. Mais ces deux conditions pouvaient d'autant moins être remplies que la loi du 13 août 1870
avait accordé au débiteur d'effets de commerce des
délais de paiement qui devaient être successivement
prorogés par le gouvernement de la Défense nationale. Or, la prorogation des échéances, qui immobilise le portefeuille de la Banque, a pour contre-
partie nécessaire, comme aujourd'hui, le cours forcé
de ses billets, c'est-à-dire la suspension de l'obligation du remboursement à vue en espèces. Ce n'est
pas, en effet, comme on le croit généralement, pour
protéger l'encaisse de la Banque et pouvoir y puiser
en temps de guerre que l'État décide le cours forcé
des billets ; c'est parce qu'il a dispensé les débiteurs de la Banque de s'acquitter envers elle. Il
serait en effet tout à fait injuste et même absurde
d'obliger la Banque à remplir ses engagements, alors
qu'on délie ses débiteurs de l'obligation de tenir les
leurs.

En même temps que le cours forcé, il sembla légitime, pour rassurer les porteurs de billets, de limiter,
en 1870, à 1 800 millions, les émissions qu'on dut
élever un peu plus tard à 2 400 millions. La limitation

légale des émissions peut en effet se justifier lorsqu'on établit le cours forcé, mais elle n'a plus raison d'être lorsque la Banque rembourse ses billets à guichets ouverts, et l'on ne s'explique guère que les lois ultérieures aient maintenu cette prescription. Elle est d'autant plus inutile que, chaque fois que le besoin s'en est fait sentir, l'État n'a pas hésité à accroître la faculté d'émission.

Le 18 juillet 1870, la Banque de France a fait à l'État une première avance de 50 millions suivie, le 18 août, d'une autre de même somme. Les 24 septembre et 5 décembre 1870, de nouvelles avances s'élèvent à 275 millions et, le 11 janvier 1871, à 400 millions. Sans le concours de la Banque, le gouvernement de la Défense nationale n'aurait pas pu continuer la guerre; il n'avait réussi qu'à contracter à Londres l'emprunt Morgan de 250 millions qui ne produisit d'ailleurs que 202 millions, c'est-à-dire 402 francs par obligation de 500 francs à 6 p. 100, soit au taux de près de 7,5 p. 100. On a beaucoup discuté, depuis cette époque tragique, le rôle de la Banque de France; on lui a reproché de n'avoir pas fourni avec assez d'empressement à la délégation du gouvernement de la Défense nationale, d'abord installé à Tours, puis à Bordeaux, les ressources dont il avait besoin pour continuer la guerre. M. Cuvier, sous-gouverneur de la Banque de France, hésitait en effet à consentir des avances sans l'avis de son chef, qui était resté à Paris, et celui du Conseil général : il avait raison de dire qu'il n'avait pas le droit de dépasser les crédits ouverts à l'État et qui se trouvaient épuisés depuis le 25 décembre 1870; il demandait donc une autorisation régulière du ministre des Finances et du Gouverneur de la Banque pour faire de nouvelles avances. Un prêt de 100 millions ayant été imposé par le décret, M. Cuvier donna sa démission et fut remplacé par M. O'Quin, trésorier-payeur général des Basses-Pyrénées; aucune autorisation n'ayant pu parvenir de Paris, le nouveau sous-gouverneur et les trois régents restés à Bordeaux firent, le 3 janvier 1871, avec la délégation, un traité en vertu duquel la Banque avançait 100 millions à l'État. Le 11 janvier suivant, cette avance régulièrement sanctionnée cette fois par le siège central, fut portée à 400 millions.

Comment a-t-on pu s'étonner que le concours de la Banque de France n'ait pu se réaliser que dans les conditions légales qui sont la garantie de son crédit? Au surplus, il n'est pas exact de soutenir que le retard occasionné par les difficultés de communications entre Paris et Bordeaux — qui se faisaient alors par pigeon voyageur — ait provoqué le moindre changement dans la situation militaire : c'est la capitulation de Paris qui a obligé le gouvernement à conclure la paix et non le manque de ressources financières [1].

Le gouvernement de M. Thiers n'avait aucune res-

---

1. Lorsque éclata, le 18 mars 1871, l'insurrection parisienne, la Banque de France était restée sous la direction du sous-gouverneur, M. de Ploeuc, et des régents; le gouverneur, M. Rouland, avait été s'installer à Versailles auprès de M. Thiers et de ses ministres. Les ressources de la Banque était encore considérables; elles atteignaient, avec le portefeuille, l'encaisse et les titres, près de 2 milliards et demi. Fort heureusement pour elle, le « délégué » de la Commune à la Banque de France, le citoyen Beslay, était un honnête homme; s'il tenait à s'assurer les ressources dont ses amis avaient le plus grand besoin, il voulait éviter le pillage de la Banque. D'autre part, le sous-gouverneur, M. de Ploeuc, était fort courageux et il résistait de son mieux aux sommations de la Commune. Du 18 mars au 24 mars 1871, la Banque de France dut cependant payer aux insurgés le solde du compte de la Ville de Paris, qui s'élevait à 9 400 000 francs et de lui faire une autre avance de 6 600 000 francs, qui d'ailleurs n'a jamais été remboursée ni par la Ville ni par l'État.

source quand il dut signer le traité de paix avec l'Allemagne et il s'était engagé, on le sait, à payer une indemnité de guerre de 5 milliards. Par suite, il devait nécessairement avoir recours à la Banque de France : pendant la période de la Commune, la Banque a mis à la disposition du gouvernement, pour le service général de la Trésorerie, à Versailles et dans les départements, la somme de 415 millions ; le 3 juillet 1871, de nouveaux prélèvements atteignaient 209 millions. Si l'on y ajoute une dernière avance de 40 millions consentie le 2 janvier 1872 et l'avance permanente de 60 millions, on constate que, du 18 juillet 1870 au 2 janvier 1872, la Banque de Fr ance a prêté à l'État la somme totale de 1 530 million s. « Elle était, comme tout le pays, déclarait M. Thiers dans son discours du 15 mars 1872, sous la dépendance de la nécessité, et dans son dévouement, il faut le reconnaître, il y avait la part du sentiment qui nous animait tous : elle n'était plus la Banque, elle était un corps de citoyens qui se seraient crus criminels, s'ils avaient refusé au pays les ressources indispensables pour vivre. »

Par sa convention du 2 janvier 1872, la Banque de France consentit à réduire à 1 p. 100 l'intérêt de la dette contractée par l'État ; de son côté, le Trésor s'engagea à se libérer par des annuités de 200 millions, de telle sorte que sa dette fût éteinte en 1879. Sans doute l'État perdait ainsi une différence d'intérêts, puisqu'il était obligé d'emprunter à 5 p. 100 et qu'il ne payait que 1 p. 100 à la Banque. Mais cette conversion de la dette de l'État avait l'avantage d'accroître le crédit des billets de banque et de permettre d'abolir le cours forcé, dès que l'État aurait rempli ses engagements. En 1877, d'ailleurs, la dette de l'État étant réduite à 300 millions, la Banque reprit ses paiements en espèces. Il n'en avait pas moins fallu six années d'efforts pour que la circulation redevînt normale et que le cours forcé fût supprimé.

LA POLITIQUE DE LA BANQUE DE FRANCE

Les difficultés de toute nature auxquelles la Banque de France s'est heurtée en 1870-71 ont été pour elle une leçon : aussi s'est-elle préparée à subir avec honneur les crises qui pourraient surgir d'un nouveau conflit. De 1871 à 1914, elle a pratiqué une politique de prévoyance qui lui a permis de ne point se laisser surprendre par les événements. La prospérité économique du pays l'a certainement aidée à élargir son crédit. Pendant la période de 1881 à 1913, le montant de l'encaisse métallique a suivi une progression constante.

Voici un tableau indiquant le montant moyen de l'encaisse, du portefeuille et de la circulation :

	Encaisse.	Portefeuille.	Circulation.
	(En millions de francs.)		
1881	1 824	1 167	2 576
1900	3 237	875	4 034
1906	3 931	898	4 568
1907	3 674	1 125	4 800
1908	4 385	897	4 853
1909	4 360	761	5 079
1910	4 087	977	5 197
1911	4 036	1 203	5 243
1912	4 027	1 332	5 322
1913	3 972	1 644	5 665

Le dernier bilan publié par la Banque de France avant la guerre Européenne est daté du 30 juillet 1914. Il nous paraît intéressant de le reproduire :

Banque de France et succursales.

Situation hebdomadaire.

ACTIF

Au 30 juillet 1914
matin

Encaisse de la Banque	4 766 674 306ᶠʳ	,63
Effets échus hier à recevoir ce jour	76 168	,12
Portefeuille de Paris. — Effets sur Paris..... 1 364 338 582ᶠʳ,53 / Effets sur l'étranger. 9 039 014 » / Effets du Trésor remis à l'encaissement... 96 314 ,69	1 373 473 911	,22
Portefeuille des succursales. — Effets sur place...... 1 069 686 488 ,07 / Effets du Trésor remis à l'encaissement... 1 043 758 ,93	1 070 730 247	»
Avances sur lingots et monnaies à Paris	15 000 000	»
Avances sur lingots et monnaies dans les succursales.	»	»
Avances sur titres à Paris	227 647 409	,22
Avances sur titres dans les succursales	516 125 546	»
Avances à l'État (Loi du 9 juin 1857, convention du 29 mars 1878; loi du 13 juin 1878 prorogée, loi du 17 novembre 1897 et loi du 29 décembre 1911)	200 000 000	»
Avances temporaires au Trésor public. Inondations 1910 (loi du 18 mars 1910)	4 989 900	»
Rentes de la réserve : Loi du 17 mai 1834	(a) 10 000 000	»
Rentes de la réserve : Ex-banques départementales	(b) 2 980 750	,14
Rentes disponibles	99 552 135	,37
Rentes immobilisées (loi du 9 juin 1857) (y compris les 9 125 000 de la réserve)	(c) 100 000 000	»
Hôtel et mobilier de la Banque	(d) 4 000 000	»
Immeubles des succursales	44 194 672	»
Dépenses d'administration de la Banque et des succursales	2 660 116	,20
Emploi de la réserve spéciale	(e) 8 407 391	,01
Divers	340 600 325	,35
	8 787 112 881	,78

PASSIF

Capital de la Banque	182 500 000ᶠʳ	»
Bénéfices en addition au capital (art. 8, loi du 9 juin 1857 et art. 12, loi du 17 novembre 1897)	8 006 145	,84
Réserves mobilières : Loi du 17 mai 1834	(a) 10 000 000	»
Réserves mobilières : Ex-banques départementales	(b) 2 980 750	,14
Réserves mobilières : Loi du 9 juin 1857	(c) 9 125 000	»
Réserve immobilière de la Banque	(d) 4 000 000	»
Réserve spéciale	(e) 8 407 414	,16
Billets au porteur en circulation (Banque et succursales)	6 683 184 785	»
Arrérages de valeurs transférées ou déposées	24 241 589	,59
Billets à ordre et récépissés payables à Paris et dans les succursales	3 577 698	,97
Compte courant du Trésor	382 561 817	,005

Comptes courants et Comptes de dépôts de fonds à Paris	818 831 314 ,425
Comptes courants et Comptes de dépôts de fonds dans les succursales	128 740 547 »
Dividendes à payer	4 659 883 ,11
Escomptes et intérêts divers à Paris et dans les succursales	12 483 344 ,20
Réescompte du dernier semestre à Paris et dans les succursales	4 703 050 »
Divers	499 109 512 ,34
	8 787 112 881 ,78

Ainsi, l'encaisse métallique de la Banque avait été considérablement renforcée pendant les sept premiers mois de l'exercice 1914 : elle s'élevait à 4 766 millions, dont 4 141 millions en or et 625 millions en argent. En outre, le compte rendu de l'exercice 1914 fait remarquer que la France possédait, le 31 décembre 1914, des réserves d'or individuelles considérables et que la Banque avait à l'étranger des disponibilités importantes.

En 1911, à l'occasion des débats parlementaires qui se sont achevés par le maintien du privilège jusqu'en 1920, la Banque de France a conclu avec l'État une première convention par laquelle elle s'engageait à lui verser une somme de 2 900 millions, « dans le cas où le gouvernement aurait recours à des mesures de mobilisation générale ». Cette convention signée par MM. Klotz, ministre des Finances, et G. Pallain, gouverneur de la Banque, le 11 novembre 1911, est restée secrète jusqu'au mois de décembre 1914, date à laquelle elle a été publiée par M. Ribot dans son exposé financier du projet de loi « portant ouverture des crédits applicables au premier semestre 1915 ».

Depuis 1911, la Banque suivait avec attention les moindres indices par lesquels se manifestait en Allemagne la préparation financière de la guerre : elle répondait aux efforts de nos ennemis par un redoublement de vigilance. Sachant qu'elle devait assurer son concours à la Trésorerie dès l'heure de la mobilisation, elle avait donné d'avance à ses succursales les instructions les plus précises. L'exécution en a été remarquable : partout, sans le moindre incident ni retard, les sommes prévues ont été versées au lieu indiqué pour la mise en route de toutes les unités.

Prévoyant, d'autre part, la crise monétaire que déchaînerait la mobilisation, la Banque avait préparé un stock d'un milliard et demi de billets de 20 francs et de 5 francs, qui ont suffi, après une gêne de quelques jours, à écarter tout embarras. Toutes les mesures avaient été prises pour que l'émission pût se faire dans le plus court délai. Tout le territoire était approvisionné d'avance et, sur un ordre télégraphique, l'émission a commencé partout à l'heure dite.

En même temps qu'elle assurait à l'État les ressources nécessaires à la mobilisation, la Banque de France atténuait la crise du crédit qui se manifestait par le retrait des dépôts d'une clientèle inquiète et préoccupée de thésauriser. Elle ouvrait largement ses escomptes sans restrictions ni réserves aux sociétés de crédit pour leur permettre de faire face aux demandes des déposants : son portefeuille d'escompte qui s'élevait déjà à 1 554 millions, le 25 juillet 1913, atteignait successivement, au moment où la crise devint aiguë, les chiffres que voici :

27 juillet	1 583 millions.	
28 —	1 682	—
29 —	1 937	—
30 —	2 444	—
31 —	2 890	—
1er août	3 041	—
2 —	3 426	—

Les escomptes ont suivi leurs cours, sous certaines conditions, malgré le moratorium, et le portefeuille a continué à s'augmenter : après avoir passé, en une semaine, de 1 500 millions à 3 500 millions, il s'est élevé jusqu'à 4 milliards le 4 août et à 4 476 millions le 1ᵉʳ octobre 1914.

Suspendue pendant les premiers mois de la guerre, la publication des bilans hebdomadaires de la Banque de France a été reprise le 28 janvier 1915 et n'a pas été interrompue depuis. A cette date, l'encaisse de la Banque s'élevait à 4 599 millions et les disponibilités à l'étranger à 186 millions ; les effets prorogés, à 3 182 millions ; les avances à l'État, à 3 900 millions ; la circulation des billets, à 10 473 millions. Au bout de six mois de guerre, la situation était donc très satisfaisante.

La dette de l'État, d'une part, et la prorogation des effets de commerce de l'autre, ont obligé à recourir au cours forcé des billets, comme en 1870. Mais cette mesure n'a apporté, cette fois, aucun trouble dans les relations commerciales, pas même dans les transactions avec l'étranger. Il n'en est pas moins vrai que le cours forcé ne saurait se maintenir pendant une période trop étendue et que, dans l'intérêt de la Banque et dans l'intérêt du public, il conviendra d'y mettre un terme dans un délai moins éloigné que par le passé. Le crédit du billet, qui est indiscutable, ne doit pas être mis à une trop longue épreuve.

C'est dans ce dessein que le ministre des Finances a eu la sagesse de prendre, au nom de l'État, l'engagement de rembourser la Banque « dans le plus court délai possible, soit au moyen des ressources ordinaires du budget, soit par les premiers emprunts, soit sur les autres ressources extraordinaires dont il pourra disposer ». Une année après la cessation des hostilités, le renouvellement des bons du Trésor, remis à la Banque au fur et à mesure de ses avances, s'effectuera au taux de 3 p. 100, mais ce complément d'intérêts ne sera pas compris dans les bénéfices susceptibles d'être distribués aux actionnaires ; il sera affecté à un compte spécial de réserve destiné à couvrir les pertes qui pourraient se produire sur le recouvrement du portefeuille commercial de la Banque immobilisé par la prorogation des échéances.

D'autre part, M. Ribot s'est efforcé par d'heureuses formes d'emprunt, dont nous parlerons plus loin, de modérer les prélèvements du Trésor à la Banque de France. Il a procédé à des émissions de bons et d'obligations de la Défense nationale dont le succès s'est affirmé avec éclat. Les souscripteurs ont eu l'avantage de faire un placement de premier ordre et de remplir un devoir patriotique. Ils ont aidé le ministre des Finances à subvenir aux charges énormes d'une guerre sans précédent et augmenté les facilités de crédit de la Banque de France, en diminuant ses émissions de billets. Les anciens et nouveaux clients de la Banque, dont les dépôts en comptes courants dépassent une moyenne de 2 milliards, contribuent à leur tour à restreindre la circulation..Enfin la confiance universelle qu'a su mériter la Banque de France, par sa politique si favorable aux intérêts généraux du pays, garantit la solidité de son crédit peut-être encore plus que ses réserves métalliques.

Le gouverneur de la Banque de France, M. Georges Pallain, s'exprimait en ces termes devant l'assemblée générale des actionnaires du 28 janvier 1915 :

La Banque de France, aujourd'hui comme hier, dispose d'un crédit propre et personnel, capable de coopérer au salut du pays : justifiant une fois de plus l'appellation nationale qu'elle a reçue de ses illustres fondateurs, elle peut élever son patriotisme à la hauteur de toutes les circonstances et de toutes les difficultés ; son crédit s'impose bien au delà de nos frontières. Elle le doit, Messieurs, nous avons bien le droit de le proclamer, à la sagesse et à la fermeté de ses Conseils qui, dans tous les temps et au milieu des crises les plus redoutables, ont su maintenir hors de toute atteinte les maximes fondamentales de son institution ; elle le doit à ce sentiment qui, depuis un siècle, n'a cessé de dominer ses délibérations et ses actes : le sentiment de sa responsabilité et de son indépendance.

On ne saurait trop applaudir ces éloquentes déclarations. Pendant toute la durée des hostilités, la Banque de France n'a cessé d'être à la hauteur de sa tâche et de ses devoirs : elle peut envisager l'avenir sans la moindre appréhension.

La popularité de la Banque n'a cessé d'ailleurs de grandir et l'opinion publique lui accorde la plus entière confiance. Il a suffi d'un appel du ministre des Finances au patriotisme de la nation pour faire affluer dans les caisses de la Banque des sommes considérables d'or conservé par les épargnants de toute catégorie, petits et gros, hommes et enfants, industriels ou rentiers. Sans aucune pression et par voie de simple avis, les citoyens des moindres villages n'ont pas hésité à échanger leur or pour des billets de la Banque de France qui, à leurs yeux, possèdent la même valeur. Les versements d'or du public dépassaient déjà 850 millions à la fin de septembre 1914.

CHAPITRE IX

La gestion des finances publiques
pendant la guerre.

La situation financière au moment de la déclaration de
guerre. — La réunion du Parlement; les projets de loi votés le
4 août. — Le nouveau ministre des Finances; son œuvre. — Les
moyens de Trésorerie. — Les bons de la Défense nationale. —
La réorganisation des Trésoreries générales. — Les obligations
de la Défense nationale. — Le nouveau service des émissions
de la Défense nationale.

Quelle était notre situation financière au moment
de la déclaration de guerre? Rappelons que le budget
de 1914 comportait un total de dépenses ordinaires de
5 191 millions, sans compter les dépenses, mises à
part, de l'occupation militaire du Maroc, évaluées à
231 millions. En ce qui touche les engagements de
dépenses extraordinaires du ministre de la Guerre, ils
avaient été fixés à 300 millions pour l'exercice 1913
et à 487 millions pour l'exercice 1914; les dépenses de
la Marine pouvaient, en outre, atteindre, pour ce dernier exercice, la somme de 128 millions. Quant aux
recettes, elles n'avaient pu être évaluées, avec beaucoup d'optimisme, qu'au total de 4 781 millions et,
afin de les équilibrer sur le papier avec les dépenses,
on y avait ajouté un complément de 410 millions de
ressources dites exceptionnelles.

En ajoutant aux 410 millions de déficit du budget ordinaire de 1914 le compte spécial des dépenses du Maroc et les dépenses extraordinaires de la Guerre et de la Marine, on arrivait donc à un total de 1 256 millions d'écart entre les recettes et les dépenses, lequel n'aurait pu être comblé que par l'emprunt de 1 300 millions proposé par le Cabinet Barthou. L'ajournement de cet emprunt avait eu pour résultat d'obliger le ministère des Finances à placer, jusqu'à la date du 30 avril 1914, pour 572 millions de bons du Trésor. Après les élections générales, le Cabinet Viviani avait dû enfin décider un emprunt de 805 millions en rentes 3 1/2 amortissables en vingt-cinq ans et qui fut émis le 7 juillet 1914.

Le 31 juillet, le montant de la dette flottante s'élevait à 1 608 millions, comprenant 427 millions de bons du Trésor en circulation; l'encaisse du Trésor, un peu augmentée par l'émission de l'emprunt du 7 juillet, était de 430 millions environ, en y comprenant l'avance permanente de 200 millions de la Banque de France.

Nos ressources financières et économiques étaient toutefois, au début de la guerre, bien plus grandes que ne le supposaient nos ennemis. Pendant que les pouvoirs publics se livraient à des dépenses excessives, la France continuait à s'enrichir par son travail et ses économies. Notre commerce extérieur accusait une augmentation de 173 millions pendant les sept premiers mois de l'année 1914 par rapport à la même période de 1913, et le produit des impôts dépassait de 74 millions, dès le 30 juin 1914, les évaluations de nos recettes budgétaires. Malgré la crise de confiance qui s'était traduite par des envois importants de capitaux en Angleterre, en Belgique et en Suisse, les

dépôts de nos principales banques atteignaient près de
6 milliards quelques semaines avant le début des hostilités. Enfin et surtout la Banque de France qui,
seule, avait prévu la guerre, était dans une situation
très prospère : nous avons expliqué dans le chapitre
précédent que son encaisse or dépassait 4 141 millions, alors que l'encaisse de la *Reichsbank* n'atteignait, à la même date, que 1 566 millions en or et
celle de la Banque d'Angleterre, 953 millions. La
circulation des billets de la Banque de France était
déjà de 6 683 millions, mais elle était largement
garantie par les réserves métalliques dont nous venons
de parler, par son portefeuille qui était de 2 444 millions et par ses avances sur titres qui atteignaient
743 millions.

LA RÉUNION DU PARLEMENT

Le Parlement se réunit le 4 août. Dans une séance
impressionnante, il vota à l'unanimité dix-huit projets
de loi destinés à accorder au gouvernement des pouvoirs beaucoup plus étendus : notamment « de prendre,
dans l'intérêt général, par décret en Conseil des
ministres, toutes les mesures nécessaires pour faciliter
l'exécution ou suspendre les effets des obligations
civiles ou commerciales » ; d'ouvrir provisoirement, et
pendant la prorogation des Chambres, « tous les crédits supplémentaires et extraordinaires nécessaires aux
besoins de la défense nationale, par des décrets rendus
en Conseil d'État, après avoir été délibérés et approuvés en Conseil des ministres ». Une troisième loi
autorisait la Banque de France à élever le chiffre de
ses émissions de 6 800 millions à 12 milliards. Par
contre, les billets de la Banque bénéficiaient du cours

forcé. Enfin la même loi approuvait une convention conclue en 1911, pendant la crise d'Agadir, et aux termes de laquelle la Banque de France s'obligeait à verser au Gouvernement la somme de 2 900 millions au fur et à mesure de ses besoins, à partir de la mobilisation générale; les avances réalisées « devaient être représentées dans le portefeuille de la Banque par des bons du Trésor à trois mois d'échéance et renouvelables, au taux de 1 p. 100 l'an ».

Sauf cette dernière convention signée par M. Klotz, ministre des Finances, et M. Georges Pallain, gouverneur de la Banque de France, le 11 novembre 1911, toutes les mesures financières et autres destinées à permettre à notre pays de défendre son honneur et ses droits, ont dû par conséquent être improvisées au lendemain même du décret de mobilisation. Pour excuser cette imprévoyance, on a répété qu'elle démontrait notre ferme dessein de maintenir la paix en Europe; mais le maintien de la paix dépendait surtout de la volonté de nos ennemis.

Non seulement nous n'avions pas envisagé, en vue d'un conflit, une mobilisation financière et économique indispensable, mais notre Parlement n'avait jamais voulu consentir à discuter un projet d'organisation des pouvoirs publics en temps de guerre. C'est en vain qu'il avait été sollicité, à diverses reprises et sur l'initiative de plusieurs de ses membres, de combler les lacunes de la Constitution, en décidant, par exemple, qu'une commission peu nombreuse de sénateurs et de députés pourrait légiférer, aux lieu et place des deux Chambres, pendant la durée des hostilités. On avait craint de soulever des discussions périlleuses en examinant un problème aussi délicat. Et comme, d'autre part, il pouvait devenir difficile de faire siéger en permanence un Parlement, qui, d'ailleurs, ne serait pas au complet, il avait bien fallu recourir à l'expédient qui consistait à remplacer les Chambres par le Conseil d'État et par le Conseil des ministres.

En vertu des pouvoirs nouveaux qui lui étaient accordés en matière de crédits supplémentaires et extraordinaires[1], le ministre des Finances présenta, le 13 août 1914, à la signature du Président de la République un premier décret « portant ouverture aux ministres des Finances, des Affaires étrangères, de l'Intérieur, de la Guerre et de la Marine, au titre du budget de l'exercice 1914, de crédits supplémentaires ou extraordinaires s'élevant à la somme totale de 2 753 955 866 francs », dont 2 686 millions étaient affectés aux dépenses de la guerre. Ces crédits devaient être couverts par les ressources générales du Trésor, c'est-à-dire, en fait, par un emprunt à la Banque de France.

Le gouvernement n'avait pas le moyen de recourir à d'autres procédés de Trésorerie. Il était absorbé, depuis le 1ᵉʳ août, par la préoccupation des événements militaires dont la gravité devait d'ailleurs

---

1. L'article unique de la loi du 5 août 1914 avait en effet pour objet de compléter comme suit l'article 5 de la loi du 14 décembre 1879 sur les crédits extraordinaires à ouvrir par décrets pendant la prorogation des Chambres. Il est ainsi conçu :

« Toutefois, en cas de mobilisation et jusqu'à la cessation des hostilités, les crédits supplémentaires et extraordinaires nécessaires aux besoins de la défense nationale, même s'ils correspondent à des services autres que ceux visés au premier alinéa du présent article ou s'ils sont destinés à la création d'un service nouveau, pourront, en cas d'absence des Chambres, être ouverts provisoirement par des décrets rendus en Conseil d'État, après avoir été délibérés et approuvés en Conseil des Ministres.

« Ces décrets indiqueront les voies et moyens qui seront affectés aux crédits demandés et autoriseront, s'il y a lieu, la création et la réalisation des ressources extraordinaires nécessaires. Ils devront être soumis à la sanction du pouvoir législatif dans la quinzaine de la plus prochaine réunion des Chambres. »

l'obliger à se transformer lui-même. Dès l'ouverture des hostilités, M. René Viviani avait songé à élargir le cabinet, mais l'hostilité qu'il avait rencontrée dans les groupes radicaux et socialistes ne lui avait pas permis de réaliser tout d'abord son dessein. Il s'était borné, le 3 août, à conserver la Présidence du Conseil sans portefeuille et à choisir, pour ministre des Affaires étrangères, M. Gaston Doumergue; en outre, M. Augagneur, ministre de l'Instruction publique, avait été nommé ministre de la Marine, en remplacement de M. Gauthier, démissionnaire pour raison de santé; M. Albert Sarraut, gouverneur général de l'Indo-Chine, avait été nommé ministre de l'Instruction publique. On avait pensé que l'union serait plus aisée à maintenir dans le Parlement, au cours de la séance du 4 août, si aucun changement d'ordre politique n'était ainsi opéré dans le cabinet : l'opposition n'y ferait aucun obstacle et la majorité se tiendrait pour satisfaite.

Il était toutefois beaucoup plus indiqué de fortifier, à ce moment-là, l'action du gouvernement, en remplaçant un cabinet de parti par un cabinet de pure défense nationale. Mais après l'insuccès de nos efforts pour arrêter l'invasion allemande, l'hésitation n'était plus permise : l'issue de la bataille de Charleroi, qui dura du 22 au 25 août, contraignit ceux-là mêmes qui s'étaient opposés à un changement ministériel à faire appel à la collaboration des partis voisins. Le cabinet du 26 août 1914, préparé depuis plusieurs jours avec une certaine difficulté, était composé de la manière que voici :

MM. René Viviani, Président du Conseil;
     Aristide Briand, ministre de la Justice;
     Delcassé, ministre des Affaires étrangères;

MM. Malvy, ministre de l'Intérieur ;
A. Millerand, ministre de la Guerre ;
A. Ribot, ministre des Finances ;
Augagneur, ministre de la Marine ;
Marcel Sembat, ministre des Travaux publics ;
Albert Sarraut, ministre de l'Instruction publique et des Beaux-Arts ;
Thomson, ministre du Commerce, de l'Industrie, des Postes et des Télégraphes ;
Gaston Doumergue, ministre des Colonies ;
Fernand David, ministre de l'Agriculture ;
Bienvenu-Martin, ministre du Travail et de la Prévoyance sociale ;
Jules Guesde, ministre sans portefeuille.

Deux jours après, le *Journal officiel* annonçait les nominations de M. Albert Ferry au Sous-Secrétariat des Affaires étrangères ; de M. Jacquier au Sous-Secrétariat de l'Intérieur et de M. Dalimier au Sous-Secrétariat des Beaux-Arts.

L'opinion publique put s'étonner, il est vrai, de ne pas voir figurer dans ce cabinet M. Léon Bourgeois, M. Louis Barthou et M. Denys Cochin dont les noms avaient été prononcés à diverses reprises et dont la présence au Conseil des ministres aurait donné plus de force et d'autorité à la nouvelle combinaison.

LE NOUVEAU MINISTRE DES FINANCES

M. Alexandre Ribot, désigné, par sa haute compétence, pour le ministère des Finances, recueillait ainsi l'une des plus lourdes charges du gouvernement. Il avait occupé cette même fonction en 1895 ; mais,

depuis vingt années, que de changements s'étaient
accomplis dans la vaste administration qu'il allait
diriger de nouveau et que de transformations plus
grandes encore devaient s'y opérer pendant la guerre
la plus formidable et la plus coûteuse que le monde ait
jamais connue! Il est vrai que si M. Ribot avait cessé
d'exercer le pouvoir, il avait continué à étudier et à
discuter les finances publiques avec la même vigilance
et avec une indépendance encore plus absolue; du
haut de la tribune du Palais-Bourbon ou de celle du
Luxembourg, il avait donné à ses successeurs les avis
les plus autorisés et les plus fermes. Dans l'année qui
a précédé la guerre, il avait, on le sait, prononcé, au
Sénat, des discours d'une admirable lucidité sur
l'état de nos finances, sur les dangers auxquels on
s'exposait en se refusant à établir des budgets en
équilibre et en ne se hâtant point d'alléger la dette
flottante par un emprunt immédiat. Dans combien
d'autres circonstances, depuis trente-sept années
qu'il illustrait la tribune française par sa parole vigoureuse et claire, M. Ribot n'avait-t-il pas expliqué au
Parlement et au pays ce que devaient être les finances
françaises pour faire face aux besoins grandissants
de la solidarité sociale et de la défense nationale?

On s'est souvent étonné qu'un orateur, même aussi
bien doué que ce grand ministre des Finances, puisse
parler avec tant de netteté et sur des sujets parfois
aussi variés, sans qu'il soit possible de relever dans
les discours qu'il improvise les moindres erreurs ou
les moindres embarras. C'est très simple : M. Ribot
s'intéresse avec passion à tous les grands problèmes
politiques et sociaux de notre époque; il ne fait autre
chose, depuis la guerre de 1870-71, que les étudier et
il se rend toujours compte, ne serait-ce que par les

conversations qu'il engage avec tant de bonne grâce avec ceux qui ne pensent pas toujours comme lui, de la difficulté de les résoudre avec équité. Il aime par-dessus tout le travail et la réflexion, les discussions et les entretiens poursuivis de bonne foi. Ancien collaborateur de M. Dufaure au ministère de la Justice, ancien ministre des Affaires étrangères — il a signé, en cette qualité, le traité d'alliance Franco-Russe, — ancien Président du Conseil en 1895, président ou rapporteur des grandes Commissions du budget, de l'enseignement et de tant d'autres, il a acquis, depuis qu'il est dans les Chambres, une expérience des hommes et des grands intérêts nationaux qui ne saurait être surpassée. M. Ribot est le premier des orateurs politiques de l'Europe et celui, à coup sûr, dont les connaissances sont le plus étendues. Il a rédigé des rapports et prononcé des discours qui sont des modèles de clairvoyance. En toute matière, il a affirmé sa haute compétence et sa supériorité.

Loin de rechercher le pouvoir, M. Ribot semblait vouloir s'en écarter et il l'a d'ailleurs souvent refusé, depuis 1895, parce qu'il ne croyait pas pouvoir l'exercer selon ses vues. Il conservait dans les Chambres une attitude indépendante et se mettait à l'écart des luttes de parti, remplissant ainsi, croyait-il, un rôle plus utile et plus désintéressé. Il a attaché son nom aux grandes réformes sociales sur les habitations à bon marché, sur le bien de famille, sur l'assistance aux vieillards, sur les retraites ouvrières. Son activité ne s'est jamais ralentie : assidu à toutes les tâches que ses devoirs lui imposaient, il ne manquait aucune des séances de l'Académie française et de l'Académie des Sciences morales et politiques, où il est entouré de l'estime affectueuse de tous ses collègues, et, quand il sortait de l'Institut, c'était pour se rendre au Sénat ou pour présider une œuvre d'intérêt social. En toute circonstance où il croyait pouvoir servir un intérêt public, il n'hésitait jamais à remplir son devoir avec une modestie et un dévouement admirables, sans songer aux fatigues d'une vie aussi laborieuse et aussi longue. Il est vrai qu'on ne s'aperçoit guère, en s'entretenant avec M. Ribot, qu'il a presque atteint l'âge qu'avait M. Thiers en 1871. Mais on ne s'apercevait pas non plus de l'âge de M. Thiers, quand il libérait le territoire, reconstituait l'armée et rétablissait le crédit de la France.

En acceptant par devoir le ministère des Finances dans la soirée du 26 août 1914, M. Ribot connaissait mieux que personne les difficultés de la tâche qu'il assumait et le labeur immense qu'il aurait à accomplir. Quelques jours plus tard, le 2 septembre, il devait quitter Paris, avec le gouvernement, pour se rendre à Bordeaux : son ministère s'installait à la hâte, place d'Aquitaine, dans les bâtiments trop étroits de la Faculté de médecine et de pharmacie, et la plupart de ses services avaient dû se disperser dans d'autres locaux. M. Ribot occupait, au rez-de-chaussée, le cabinet du doyen, au milieu de livres et de dossiers qui n'avaient aucun rapport avec les finances et qui, sans doute, lui rappelaient, dans ces circonstances tragiques, ceux de son fils, chef d'une ambulance militaire aux armées du Nord. Accoutumé à travailler avec ordre et méthode, il se rendait très régulièrement à son cabinet à huit heures du matin et il achevait de préparer l'exposé des projets qu'il devait soumettre au Conseil des ministres, tenu tous les jours à dix heures. Les séances du Conseil étaient parfois très longues : M. Ribot prenait à peine le temps de déjeuner pour revenir à deux heures de l'après-midi au ministère où il commençait à recevoir des visites qui se prolongeaient jusqu'à cinq et six heures du soir, et il achevait sa journée en travaillant, jusqu'à huit heures, avec ses chefs de service.

La même tâche quotidienne recommençait le lendemain et tous les jours de la semaine, sans trêve ni repos ; les audiences succédaient aux audiences dans cette grande administration où le ministre devait nécessairement discuter, à une époque si difficile, les plus graves intérêts publics et privés. Le Gouverneur de la Banque de France, le Gouverneur du Crédit Foncier, la Chambre syndicale des agents de change de Paris et les directeurs des principaux établissements de crédit avaient suivi, à Bordeaux, les membres du gouvernement ; il était indispensable de s'entendre avec eux, de leur donner des avis. Avec la meilleure grâce du monde, mais avec une courtoise fermeté, M. Ribot leur faisait comprendre que, en temps de guerre, les intérêts de la défense nationale devaient dominer tous les autres : il est juste de reconnaître qu'il trouvait auprès de M. Georges Pallain, gouverneur de la Banque de France, et auprès du syndic des agents de change, M. Rochet, le concours le plus empressé et le plus loyal. D'autres personnalités du monde financier et industriel semblaient, par contre, s'étonner du langage nouveau qui sortait de la bouche du ministre et plusieurs déclaraient, avec une sorte de naïveté, que M. Ribot n'était qu'un théoricien, ne comprenant point les « affaires », ce qui signifiait simplement que M. Ribot n'avait pas obéi à toutes leurs sollicitations.

Au lieu d'accorder tout ce qu'on lui demandait, le ministre demandait à réfléchir et, avant de prendre parti, il tenait à s'assurer que ses décisions seraient conformes à l'intérêt public. D'une probité indiscutée et d'un désintéressement à toute épreuve, il tenait à rester l'homme de ses hautes fonctions et non le serviteur des intérêts particuliers.

Les décisions prises par le ministre des Finances du 27 août au 22 décembre 1914, date de la convocation des Chambres en session extraordinaire, nous semblent inattaquables. Les plus délicates, celles qui touchent le monde des affaires, la Bourse et les établissements de crédit, sont à l'abri de toute critique sérieuse. Sans songer à modifier sans délai et de fond en comble le régime trop rigoureux des moratoria, M. Ribot s'est appliqué à l'améliorer et à le rendre plus souple. Par un premier décret du 29 août 1914, les échéances des valeurs négociables ont été de nouveau prorogées; « la délivrance des dépôts-espèces et des soldes créditeurs dans les banques et les établissements de crédit » a continué à bénéficier de la même faveur. Mais ces prorogations facultatives offraient toutefois des avantages nouveaux aux porteurs de valeurs négociables et aux déposants : les effets de commerce moratoriés étaient passibles d'un intérêt de 5 p. 100 et les dépôts d'un intérêt de 3 p. 100. Si les échéances des valeurs négociables ont été prorogées par des décrets ultérieurs, les mesures temporaires de protection prises à l'égard des dépôts ont été successivement élargies : d'abord limités à 250 francs et 5 p. 100 du surplus, les remboursements obligatoires ont été portés à 1 000 francs et à 50 p. 100 ou 75 p. 100 du surplus, selon qu'il s'agissait de sommes réclamées par des particuliers pour leurs besoins personnels ou par des commerçants et des industriels pour les nécessités de leurs affaires.

Ce qui démontre combien ces décisions étaient prévoyantes, c'est le résultat qu'elles ont donné : du 1ᵉʳ octobre au 10 décembre 1914, le portefeuille de la Banque de France s'est allégé de 600 millions d'effets de commerce que leurs débiteurs ont retirés, parce qu'ils aimaient mieux se libérer que de subir des intérêts moratoires de 5 p. 100; les sociétés de crédit ont fait à leur tour des efforts pour diminuer leurs dettes et toutes ont annoncé qu'elles renonçaient, à partir du 1ᵉʳ janvier 1915, au bénéfice du moratorium.

De même, en ce qui touche la Bourse de Paris, M. Ribot ne pouvait agir qu'avec beaucoup de prudence. L'ajournement de la liquidation du 31 juillet avait eu pour effet d'immobiliser des capitaux s'élevant à 500 millions environ. Ces capitaux étaient représentés, il est vrai, par des titres de premier ordre reçus en nantissement par les reporteurs. Pour en dégager au moins une partie, M. Ribot a poursuivi des négociations assez longues et difficiles avec le Gouverneur de la Banque de France et le Syndic des agents de change : il est parvenu à obtenir de la Banque une avance de 40 p. 100 en faveur des reporteurs en échange du dépôt provisoire des titres et de la signature des agents de change. Dès que les événements l'ont permis, il a ensuite autorisé la réouverture du marché au comptant, et des transactions nécessaires ont pu se rétablir depuis le 7 décembre 1914 à la Bourse de Paris. Enfin, comme on l'a vu plus haut, dans notre chapitre sur la Bourse de Paris, le ministre des Finances a réussi à faire procéder à une première liquidation des marchés à terme le 30 septembre 1915.

Pour faire face à tous les besoins d'une Trésorerie surchargée et trouver les ressources nécessaires à la défense nationale, le ministre des Finances ne pouvait pas émettre un grand emprunt de guerre : les intermédiaires habituels d'une vaste opération de crédit auraient été incapables d'attirer le public à leurs guichets; les banques, désemparées par les événements, étaient sans prestige; les trésoriers-payeurs généraux avaient perdu leur ancienne clientèle; enfin l'émission de 800 millions de rentes 3 1/2 n'était point classée et les versements n'avaient atteint, au commencement de septembre, que 380 millions.

Il fallait donc, avant de songer à contracter un nouvel emprunt, liquider celui du 7 juillet. Par un premier décret du 11 septembre 1914, M. Ribot a décidé « de faciliter la libération des souscripteurs en leur fournissant le moyen de négocier leurs certificats à un taux qui ne soit pas trop défavorable ». Le procédé le plus simple et le plus pratique lui semblait être de donner aux porteurs de certificats libérés en temps utile « la promesse que ces certificats seraient admis au taux de l'émission, c'est-à-dire à 91 francs, pour la libération des souscriptions de rentes ou d'obligations à court terme que le Trésor serait conduit à émettre dans un avenir prochain ».

Il restait, toutefois, sur le marché de la Bourse, au mois de décembre, un certain nombre de certificats que les vendeurs et les acheteurs à terme n'avaient pu encore libérer. Pour dégager le marché et faire rentrer au Trésor les sommes qui lui étaient dues, M. Ribot a demandé alors à la Banque de France, qui y a consenti, « de se charger de libérer ces certificats au moyen d'une avance faite à leurs détenteurs ».

Mais l'emprunt même réalisé de 800 millions ne pouvait fournir qu'un appoint à notre Trésorerie. Le concours le plus important devait être demandé à la Banque de France : les avances consenties par elle à l'État se sont élevées, du mois d'août au 10 décembre 1914, à 3 600 millions ; la Banque s'est engagée, en outre, par la convention du 21 septembre 1914, à mettre à la disposition de l'État, en sus des 2 900 millions prévus par la convention de 1911, une somme de 3 100 millions, soit une avance totale de 6 milliards.

M. Ribot a vite compris que, s'il ne ménageait pas le crédit de la Banque de France, il provoquerait un accroissement de circulation qui pourrait déprécier le billet de banque. Pour empêcher cette circulation de dépasser certaines limites, il fallait donc trouver le moyen de faire rentrer à la Banque les billets qui en étaient sortis pour les besoins de l'État. Dès le commencement de septembre 1914, le ministre des Finances s'était arrêté à la plus ingénieuse des combinaisons : il offrait une prime de 5 p. 100, payable d'avance, à tous ceux qui verseraient leurs billets de banque dans les caisses du Trésor et, en échange, ceux-ci recevraient un bon de la Défense nationale, remboursable à trois, six ou douze mois à leur volonté. Le décret du 13 septembre 1914 relatif à l'émission des « Bons de la Défense nationale » était précédé d'un rapport au Président de la République dont voici le texte :

LES BONS DE LA DÉFENSE NATIONALE

Le montant des bons du Trésor en circulation ne dépasse pas en ce moment 350 millions de francs. Il est donc très au-dessous du chiffre qu'il pourrait atteindre.

Le Trésor a besoin de ressources et il ne peut les demander uniquement à la Banque de France. Aussi nous paraît-il opportun de faire appel au public pour le placement d'une partie au moins des bons que nous sommes autorisés à émettre. Cela implique un changement dans les habitudes et les procédés de notre trésorerie. Les bons du Trésor ont été jusqu'à ce jour réservés en fait à une clientèle restreinte composée surtout d'établissements de crédit, de banques, de Chambres de Commerce, etc. Les ressources de ces établissements étant, pour la plus forte part, immobilisées dans les circonstances actuelles, nous ne pouvons pas, pour l'instant, nous adresser à eux.

D'autre part, il serait bon que le Trésor, qui avait autrefois sa clientèle à lui par l'entremise des trésoriers généraux, reprît peu à peu le contact avec elle et s'appliquât même à l'étendre en mettant les bons du Trésor à la portée du public.

Deux mesures sont à prendre pour arriver à ce résultat : 1° émettre des bons d'un chiffre peu élevé; 2° assurer leur placement par l'intermédiaire des comptables directs du Trésor, des receveurs des administrations financières et des receveurs des postes.

Nous pouvons espérer que, malgré les difficultés de l'heure présente, un grand nombre de nos compatriotes auront à cœur de contribuer, dans la mesure de leurs ressources, à la défense nationale, en prenant des bons du Trésor dans des conditions d'ailleurs avantageuses.

Les bons mis à la disposition du public seront de 100, 500 et 1 000 francs.

Ils auront une durée de 3 mois, 6 mois ou 1 an.

L'intérêt, qui sera fixé par une décision du ministre des finances, sera déduit du montant du versement à faire par le preneur.

Nous vous proposons de décider que les bons émis pendant la durée des hostilités porteront la mention : « Bons de la défense nationale » et seront admis au pair pour la libération des souscriptions à tous emprunts futurs, avec droit de préférence pour les souscripteurs à concurrence du montant des bons qu'ils remettront au Trésor.

L'idée excellente de M. Ribot se heurtait toutefois à de sérieuses difficultés d'application. Le ministère des Finances n'était pas organisé pour procéder à des émissions de cette nature et son personnel se trouvait

réduit de moitié depuis la mobilisation. En outre la Caisse centrale du Trésor, qui devait être chargée de ce service, était nécessairement restée à Paris, tandis que les autres directions du ministère des Finances, et notamment celle du mouvement général des fonds, avaient été transférées à Bordeaux. Enfin les communications entre Paris et Bordeaux, et surtout entre Bordeaux et les diverses trésoreries générales, étaient d'une extrême lenteur.

Depuis le début des hostilités, la Caisse centrale avait vu s'accroître sa besogne quotidienne dans des proportions considérables. Les dépenses extraordinaires du ministère de la Guerre et du gouvernement militaire de Paris, le règlement des bons de réquisition, les délégations de paiement données aux familles des officiers et tant d'autres charges nouvelles, avaient contribué à étendre les attributions déjà énormes d'un service aussi lourd. Pour donner une idée de son importance, il suffira de rappeler que, pendant la première semaine de septembre et alors que l'ennemi était à quarante kilomètres de Paris, la Caisse centrale a dû payer le trimestre de 33 000 pensions civiles et militaires, dont les titres étaient présentés par des parents ou des amis, munis d'autorisations plus ou moins régulières et qui voulaient être payés sans retard : on est parvenu, il est vrai, à les payer tous et en quelques jours, mais en faisant observer aux intéressés qu'on ne pouvait pas les payer tous à la fois et en les exhortant à la patience. Ajoutons que, sur quatre cents employés de la Caisse centrale, deux cents étaient mobilisés, en sorte qu'une besogne double ou triple devait être faite par un personnel diminué de moitié et dont les éléments les plus actifs étaient partis pour la frontière.

C'est dans ces conditions que la Caisse centrale devait assurer par ses propres moyens le service des bons de la défense nationale qui venait ainsi s'ajouter aux autres. Il a donc fallu établir une permanence de jour et de nuit des agents restés à leur poste et réquisitionner des auxiliaires des deux sexes pour organiser l'expédition et le contrôle des Bons. La Caisse centrale recevait, alors, outre les souscriptions des Parisiens qui se présentaient à ses guichets, toutes celles qui avaient été centralisées, dans chaque département, par les trésoriers généraux. Les formules étaient parfois signées de noms presque illisibles et les états récapitulatifs étaient rédigés à la hâte par des employés que les Trésoreries générales, privées à leur tour d'une partie de leur personnel, avaient dû embaucher sans délai.

Les titres définitifs, à peine sortis des ateliers de l'Imprimerie nationale, désorganisés par la mobilisation, devaient être alors revêtus de deux signatures et estampillés d'un double timbre sec, ce qui était déjà une opération assez longue. Mais il fallait ensuite, ce qui devenait beaucoup plus compliqué, remplir les bons, les dater, fixer les échéances, etc. Et, comme il existait dix-huit formules différentes des bons — bons à trois mois, à six mois et à un an; bons de 100, de 500 et de 1 000 francs; bons au porteur et bons à ordre — le travail était nécessairement lent et difficile. Et lorsqu'il était achevé, on devait faire expédier, de la Caisse centrale aux Trésoreries générales, les bons destinés aux souscripteurs de chaque département. Enfin, chaque Trésorerie départementale envoyait les bons définitifs aux divers agents comptables qui avaient recueilli des souscriptions.

Telle a été la cause des retards dans la délivrance

des bons à leurs légitimes propriétaires, retards qui ont provoqué au début, parmi les souscripteurs, des plaintes légitimes. Le ministre des Finances dut quitter Bordeaux au mois d'octobre pour faire cesser ces réclamations, en réorganisant le service des Bons. Au lieu de les faire remplir par la Caisse centrale, M. Ribot décida que les trésoreries générales se chargeraient de ce soin et recevraient d'avance le nombre de bons aux formules diverses dont ils pourraient avoir besoin. Grâce à cette décentralisation, le service est devenu beaucoup plus rapide : les Trésoreries générales remplissaient elles-mêmes les bons qui leur étaient réclamés soit dans leurs bureaux, soit par les divers comptables qui avaient recueilli des souscriptions ; la Caisse centrale se bornait, d'autre part, à expédier aux trésoriers-payeurs généraux les bons qui leur étaient nécessaires et à remettre elle-même aux souscripteurs de ses propres guichets les titres qu'elle avait directement placés.

Mais les bons de la défense nationale n'étant remboursables qu'à des échéances fixes de trois, six ou douze mois, comment leur détenteurs pouvaient-ils se procurer de l'argent s'ils en avaient besoin avant la date du remboursement ? La Banque de France, qui avait elle-même un si grand intérêt au placement rapide des bons, afin de diminuer sa circulation de billets, n'hésita pas à prendre une mesure très favorable aux souscripteurs : elle décida d'escompter trois mois avant l'échéance les bons en circulation, c'est-à-dire de les rembourser purement et simplement en déduisant l'intérêt payé d'avance aux souscripteurs ; aux porteurs de bons à une échéance supérieure à trois mois, elle consentait une avance de 80 p. 100 aux taux habituels d'intérêt. Ainsi complétée et réorganisée, l'émission des bons de la défense nationale devait avoir un succès considérable : le montant des bons en circulation s'élevait déjà, le 30 juin 1915, à 5 593 036 000 francs, et, le 31 août suivant, à 6 milliards 970 millions non compris les bons placés en Angleterre et aux États-Unis.

Enfin une autre facilité a été accordée aux petits souscripteurs : des bons de 5 et de 20 francs ont été mis à leur disposition dans tous les bureaux de poste.

LA RÉORGANISATION DES TRÉSORERIES GÉNÉRALES

Au point de vue non moins intéressant des émissions futures, l'emprunt en bons de la défense nationale a permis au Trésor de se refaire une clientèle personnelle par l'entremise directe de ses agents. Les changements économiques qui se sont produits depuis le début de la guerre auront pour effet de transformer d'une manière plus ou moins sensible les conditions du crédit et les méthodes de placement de titres que les grandes banques avaient portées à un si haut degré de perfection. Il faut s'attendre à des modifications qui ne laisseront plus le marché des capitaux entre les mains des sociétés de crédit. Lorsque l'État aura besoin de contracter des emprunts, c'est-à-dire pendant de longues années où la rentrée des impôts sera insuffisante pour couvrir ses dépenses, il devra s'adresser, non plus seulement à des banquiers dont le prestige a été si ébranlé, mais à tout le monde ; il devra ouvrir les guichets de toutes ses caisses, celles des trésoriers généraux et receveurs particuliers, percepteurs, receveurs des postes et autres comptables.

M. Ribot a parfaitement compris d'ailleurs la nécessité de changer les habitudes des agents du Trésor : il leur a accordé des remises pour le service des bons de la Défense nationale et il a, d'autre part, encouragé les trésoriers-payeurs généraux à reprendre contact avec une clientèle dispersée, en leur allouant, en vertu du décret du 11 décembre 1914, « pour les dépôts versés au Trésor, des intérêts qui pourront rester en dehors des limitations d'émoluments prévues par les textes en vigueur ». En outre, le remboursement des dépôts versés par le public aux trésoreries générales est « garanti à titre subsidiaire par l'État ».

Mais ces avantages ne seront appréciés que si le personnel des trésoreries, animé d'un esprit nouveau, est capable de les faire comprendre au public. Pour attirer les dépôts, il faut savoir solliciter la clientèle, la recevoir avec courtoisie, lui fournir avec bonne grâce les renseignements qu'elle réclame ; ce sont des qualités qui ne manquent pas aux sociétés de crédit, mais qui font souvent défaut aux fonctionnaires de l'État, dont les aptitudes commerciales sont si peu développées.

On s'est appliqué, il est vrai, depuis vingt ans, à diminuer le prestige et l'autorité des trésoriers généraux ; on les a recrutés au hasard et sur la recommandation du ministère de l'Intérieur, au lieu de les choisir exclusivement dans le personnel du ministère des Finances, composé cependant d'hommes fort intelligents et qui, lassés d'être tenus à l'écart, ont fini par solliciter des situations dans les banques ou dans l'industrie. Comment s'étonner que l'État soit souvent si mal servi et par des fonctionnaires si peu aptes à leur métier ? Il a découragé bien des bonnes volontés, il a écarté des plus hauts postes, pour des raisons politiques, les hommes les plus compétents; il n'a même pas su conserver, par des sentiments de justice et d'impartialité, les concours précieux qu'il pouvait trouver parmi ses propres collaborateurs.

En prenant l'initiative des décrets des 13 septembre et 11 décembre 1914 relatifs au placement des bons de la Défense nationale et aux avances des trésoriers-payeurs généraux, M. Ribot a nettement affirmé son intention de réaliser une réforme indispensable dans les habitudes du personnel placé sous ses ordres : il est possible qu'elle s'accomplisse avec une certaine lenteur, mais, en la poursuivant avec persistance, le ministre des Finances rendra au Trésor le plus signalé des services.

LES OBLIGATIONS DE LA DÉFENSE NATIONALE

Lorsque le succès de l'émission des bons de la défense nationale a pu être assuré, le ministre des Finances s'est préoccupé de contracter des emprunts à plus long terme. La loi du 10 février 1915 l'a autorisé à émettre des obligations dites de la défense nationale, productives d'un intérêt de 5 p. 100 l'an, calculé sur le capital nominal, payable par fractions égales et d'avance les 16 février et 16 août de chaque année[1].

Ces obligations ont été émises à 96 fr. 50, sous déduction des intérêts correspondant à la période du semestre en cours non écoulée lors de la souscription. Elles sont remboursables au pair le 16 février 1925; toutefois, à partir du 16 février 1920, le Trésor aura la faculté de les rembourser à toute date et au pair,

---

1. Décret du 13 février 1915.

sauf décompte d'intérêts. Enfin ces obligations sont exemptes d'impôts pour toute leur durée.

On pouvait souscrire aux obligations nouvelles soit en numéraire, soit en certificats de rentes 3 1/2 p. 100 libérées avant le 1er février 1915, soit en bons de la défense nationale. Par ce procédé, une partie de la dette à court terme pouvait être consolidée pour une durée de cinq ou dix ans et l'emprunt désavantageux en 3 1/2 p. 100 pouvait être converti en titres produisant 5 p. 100 d'intérêt, sans compter la prime d'amortissement. Le seul inconvénient de cette nouvelle forme d'emprunt était de ne pas permettre tout de suite une inscription à la cote officielle de la Bourse. Mais les souscripteurs pouvaient, en attendant, obtenir des avances de la Banque de France au taux habituel et dans les proportions ordinaires. D'autre part, si les emprunts futurs étaient encore plus avantageux, ces souscripteurs auraient un droit de préférence au moment des nouvelles émissions en rentes perpétuelles.

Les souscriptions qui s'élevaient, le 30 juin 1915, en capital nominal, à 2 milliards et demi, ont rapidement dépassé, au mois d'août suivant, le troisième milliard.

LE NOUVEAU SERVICE DES ÉMISSIONS DE LA DÉFENSE NATIONALE

L'importance du service des émissions de la Défense nationale a, d'ailleurs, obligé le ministre des Finances à demander au Parlement l'autorisation de créer une sous-direction de la Caisse centrale, qui a dans ses attributions toutes les opérations concernant les emprunts publics. Dans l'exposé des motifs déposé à cet effet, le 16 septembre 1915, M. Ribot a donné sur le fonctionnement de la Caisse centrale, depuis le début des hostilités, les intéressantes explications que voici :

Le service de la Caisse centrale n'a pas seulement assuré par lui-même le placement d'une part considérable, et qui atteint presque les deux tiers, des valeurs de la Défense nationale; chargé de recueillir les souscriptions sur toute la surface du territoire, par l'intermédiaire des comptables de tous ordres qui, en l'occurrence, n'agissent que pour son compte, il a dû, en outre, approvisionner ses correspondants en formules de titres et centraliser dans ses écritures l'ensemble des opérations de comptabilité relatives aux émissions.

Le nombre des formules de bons de la Défense nationale que la Caisse centrale a reçues, vérifiées, timbrées, prises en charge comme valeurs de portefeuille et entreposées ou expédiées en province, au fur et à mesure des demandes, dépasse 8 millions et demi. Le capital souscrit approchait, au 31 août dernier, de 11 milliards 400 millions, sur lesquels plus de 2 milliards 200 millions correspondaient à des bons déjà renouvelés, près de 1 milliard 900 millions à des bons remboursés à leur échéance, et 320 millions environ à des bons remboursés par anticipation pour souscription à des obligations.

Les émissions d'obligations de la Défense nationale ont donné lieu, de leur côté, à la manutention de plus de 4 900 000 titres provisoires et de 5 millions de titres définitifs, destinés à se substituer aux premiers par voie d'échange. Le capital nominal émis dépassait, à la date déjà indiquée, 3 milliards 100 millions, dont plus de 1 milliard 900 millions avaient été souscrits en numéraire, 318 millions en bons comme il vient d'être dit, et le reste en rentes 3 1/2 p. 100.

Pour manutentionner, vérifier, expédier, classer cette masse énorme de valeurs; pour effectuer aux guichets où le public a accès les multiples opérations auxquelles donnent lieu les souscriptions, les renouvellements et les remboursements; pour les traduire dans les écritures de la Caisse, en se conformant aux règles de la comptabilité publique, de manière à rendre possible le contrôle ultérieur de la Cour des comptes et du Parlement, pour assurer, en un mot, l'écoulement régulier du flux et du reflux continuel des valeurs émises, remboursées ou renouvelées, une organisation nouvelle a dû être improvisée de toutes pièces.

Simultanément, d'ailleurs, l'accroissement formidable des

dépenses publiques, ainsi que d'autres opérations en relation étroite avec les événements de guerre, contribuaient à créer dans les bureaux déjà surchargés de la Caisse centrale une situation fort difficile. Dans cet ordre d'idées, il suffira de citer la liquidation des bons de réquisition, le service financier des départements envahis, le paiement des délégations de solde, l'étude des questions contentieuses que soulevaient certaines situations toutes nouvelles résultant des événements.

On aura une idée de l'accroissement des travaux que cette situation, dans son ensemble, a occasionné à cet important service du ministère des Finances par le rapprochement de deux chiffres : la masse des opérations de recettes et dépenses effectuées par le Caissier central du Trésor, ou pour son compte, qui, avant la guerre, se maintenait en moyenne aux environs de 38 milliards par an, s'est élevée à 163 milliards pendant la première année de guerre (1ᵉʳ août 1914-1ᵉʳ août 1915).

Ce n'est pas sans un effort considérable que la Caisse centrale, privée, dès les premiers jours de la mobilisation, d'une partie de son personnel représentant presque la moitié des agents véritablement expérimentés, a pu faire face à cette extension d'attributions. Le zèle et le dévouement dont le personnel a fait preuve n'y auraient même pas suffi, s'il n'avait été fait appel aux services d'agents auxiliaires recrutés pour la durée des hostilités.

Mais ce moyen s'est trouvé lui-même insuffisant, et il a fallu, pour assurer l'écoulement journalier des opérations courantes, différer certains travaux de comptabilité, à la vérité moins urgents, mais dont la régularisation ne saurait cependant être indéfiniment ajournée. L'évidente nécessité de mettre un terme à cette situation, non moins que l'éventualité prochaine d'opérations de crédit d'une plus large envergure, nous font une obligation de vous demander les moyens de rendre l'élasticité nécessaire à un service dont le bon fonctionnement est plus indispensable que jamais dans les conjonctures présentes.

Il nous a paru que la solution du problème devait être cherchée dans un nouveau groupement des divers éléments qui sont actuellement chargés, à la Caisse centrale du Trésor public, de l'émission des bons et obligations de la Défense nationale. La coordination de ces éléments, en même temps qu'elle aboutira à une spécialisation favorable à un rendement meilleur, fournira tout naturellement le cadre du nouveau service dont la création permettra d'assurer, dans les meilleures conditions possibles, la réalisation des appels au crédit qui vont devenir nécessaires.

Mais, s'il était urgent de réorganiser et d'améliorer les services de la Caisse centrale, il n'est pas moins nécessaire de s'assurer, par la collaboration dévouée et intelligente des agents du ministère des Finances, le concours actif de l'opinion publique en faveur des souscriptions du Trésor. Il ne faut pas se lasser de répéter aux citoyens, par tous les moyens de publicité, qu'il est de leur devoir et même de leur intérêt de faire les efforts les plus patriotiques en vue de subvenir aux charges croissantes de la Défense nationale. On doit sans cesse leur rappeler qu'il n'est pas de meilleur placement que l'achat des titres du Trésor, garantis par le crédit de la France entière, et dont les coupons seront indemnes de tout impôt. La présence de M. Ribot au ministère des Finances a d'ailleurs largement contribué à raffermir le crédit public, à rassurer tous les intérêts, à imposer la confiance générale, et, par suite, à rendre aisée la tâche de tous ceux qui emploient leur activité à provoquer des souscriptions. Grâce au patriotisme de tous, la France ne manquera jamais de ressources, selon la noble parole de M. Ribot, « pour soutenir une guerre qu'elle n'a point cherchée, mais qu'elle est résolue à poursuivre jusqu'au bout sans défaillance ».

CHAPITRE X

Le budget de la Défense nationale

L'exposé des motifs du projet de douzièmes provisoires du premier semestre de l'exercice 1915; discours de M. Ribot des 18 mars, 7 mai et 26 juin 1915. — Les dépenses de la guerre. — Le devoir des pouvoirs publics.

Avant de quitter Bordeaux, les 9 et 10 décembre 1914, pour rentrer à Paris, le gouvernement avait décidé de convoquer les Chambres en session extraordinaire, afin de leur soumettre un projet de budget pour l'exercice 1915 et de leur faire ratifier les crédits autorisés par décrets rendus en Conseil d'État. Dans ce dessein, le ministre des Finances avait préparé deux projets de loi : l'un concernant la régularisation des décrets portant ouverture de crédits sur l'exercice 1914 ; l'autre portant ouverture de crédits provisoires applicables au premier semestre de 1915.

L'exposé des motifs de ce second projet de loi a été rédigé tout entier par M. Ribot qui l'a écrit avant son départ de Bordeaux. On l'a cité souvent comme un modèle de clarté et d'expérience financières. Bien que certains des renseignements contenus dans cet exposé se trouvent dans nos précédents chapitres, nous croyons devoir en citer la plus grande partie, en raison du haut intérêt qu'il présente. Voici comment s'exprimait le ministre des Finances :

Le gouvernement a pensé que, dans la situation actuelle, il n'était pas possible de vous proposer un projet de budget définitif pour l'exercice 1915. Il nous semble superflu d'indiquer les raisons qui ne lui permettent pas de faire, à l'heure présente, des prévisions pour toute une année et de les soumettre, en suivant la procédure ordinaire, à la discussion et au vote des deux Chambres. Nous sommes donc obligés de vous demander des douzièmes provisoires. Vous estimerez sans doute avec nous que ces douzièmes doivent être calculés pour une période assez longue, de manière que les services de la défense nationale ne soient pas astreints à vivre au jour le jour et puissent prendre en toute sécurité les mesures indispensables pour continuer la guerre avec toute l'énergie nécessaire. Nous vous proposons, en conséquence, de voter dès à présent six douzièmes.

Nous avons établi nos prévisions en tenant compte pour les dépenses ordinaires des crédits inscrits au budget de 1914, en faisant les réductions que permettait la marche régulière des services et en nous conformant aux votes des deux Assemblées. Quant aux dépenses extraordinaires résultant de la guerre, nous avons pris pour base de nos évaluations les dépenses effectuées dans les trois derniers mois de 1914 et les prévisions faites par les différents ministères avec le degré de précision que peuvent comporter les circonstances.

Avant de donner des explications sur les dispositions du projet de loi, nous devons vous présenter un aperçu de la situation de nos finances, des mesures déjà mises en application et de celles que le gouvernement envisage pour un avenir prochain.

Quand la guerre a éclaté, nous n'avions pas pris toutes les précautions les plus propres à nous permettre d'en soutenir l'effort au point de vue financier. C'est une preuve, après tant d'autres, que nous ne voulions pas la guerre, qu'elle nous a été imposée et nous avons le droit, au regard de la conscience du monde civilisé, de rejeter sur ceux qui l'ont déchaînée la responsabilité des maux terribles qu'elle inflige aux belligérants et aussi des souffrances qui en résultent pour les pays mêmes qui n'y participent pas. Une guerre où tant de nations sont engagées ne peut manquer, en effet, de troubler profondément les intérêts, aujourd'hui solidaires plus qu'autrefois, du monde tout entier et c'est très justement que l'opinion publique s'en prend, dans tous les pays, aux véritables auteurs de tous ces maux.

Notre budget voté tardivement au mois de juillet n'était pas

entièrement équilibré par des ressources certaines. Le ministre
des finances avait été autorisé à émettre pour 298 millions de
francs d'obligations à court terme. On avait fait état, à concurrence de 112 millions, d'excédents des exercices antérieurs.
Des comptes spéciaux ouverts en dehors du budget pour les
dépenses du Maroc, pour le développement de notre matériel
de guerre, pour l'application du service de trois ans et pour
l'accroissement de notre flotte n'avaient pas d'autre contre-
partie que les ressources à provenir d'un emprunt.

L'emprunt de 805 millions.

Cet emprunt indispensable, on ne s'était résolu à le faire,
pour une somme de 805 millions de francs, qu'à la veille de la
déclaration de guerre, dans des conditions qui n'étaient pas
très favorables. Le succès avait été grand, si l'on juge par le
chiffre des souscriptions qui atteignaient près de quarante fois
le montant de la somme à emprunter. Mais l'emprunt avait été,
pour une forte part, souscrit par les établissements de crédit
et par les spéculateurs en Bourse. Ceux-ci, sachant bien que
leurs souscriptions seraient réduites, les avaient majorées dans
la proportion nécessaire pour obtenir le chiffre auquel ils voulaient porter leurs engagements envers le Trésor. Au moment
de la déclaration de guerre, l'emprunt pesait, en grande partie,
sur des établissements de crédit ou sur des acheteurs à terme
qui ont éprouvé des difficultés à se libérer.

Les versements faits au Trésor sur l'emprunt s'élevaient au
1er septembre dernier à la somme de 387 millions. Mais il était
à craindre que beaucoup de souscripteurs ne fissent pas d'efforts pour libérer entièrement des titres dont la valeur était
dépréciée par la perspective d'emprunts futurs qui pourraient
être émis à un taux plus avantageux. Nous avons pensé qu'il
était équitable et en même temps profitable aux intérêts du
Trésor d'offrir aux souscripteurs qui libéreraient leurs certificats provisoires suivant les termes fixés par un arrêté du
ministre des Finances, l'avantage de pouvoir, lors des emprunts
à venir, échanger leurs certificats contre des titres de ces nouveaux emprunts au prix d'émission du 3 1/2 p. 100, c'est-à-
dire à 91 francs, de sorte qu'ils n'auraient aucune perte à subir.
Cela n'était pas seulement une mesure de bienveillance envers
les souscripteurs; c'était aussi une mesure de bonne politique
de la part de l'État qui, ayant en perspective de grands
emprunts à faire, a tout intérêt à s'attacher la clientèle qui a
confiance en lui et qui demain lui apportera d'autant plus

volontiers ses épargnes qu'il se sera montré à son égard plus équitable.

Pendant les mois de septembre, octobre et novembre, il a été versé au Trésor une somme d'environ 129 millions. Au 30 novembre, le montant total des versements était de 515 722 373 francs. Il restait à libérer une assez forte portion de certificats provisoires qui sont encore flottants sur le marché de la Bourse. Les vendeurs et les acheteurs à terme, par suite des circonstances et de l'ajournement de la liquidation, se trouvaient embarrassés pour opérer les versements nécessaires. Pour leur venir en aide et pour dégager le marché, en même temps que pour faire rentrer au Trésor les sommes qui lui sont dues, nous avons demandé à la Banque de France de faire l'avance de ces sommes, moyennant le dépôt en garantie des certificats provisoires. La Banque de France y a consenti. Les certificats seront repris par le Trésor, en payement des souscriptions aux emprunts futurs, au prix de 91 francs, ce qui constitue l'encouragement le plus direct aux vendeurs et acheteurs à terme à se mettre d'accord pour demander à la Banque les avances dont ils ont besoin afin de libérer leurs titres.

La bourse de Paris.

La Bourse de Paris a été surprise par la déclaration de guerre. Les capitaux engagés en reports, soit au parquet, soit au marché en banque, n'étaient pas aussi considérables qu'ils l'ont été à d'autres époques. Ils n'atteignaient pas 500 millions au parquet et ne dépassaient guère 150 à 160 millions sur le marché en banque. Mais, par suite de l'impossibilité où se sont trouvés les principaux reporteurs de s'engager à laisser leurs fonds en Bourse et de la difficulté de trouver de nouveaux capitaux, les agents de change ont décidé de ne pas faire la liquidation du 31 juillet.

La France n'est pas le seul pays où la principale Bourse des valeurs ait été fermée et la liquidation ajournée. Presque partout, à Londres, à New-York, il y a eu, comme chez nous, un ajournement sans date de la liquidation des opérations à terme, ajournement qui s'explique par l'impossibilité de remplacer les capitaux employés en reports et par la crainte de voir s'effondrer les cours si on voulait procéder, avant l'heure, à une liquidation forcée de la position des acheteurs à terme.

La Banque de France, par une mesure analogue à celle qui a été prise en Angleterre, a consenti à prêter aux agents de change, sous la garantie solidaire de la chambre syndicale, une somme n'excédant pas 200 millions de francs qui servira à faire aux reporteurs qui voudront en bénéficier l'avance de 40 p. 100 de valeur des titres reportés, lesquels formeront, à titre subsidiaire, la garantie de la Banque de France pour le remboursement de sa créance sur les agents de change. En attendant que la liquidation puisse se faire, les acheteurs à terme et les agents de change seront protégés, comme en Angleterre, contre une action judiciaire. Mais cette garantie n'est que provisoire et sa durée dépendra, non seulement des circonstances qui pourront hâter ou retarder la liquidation, mais encore des efforts que les agents de change feront pour diminuer leur dette et celle des acheteurs envers les reporteurs ou les vendeurs à terme par des versements partiels. Les agents de change de Paris n'ont pas songé un instant à décliner les responsabilités si lourdes que la guerre fait peser sur eux. En leur donnant le temps nécessaire, on peut être assuré qu'ils tiendront leurs engagements et qu'ils sauveront l'honneur du grand marché financier de Paris.

Nous aurons à examiner plus tard quelles mesures seront à prendre pour rendre à ce marché toute l'ampleur qu'il doit avoir par une modification bien étudiée de son organisation qui n'est plus — tout le monde le reconnaît — en rapport avec les nécessités présentes.

Quant au marché libre des valeurs, plus atteint encore que le parquet par la crise actuelle, il a besoin d'un peu plus de temps pour se reconnaître et pour se réorganiser en vue d'obtenir de la Banque de France des facilités analogues à celles qui ont été consenties à la compagnie des agents de change. Nous ne pouvons pas oublier les services qu'il a rendus et nous savons qu'il peut en rendre encore dans l'avenir, à condition de se mieux défendre contre certaines influences qui tendaient à s'emparer de lui. Aussi ne lui refuserons-nous pas les délais qui lui sont indispensables.

La réouverture de la Bourse de Paris s'est faite, le 7 décembre, pour les opérations au comptant, en attendant que le marché à terme puisse fonctionner de nouveau. Nous avons pris les devants sur certaines Bourses étrangères et on peut déjà constater que les capitaux qui se tenaient à l'écart commencent à s'offrir grâce à ce renouveau de confiance qui se fait sentir partout dans notre pays.

Les établissements de crédit.

Les grands établissements, qui ont pris une place si considérable dans l'organisation et la distribution du crédit en France, ont été surpris eux aussi par la guerre. Afin de satisfaire aux demandes de remboursement dont ils ont été assaillis par les déposants au moment où la crise a éclaté, ils se sont adressés à la Banque de France pour l'escompte de leur portefeuille commercial. En temps ordinaire, ils ne remettent à la Banque les effets qu'ils ont escomptés au moyen de l'argent des dépôts qu'à une époque voisine de l'échéance. Qu'une crise grave survienne, les banques ou établissements de crédit s'empressent de réclamer l'aide de la Banque de France, au moment où celle-ci se prépare à donner son concours à l'État. Si la Banque de France n'avait pas l'organisation solide que tout le monde sait, si elle ne s'était pas préparée de longue main à faire face à toutes les exigences qui viennent la presser en temps de crise, en constituant durant la paix son trésor de guerre qui est son encaisse d'or, comment n'aurait-elle pas été débordée? On parle avec raison du secours qu'à la demande du gouvernement britannique, la Banque d'Angleterre a prêté au lendemain de la déclaration de guerre aux banques, en prenant charge de leurs acceptations; mais, si on relève le chiffre des escomptes de la Banque de France, dans la période critique du 27 juillet au 6 août, on voit que son portefeuille s'est augmenté, en dix jours, de 2 352 millions; du 6 août au 1er octobre, il s'est accru encore de 541 millions, si bien que, de 1 504 millions au 21 juillet, il a passé à cette date du 1er octobre à 4 476 millions, soit une augmentation totale de 2 972 millions, ou en chiffres ronds de 3 milliards.

Malgré ces escomptes si considérables, les banques et établissements de crédit qui ne pouvaient mobiliser, pour rembourser leurs dépôts ou comptes courants, les sommes placées par eux en reports, en avances sur titres ou en valeurs non négociables à la Banque de France, ont eu besoin de mesures temporaires de protection. D'abord limités à 250 francs et 5 p. 100 du surplus du montant des dépôts, les remboursements obligatoires ont été, par des mesures successives, portés à 1 000 francs et 50 p. 100 ou 75 p. 100 du surplus, suivant qu'il s'agissait de sommes réclamées par les particuliers pour leurs besoins personnels ou par des commerçants et des industriels pour les nécessités de leurs affaires.

Il n'eût pas été possible de porter plus haut, d'un seul coup, le montant des remboursements obligatoires sans s'exposer à mettre en un sérieux péril des banques dont le passif n'excède pas l'actif, mais qui, par suite des circonstances et des délais accordés à leurs débiteurs, ne peuvent se procurer des disponibilités immédiates. Nous avons dû agir avec ménagements et marcher en quelque sorte pas à pas. Il n'eût pas été d'ailleurs possible de procéder à l'égard des divers établissements par des mesures individuelles qui eussent exigé un examen auquel le ministre des Finances n'aurait pas eu les moyens de se livrer et qui auraient fait peser sur lui des responsabilités qu'il n'aurait pas pu accepter.

Si tous les établissements de crédit ne s'étaient servis que pour l'escompte des effets de commerce négociables à la Banque de France de la plus forte part de leurs dépôts et s'ils n'avaient employé à des avances sur titres ou à des opérations qui ne peuvent se liquider, en temps de crise, à de courtes échéances, que leur capital et leurs réserves, comme le voudrait la prudence, ils n'auraient pas eu besoin de ces mesures de protection dont nous avons parlé. Une aide passagère offerte par l'État, au début de la crise, leur eût suffi, comme en Angleterre, pour les maintenir à flot. Nous aurons à voir, quand cette crise sera passée, quelles précautions il y aura lieu de prendre pour obliger les banques de dépôts à conserver des encaisses suffisantes, à ne pas faire d'immobilisations exagérées et aussi à publier des bilans qui fassent mieux apparaître leurs disponibilités et leurs engagements à vue. L'heure n'est pas venue de discuter ces questions non plus que de rechercher si tous ces grands établissements de crédit ont administré avec la même prévoyance les immenses ressources que le public leur a confiées. Par la direction qu'ils donnent à l'épargne publique, ils disposent d'une puissance considérable qui doit s'employer non seulement dans l'intérêt de leurs actionnaires, mais aussi dans l'intérêt de la France au dehors. Ce serait une injustice de généraliser les reproches qu'on a pu, à cet égard, faire à certains de ces établissements. On peut d'ailleurs se demander si le gouvernement lui-même a usé toujours avec une continuité de vues suffisante de l'autorité effective dont il dispose par son droit de surveiller les admissions à la cote et de l'influence qu'il exerce par ses conseils et ses directions. Mais ce sont des questions dont il faut réserver l'examen jusqu'au moment où nous pourrons les aborder avec la liberté d'esprit et la sécurité nécessaires. Rien ne serait plus fâcheux que d'ébranler par des discussions inopportunes la confiance légitime qu'a le public que les fonds mis par lui en dépôts dans les banques lui seront fidèlement restitués.

Après avoir donné quelques explications sur le produit des impôts dont la diminution était si sensible depuis le début de la guerre, M. Ribot continuait son exposé en ces termes :

Les dépenses publiques.

En même temps que fléchissaient les recettes, les événements imposaient au Trésor un surcroît de charges considérable.

La loi de finances du 15 juillet 1914 avait arrêté à 5 104 643 085 francs le total des crédits budgétaires. Mais pour évaluer l'ensemble des dépenses publiques, il faut, nous l'avons dit plus haut, ajouter à cette somme les prévisions formées au titre de divers comptes spéciaux :

	Francs.
Dépenses non renouvelables rendues nécessaires par la prolongation du service et par les fabrications, acquisitions et travaux intéressant la défense nationale..	487 851 044
Dépenses du programme naval en sus des annuités budgétaires..	128 057 850
Dépenses de l'occupation militaire du Maroc......	231 965 940

Les dotations supplémentaires réclamées par les services, depuis l'ouverture des hostilités, ne se sont pas élevées à moins de 6 441 683 000 francs. Le détail vous en est fourni d'autre part, dans l'exposé des motifs du projet de loi par lequel vous êtes appelés à les ratifier. Mais il a semblé indispensable de leur consacrer ici tout au moins une mention sommaire, parce que cet accroissement de dépenses est un des facteurs essentiels de notre situation financière et qu'il a un retentissement direct sur les crédits provisoires dont nous vous proposons l'adoption.

La presque totalité des augmentations s'applique aux opérations militaires : 6 092 601 440 francs pour le département de la guerre; 82 435 380 francs pour celui de la marine, et il n'est pas inutile d'indiquer que, dans cette somme de 6 175 036 820 francs, les allocations aux familles que la mobilisation a privées de leur soutien entrent pour 340 741 680 francs.

La participation de l'État au fonctionnement des caisses de chômage a été de 14 470 000 francs.

L'entretien des personnes évacuées des places fortes ou des départements envahis et des étrangers dirigés sur certains points du territo're, l'aménagement des locaux destinés à les recevoir, les transports d'indigents, la distribution de secours aux populations éprouvées par l'ennemi, ont exigé l'inscription au budget de l'intérieur de crédits se montant ensemble à 46 750 000 francs.

Il a fallu, en outre, rétablir d'urgence les communications dans les régions réoccupées par nos armées, soit 9 millions pour l'administration des postes, 10 830 000 francs pour celle des travaux publics.

Notre réseau ferré, qui a fourni à la mobilisation, à la concentration et aux déplacements de nos troupes un concours si actif, a eu, pendant les premiers mois surtout, son trafic commercial réduit dans une très large mesure. Le versement à faire aux chemins de fer de l'État, pour parer à l'insuffisance de leur produit, s'est accru de 33 088 472 francs, et les compagnies n'ont pu assurer leur exploitation ainsi que le service de leurs titres que grâce aux acomptes qui leur ont été payés sur le montant de leur garantie jusqu'à concurrence de 74 700 000 francs.

Enfin, le recours nécessairement plus large aux moyens de trésorerie a grossi les intérêts de la Dette flottante du Trésor et entraîné une dépense de 35 millions.

Toutefois, il convient d'observer que ces six milliards et demi de crédits supplémentaires ne constituent pas une surcharge nette pour nos finances.

Les circonstances, en nous imposant l'obligation impérieuse de réserver toutes nos ressources à la défense du pays, nous faisaient un devoir de rechercher toutes les économies compatibles avec le maintien des services indispensables, l'exécution des décisions du Parlement, l'accomplissement des engagements pris. Les différentes administrations civiles ont revisé leurs prévisions dans ce sens : il en résulte que, sans préjudice des annulations qui ne pourront être déterminées qu'en fin d'exercice, près de 70 millions de crédit demeureront volontairement inemployés.

D'autre part, le budget du ministère de la Guerre a dû faire l'objet d'un remaniement presque complet. Sa contexture ne s'adaptait ni aux besoins de la période des hostilités, ni aux nécessités de l'administration en campagne. La plupart de ses chapitres ont été clos pour faire place à une nomenclature nouvelle. Les disponibilités que ce travail a permis de dégager s'élèvent à 447 016 090 francs.

Les événements enlevaient également sa raison d'être au compte spécial ouvert en vertu de la loi du 15 juillet dernier. La distinction entre les travaux neufs et les travaux d'entretien, les approvisionnements de réserve et le service courant, étant pratiquement abolie depuis la mobilisation, les écritures ont été arrêtées au début du mois d'août, et toutes les opérations ultérieures ont été indistinctement supportées par le budget. Les charges du compte pour 1914 seront donc limitées, en ce qui concerne la guerre, à 129 771 065 francs, laissant inutilisé le surplus des autorisations que vous aviez accordées, soit 358 079 979 francs.

Enfin, l'état de guerre entraîne forcément un ralentissement appréciable et certaines modifications dans l'exécution du programme naval. Le ministre de la Marine évalue à 69 550 000 francs le total des économies dont bénéficiera de ce chef l'exercice 1914.

C'est donc, en regard de six milliards et demi de besoins nouveaux, près de 950 millions de dépenses prévues qui disparaissent. Nous avons tenu compte de ces faits en établissant les crédits provisoires pour l'exercice 1915. Nous avons conservé pour le ministère de la Guerre la nomenclature simplifiée que la pratique de ces derniers mois avait consacrée. Nous avons renoncé, aussi bien pour la Marine que pour la Guerre, au compte spécial dont les circonstances elles-mêmes ont entravé le jeu. Nous vous proposons également de ne plus recourir au compte spécial de l'occupation du Maroc. Toutes les dépenses pour 1915 vous sont donc présentées dans un même cadre et cette rigoureuse unité budgétaire, qui rendra plus aisé votre contrôle, se prête mieux, croyons-nous, à un exposé clair et complet de la situation financière du pays.

Avances à faire par l'État.
Bons des départements et des communes.

En dehors des dépenses que nous venons de passer en revue, le Trésor a fait ou doit faire un certain nombre d'avances, en vertu d'engagements pris envers des pays alliés ou amis, savoir :

250 millions à la Belgique ;

90 millions à la Serbie ;

20 millions à la Grèce ;

500 000 francs à la Banque du Montenegro.

Il a dû également mettre temporairement des fonds à la disposition d'un certain nombre de chambres de commerce, qui, chacune dans leur région, se sont employées à faire les achats de denrées nécessaires pour assurer, dans les circonstances difficiles résultant de l'état de guerre, le ravitaillement de la population civile. Les avances ainsi consenties aux compagnies consulaires pour seconder leur initiative s'élèvent à 27 500 000 francs.

A ces charges seraient venues s'ajouter les avances que l'État eût été obligé de faire aux villes et aux départements, si nous n'avions pas pris des mesures pour leur permettre de faire appel aux ressources locales ou régionales. Il n'est pas sans inconvénient de lier trop étroitement les finances communales ou départementales et les finances de l'État. En temps ordinaire, l'État trouve avantage à alimenter sa trésorerie au moyen des sommes dont les communes ou les départements n'ont pas immédiatement l'emploi, mais quand une crise grave vient à éclater, les communes ou les départements se tournent naturellement vers l'État pour lui demander des avances que l'État est empêché de leur faire. Nous avons pris à la date du 21 septembre un décret autorisant les communes et les départements à émettre des bons communaux ou départementaux, de même que l'État émet des bons du Trésor. Une première application de ce décret a été faite, sur la demande de la ville de Paris qui a été autorisée, par un décret en Conseil d'État, à créer pour 140 millions de bons municipaux dont elle emploiera une partie (20 millions) à faire une avance, par l'intermédiaire du département de la Seine, aux communes qui n'ont pas de disponibilités suffisantes pour subvenir à leurs charges et notamment aux secours de chômage. Cette expérience que nous faisons d'une plus grande autonomie accordée aux communes et aux départements ne sera pas perdue. C'est dans les temps de crise qu'on met à l'épreuve les qualités d'initiative et de prévoyance des villes bien administrées, et il leur restera, la crise passée, quelque chose de la liberté dont elles auront sagement usé.

La Trésorerie. — Bons de la Défense nationale.

La diminution du rendement des impôts et l'augmentation considérable des dépenses résultant de la guerre, nous ont obligé à recourir, en attendant des emprunts dont l'heure n'est pas encore venue, à des moyens de trésorerie, au premier rang desquels figurent les avances qui nous ont été faites par la Banque de France.

Au 1ᵉʳ août dernier, grâce aux premiers versements faits sur l'emprunt de 805 millions et à l'émission en juin de 90 millions d'obligations à court terme, le montant des bons du Trésor en circulation ne dépassait pas 427 millions. Ce chiffre ne pouvait que décroître par suite de la nécessité où les banques et les autres établissements qui constituent la clientèle ordinaire du Trésor se trouvaient de faire état de toutes leurs ressources. Les bons du Trésor venant à échéance n'étaient pas renouvelés, quoiqu'une décision du ministre des Finances du 19 août eût porté à 4 p. 100 l'intérêt des bons à six mois et à 5 p. 100 l'intérêt des bons à un an. On devait prévoir le moment où cette ressource des bons du Trésor allait faire défaut à notre trésorerie. Nous avons décidé (13 septembre) de faire appel au public pour le placement des bons du Trésor par l'intermédiaire de tous les comptables directs, des comptables des régies et des receveurs des postes. C'était une innovation dans les habitudes et les procédés de notre trésorerie dont nous pouvions attendre, dans le présent et dans l'avenir, d'heureux résultats. Le Trésor public a intérêt, non seulement pour se procurer des fonds de roulement, mais aussi pour le placement de ses emprunts futurs, à prendre de plus en plus contact par ces comptables avec le public où il trouvera sa clientèle la plus fidèle et la plus sûre. Des bons de 100, de 500 et de 1 000 francs, à qui nous avons donné le nom de bons de la Défense nationale, portant intérêt à 5 p. 100 l'an ont été mis à la disposition du public. Par suite de la difficulté d'organiser un service tout à fait nouveau dans l'état actuel de la caisse centrale du Trésor, des trésoreries générales et des recettes des finances que la mobilisation a privées de la plus grande partie de leur personnel, des retards se sont produits dans la délivrance des bons aux intéressés. Ces retards, qu'il était presque impossible d'éviter au début, sont aujourd'hui réparés et des mesures ont été prises pour empêcher qu'ils ne se reproduisent. Le public n'en a pas moins répondu à l'appel du ministre des Finances. Dans le rapport qui précédait le décret du 13 septembre, celui-ci se bornait à exprimer l'espoir qu'une partie au moins des bons du Trésor mis à sa disposition, par la loi de finances et par un décret du 1ᵉʳ septembre 1914 rendu en Conseil d'État, et formant un total de 940 millions de francs, pourrait être souscrite avant le 31 décembre. Cette limite de 940 millions était dépassée avant la fin du mois de novembre, et un décret en conseil d'État du 3 décembre l'a élevée à 1 400 millions.

A la date du 15 décembre, le total des bons de la Défense nationale souscrits en France seulement s'élevait à plus d'un milliard.

102 millions de bons du Trésor ont été émis en Angleterre et aux États-Unis.

Il restait en circulation d'anciens bons du Trésor pour 178 430 700 francs, de sorte que le total des bons en circulation était à cette date d'environ 1 300 millions.

Nous trouverons de plus en plus, il faut l'espérer, une ressource au moins temporaire dans ces émissions de bons de la Défense nationale, grâce en partie aux facilités que la Banque de France vient d'accorder pour l'escompte des bons avant leur échéance.

Le montant des avances que les trésoriers généraux font au Trésor est tombé depuis assez longtemps à une somme presque insignifiante. On a tout fait depuis un certain nombre d'années pour tarir cette ressource du Trésor. Nous nous occupons de relever le chiffre de ces avances en faisant appel à une clientèle plus étendue à qui nous offrons, en même temps que la garantie de l'État, s'ajoutant à la garantie des trésoriers généraux, un intérêt très appréciable.

Avances de la Banque de France.

C'est à la Banque de France que nous avons dû, dans cette période de quatre mois, recourir pour obtenir la part la plus importante des ressources dont nous avions besoin. La Banque de France a rendu au gouvernement de la Défense nationale, en 1870-71, et au gouvernement de M. Thiers des services qui ne sont pas oubliés. Dans les prévisions du gouvernement, on a toujours compté sur elle pour subvenir dans une large part aux dépenses de la guerre, si celle-ci venait à éclater. Par une convention du 11 novembre 1911, que vous avez ratifiée le 4 août 1914, la Banque de France s'est engagée à mettre à la disposition du gouvernement, pour les besoins de la mobilisation, une somme de 2 900 millions. La Banque de l'Algérie, de son côté, a promis une somme de 100 millions. Cette somme totale de trois milliards ne pouvait évidemment couvrir que les premières dépenses d'entrée en campagne. Nous n'avons pas hésité à demander à la Banque de France, dès le mois de septembre, de porter son avance éventuelle à six milliards. Nous avons l'honneur de soumettre à votre sanction la convention que nous avons conclue à cet effet avec la Banque, à la date du 21 septembre.

Les appels que nous faisons à la Banque de France ne présentent pas de danger parce que nous avons eu la sagesse, en temps de paix, de ménager le crédit de cette grande institution. Ce qui fait la force de ce crédit, c'est que tout le monde sait que la Banque de France n'est pas dans les mains de l'État. En temps de paix, celui-ci s'interdit de puiser dans le trésor de la Banque. Le portefeuille de la Banque ne renferme que des effets de commerce à échéance de trois mois au plus. Elle fait des avances sur titres aux particuliers, elle ne prête pas à l'État en dehors de l'avance permanente qu'elle lui a consentie de 200 millions de francs. Cette avance est d'ailleurs ordinairement compensée par les sommes que l'État possède à son crédit à la Banque de France. Si celle-ci est autorisée à escompter des bons du Trésor, elle ne le fait, en temps normal, que dans des proportions tout à fait limitées. Quand une crise vient à éclater, la Banque de France est d'autant mieux préparée à faire des avances à l'État que celui-ci n'a pas eu recours à elle en temps de paix.

Le chiffre des avances que la Banque a faites au Trésor s'élevait, au 15 décembre, à 3 600 millions.

La situation de la Banque de France est excellente à tous égards. On peut en juger par les chiffres de ses principaux comptes à la date du 10 décembre.

L'encaisse en or qui était à la veille de la guerre de 4 141 341 663 francs, non seulement n'a pas diminué, mais s'est encore légèrement accrue, puisqu'elle était au 10 décembre de 4 141 756 844 francs. L'existence d'une réserve d'or aussi considérable est une garantie de premier ordre de la solidité du billet de banque. La politique de la Banque suivie avec persévérance pendant la paix et consistant à augmenter cette réserve d'or se trouve justifiée par les efforts que fait en ce moment la Banque d'Angleterre pour former, à son tour, une provision d'or aussi importante que possible. La Banque de France veillera à ce que son encaisse métallique ne soit pas entamée. Elle y sera aidée par le cours des changes qui nous est partout favorable.

Le portefeuille des effets de commerce qui était au 1er octobre de 4 476 millions n'était plus au 3 décembre que de 3 841 870 767 francs. On voit que des recouvrements importants ont été faits dans ces deux mois. Plus de 635 millions sont rentrés à la Banque de France. Par l'importance de ces rentrées, on peut juger de l'effet qu'a produit le décret du 29 août qui a mis des intérêts moratoires à la charge des débiteurs d'effets commerciaux.

Au 10 décembre, par suite d'escomptes assez importants faits par la Banque dans la dernière semaine, le portefeuille commercial s'élevait à 3 850 millions.

Le montant des avances sur titres était au 10 décembre de 780 757 669 francs.

La circulation des billets au porteur qui était au 1er octobre de 9 299 millions atteignait au 10 décembre le chiffre de 9 986 millions. C'est en deux mois et demi une augmentation de 687 millions.

Enfin les comptes courants créditeurs s'élevaient au 10 décembre à 2 273 millions et celui des dépôts à 398 millions. Le total de ces comptes créditeurs n'a cessé de s'accroître depuis quelques mois : preuve manifeste de la confiance que la Banque de France inspire et de l'abondance des capitaux qui attendent un emploi.

A aucune époque le billet de la Banque de France n'a joui d'un plus grand crédit en France et à l'étranger. Dans tous les pays, ce billet fait prime, tandis que les billets des pays avec qui nous sommes en guerre sont dépréciés dans une proportion déjà considérable. Cette faveur exceptionnelle dont jouit le billet de banque français tient sans doute pour une part à ce que, grâce à ses placements à l'étranger, la France est créancière de la plupart des pays. Mais c'est aussi l'indice le plus frappant et le moins contestable du crédit de la Banque de France qui, à cette heure, représente quelque chose de plus encore, c'est-à-dire le crédit même de la France au dehors.

Convention du 12 septembre avec la Banque de France.

La Banque de France pourra, sans danger pour son crédit, nous faire pendant la guerre les avances dont nous aurons besoin. C'est après la guerre, au moment des liquidations nécessaires, que les difficultés apparaîtront. Le plus grand péril pour nos finances ce serait qu'on pût s'accoutumer au cours forcé du billet de banque. L'État y trouverait l'avantage apparent de ne pas rembourser sa dette. Il lui serait commode de ne payer à la Banque de France qu'un intérêt réduit de 1 p. 100 au lieu de contracter des emprunts dont il devrait servir l'intérêt et assurer l'amortissement. Ce serait pour les budgets un allégement d'autant plus appréciable que nous aurons, après la guerre, de grandes difficultés pour rétablir l'équilibre de nos budgets. Mais rien ne serait à la longue plus funeste, comme le prouve l'expérience des pays qui n'ont pas eu le courage ou qui n'ont pas eu la force de restituer aux banques les sommes qu'ils leur ont empruntées.

Ce danger était apparu au lendemain de la guerre, à M. Thiers. Aussi une de ses premières préoccupations a été de fixer des termes de remboursement de la dette envers la Banque. Cette dette s'élevait en chiffres ronds à un milliard et demi et produisait un intérêt de 3 p. 100, tandis que l'État ne pouvait emprunter qu'à 6 p. 100. Une convention fut faite pour rembourser 200 millions par an et cette somme fut inscrite au budget ordinaire, de sorte qu'en sept ou huit ans la dette de l'État envers la Banque put être amortie et que le cours forcé fut aboli. En retour, la Banque, assurée qu'elle était de revenir à son régime normal, consentit à réduire à 1 0/0 l'intérêt sur ses avances.

Quand nous avons discuté les termes de la convention du 21 septembre, la Banque de France aurait voulu qu'on pût fixer, dès à présent, des délais de remboursement. Elle était un peu inquiète de prendre, sans cette garantie, des engagements d'une pareille importance avec la prévision que là ne s'arrête-raient pas les demandes qu'on lui adresserait en cas de prolongation de la guerre. Nous n'avons pas voulu prendre, au sujet des remboursements, un engagement précis qu'il n'était pas en notre pouvoir de prendre et que les Chambres elles-mêmes ne sauraient prendre aujourd'hui, dans l'ignorance où elles sont de la situation financière où sera la France au lende-main de la guerre et des ressources extraordinaires dont nous pourrons disposer. Force est de s'en remettre au souci éclairé qu'auront les Chambres de ne pas s'attarder dans le régime du cours forcé. Nous nous sommes donc tenus aux formules employées en 1871 : l'État remboursera sa dette envers la Banque sur ses premières ressources, ce qui revient à dire qu'il se libérera dès qu'il le pourra. Mais pour donner à cet engage-ment moral une force plus grande, nous avons cru qu'il était sage de constituer, dès à présent, un premier fonds d'amortis-sement de notre dette envers la Banque en portant à 3 p. 100, après l'année qui suivra la fin des hostilités, l'intérêt annuel à payer à la Banque. Ce surplus d'intérêt de 2 p. 100, comme nous l'avons expliqué dans une lettre au gouverneur de la Banque, ne doit pas profiter aux actionnaires et servir à augmenter leurs divi-dendes. Il doit aller à un fonds de réserve qui aura pour objet de commencer l'amortissement de notre dette, mesure de pré-voyance au profit de la Banque de France et surtout au profit de nous-mêmes, parce qu'elle nous obligera à des sacrifices que nous aurions peut-être la faiblesse d'ajourner.

En créant ce fonds d'amortissement, nous avons consenti à ce que la Banque de France pût y imputer les pertes qui se produiraient sur le montant de son portefeuille immobilisé en partie par la prorogation des échéances. Le gouvernement britannique n'a pas hésité à accorder une garantie directe à la Banque d'Angleterre. Il nous a donné ainsi un exemple dont nous avons cru pouvoir nous inspirer sans le suivre complètement. Nous aurions trouvé quelque peu dangereux dans notre pays, où on tire trop volontiers des conséquences permanentes d'un fait accompli en temps de crise et qui doit rester exceptionnel, de poser en thèse que l'État pouvait garantir directement des opérations accomplies sous la seule responsabilité de la Banque, et qu'il serait souverainement imprudent de livrer à une discussion devant les Chambres. Mais nous sommes arrivés à un résultat assez analogue à celui que le gouvernement britannique a eu en vue en donnant à la Banque l'autorisation de prélever sur le fonds d'amortissement le montant des pertes qu'elle pourrait éprouver par suite des services exceptionnels rendus par elle au commerce et aux banques au cours de la crise que nous traversons.

Rôle de la Banque de France et des établissements de crédit.

La Banque de France a la conscience d'avoir fait, au début de cette crise, les plus grands efforts pour en conjurer les périls. Si quelques-uns lui reprochent de s'être arrêtée trop tôt, de n'avoir pas été plus hardie, son excuse, en admettant qu'elle ait besoin de se justifier, serait dans l'énormité même du chiffre de ses escomptes, supérieur à celui des avances et des escomptes de la Banque d'Angleterre, et surtout dans la préoccupation bien légitime qu'a toujours eue la Banque de France de ménager ses ressources pour satisfaire aux demandes du Trésor public.

On ne peut trop vivement regretter que les efforts faits par la Banque de France pour venir en aide aux banques et aux grands établissements de crédit n'aient pas abouti à mettre tous ces derniers en état de continuer leurs opérations d'escompte. Malheureusement, une forte partie des sommes qui ont été remboursées par les banques aux déposants sont restées inactives aux mains de ceux-ci, au lieu de servir à alimenter le travail national. Les banques démunies des fonds dont elles se servent pour l'escompte ont à peu près cessé leurs opérations de crédit. Les plus importantes d'entre elles, celles qui ont gardé la plus forte proportion de disponibilités, viennent de décider de reprendre aussi largement que possible l'escompte du papier commercial. On a pu se demander si elles n'avaient pas manqué jusqu'à présent de hardiesse et de confiance. Mais les demandes d'escompte étaient rares, les affaires se faisant surtout au comptant. D'autre part, les banques ont cru préférable d'attendre que la Banque de France se déclarât prête elle-même, comme elle vient de le faire, à escompter dans les mêmes conditions qu'avant la guerre les effets qu'on lui présenterait.

Le besoin le plus pressant aujourd'hui, c'est de rétablir le crédit, c'est de mettre fin à cette sorte de paralysie qui frappe d'impuissance temporaire le grand organisme du crédit commercial, l'ensemble merveilleux de tous les moyens imaginés, perfectionnés au cours des siècles, sans lesquels le commerce et l'industrie n'auraient pas pris en France et dans tous les grands pays le développement étonnant qu'ils doivent au crédit. Quand la machine s'arrête, le travail souffre et est menacé lui-même de s'arrêter. Il faut à l'industriel, au commerçant, plus que les fonds qu'il peut avoir en dépôt dans les banques : il a besoin de crédit pour l'achat de ses matières premières, pour le payement de ses ouvriers, pour ses transports. Ce crédit, la Banque de France s'engage à le donner aussi largement que possible. Ce qui manque, ce sont les intermédiaires qui ont pour mission de préparer et d'amener à la Banque de France le courant des demandes de crédit auxquelles elle est disposée à satisfaire. C'est là et dans la reprise régulière des négociations des valeurs mobilières qu'est aujourd'hui le nœud des difficultés que nous ressentons d'autant plus vivement que le pays se reprend et que la situation économique s'améliore.

Sans doute, une partie de notre territoire, l'une des plus riches au point de vue industriel, est encore occupée par l'ennemi. Il y aura là bien des ruines à réparer et de grands efforts à faire bientôt, nous l'espérons, pour donner aux chefs d'industrie et aux agriculteurs les moyens de reprendre le travail; mais, dans le reste du pays, les rapports des directeurs des succursales de la Banque de France constatent presque partout une activité plus grande et un besoin de reprendre les affaires à mesure que les transports deviennent moins difficiles. La récolte des céréales et celle des vins, source de richesse dans notre pays, a été abondante. Le pays a la volonté non seulement de se défendre et de vaincre, mais aussi de travailler et de préparer à la défense nationale de nouvelles forces en réorganisant sa puissance de production.

La Banque de France se rend compte que sa tâche, dans les circonstances actuelles, n'est pas seulement de fournir des subsides à l'État, mais aussi d'aider le pays à reprendre sa vie économique. Seulement, il lui faut user de prudence et écarter des projets trop ambitieux qui ne tendraient à rien moins qu'à l'obliger à mobiliser les titres qu'il n'est pas encore possible de négocier et les marchandises accumulées dans les magasins. Ces projets sont séduisants, mais ils aboutissent nécessairement à la création de papier-monnaie émis sous la garantie de l'État ou à l'émission de billets de banque dans des proportions qui ne tarderaient pas à devenir inquiétantes. On en peut juger par les expériences qui se font ailleurs et dont les résultats ne sont guère encourageants, si on les envisage au point de vue du crédit que les billets de banque d'émission de ces pays ont à l'étranger. La Banque de France, jalouse de maintenir la valeur de ses propres billets, se refuse à des combinaisons trop vastes dont elle ne peut mesurer les charges.

Opérations à envisager.

Mais l'heure est venue pour elle d'envisager un certain nombre d'opérations qui peuvent être réalisées successivement et dont l'effet sera de dégager les banques et de les remettre en état de reprendre leurs fonctions.

Ainsi, rien ne mérite plus d'attention que les services rendus au commerce d'importation ou d'exportation par les banques qui font des acceptations de lettres de change, tirées de l'étranger. Un producteur de matières premières à l'étranger tire par exemple une lettre de change non pas sur l'acheteur, mais sur un banquier qui prête son crédit à ce dernier. A l'échéance, le banquier est couvert par une remise de la maison qui a transformé les matières premières : une opération analogue peut se faire pour faciliter des exportations de produits fabriqués en France. Ce mécanisme des acceptations en banque a pris en Angleterre d'énormes proportions, comme le commerce extérieur lui-même de ce grand pays. Aussi comprend-on que le chancelier de l'Échiquier soit intervenu pour que les banques puissent, à l'échéance, faire honneur à leurs acceptations. Chez nous, la Banque de France a rempli son rôle en escomptant la plus grande partie des acceptations en cours. Elle en a mis dans son portefeuille pour près d'un milliard de francs ; elle accordera aux banquiers, qui n'ont pas reçu les couvertures sur lesquelles ils devaient faire fond, tous les délais nécessaires. Ce qui reste d'acceptations, en dehors du porte-feuille de la Banque, n'excède pas, suivant les calculs des hommes les plus compétents, quelques centaines de millions. Il ne sera pas très difficile de faire un arrangement qui per-mette de retirer ces acceptations de la circulation.

Il y a aussi des efforts à faire pour aider au payement en France des créances que nous avons sur les pays étrangers. Des difficultés de change sont un obstacle à ce rapatriement de l'argent qui nous est dû. Une convention que la Banque de France négocie avec la Banque d'État de Russie, sous les auspices du gouvernement impérial et avec le concours du gouvernement français, va permettre, nous l'espérons, aux débiteurs russes, de s'acquitter de la plus forte partie de leur dette envers des créanciers français, et du coup le change entre la France et la Russie s'en trouvera amélioré. D'autres conven-tions analogues peuvent être mises à l'étude. Tout cela est affaire de mesure. La Banque de France ne se refusera pas à aller jusqu'à la limite de ses forces. Ce qu'il ne faut pas, c'est qu'elle soit entraînée à faire plus que ne lui permettent ses obli-gations envers l'État. C'est la considération qui en ce moment doit dominer toutes ses résolutions et toute sa politique.

Ne convient-il pas d'envisager, dès à présent, les efforts qui seront à faire le jour assez proche, il faut l'espérer, où nos départements actuellement occupés par l'ennemi seront délivrés et le besoin qu'ils auront d'un secours efficace pour relever les usines en partie détruites, réparer les puits de mines, recon-stituer les approvisionnements de matières premières et assurer du travail à ces admirables populations industrielles et agri-coles de nos départements de l'Est et du Nord ? Qui fera aux chefs d'industrie, aux agriculteurs les avances nécessaires si ce n'est la Banque de France, avec l'intervention de l'État ? Celui-ci n'a pas l'intention de se dérober au rôle qui lui reviendra naturellement dans cette œuvre de reconstitution. Il ne s'ins-pirera pas seulement d'une idée de solidarité nationale qui est au fond de toutes les consciences, mais aussi de l'intérêt du pays si évidemment attaché à la prompte reprise de l'acti-vité industrielle, commerciale et agricole de ces régions qui contribuent si fortement à la richesse de la France et four-nissent de si grandes ressources pour l'établissement de nos budgets.

On voit, par ces exemples, que le rôle de la Banque de France doit s'élargir de plus en plus. C'est pour qu'elle puisse remplir ce rôle dans toute son ampleur que nous devons ménager ses forces et ne pas l'obliger à épuiser dès à présent ses réserves.

*
* *

Les crédits provisoires que nous vous demandons d'accorder, au titre du budget général, pour le premier semestre de 1915, s'élèvent au total de 8 525 264 407 francs.

Pour faire face à ces charges considérables, quelles ressources devons-nous prévoir?

Dans la situation actuelle, nous ne vous proposons, ni de créer de nouveaux impôts ni de relever les impôts existants[1]. On peut voir, par les chiffres que nous avons donnés, que la rentrée des impôts est difficile. Nous ne devons pas songer à ajouter en ce moment quelque chose aux charges que le pays supporte. Sans doute certaines régions et dans toutes les parties du pays certaines personnes souffrent moins que d'autres de la crise actuelle, mais des distinctions seraient plus que malaisées à établir et il vaut mieux attendre pour augmenter le poids des impôts que le pays ait été délivré de l'invasion et que la vie économique ait pu reprendre tout son élan.

Nous sommes obligés, par la force même des choses, de vous demander d'ajourner l'application des dispositions de la dernière loi de finances concernant l'impôt sur le revenu. Il a été reconnu que dans les circonstances présentes nous ne pourrions pas obtenir des contribuables soumis à l'obligation de l'impôt une déclaration exacte de leur revenu de l'année 1914, que la plupart d'entre eux et particulièrement les commerçants sont dans l'impossibilité d'établir. Quant aux éléments certains à l'aide desquels les contrôleurs doivent suppléer au défaut de déclaration, ils échappent, dans une situation aussi anormale que la nôtre, à l'administration. Ajoutons que plus de la moitié des contrôleurs des contributions directes ont été mobilisés, et qu'à ce seul point de vue l'établissement de l'impôt serait encore impossible pour l'année 1915. Il convient d'ajourner une première application qui, dans les circonstances actuelles, serait désastreuse pour l'avenir même de la réforme. Nous vous proposons de fixer au 1er janvier 1916 la date de l'établissement de cet impôt, auquel tous les Français qui en auront le moyen voudront patriotiquement se soumettre pour fournir au Trésor

---

1. Depuis la date à laquelle M. Ribot rédigeait cet exposé des motifs, il n'a proposé aucun impôt nouveau. Mais il a déposé, le 26 août 1915, un intéressant projet de loi sur le régime de l'alcool, supprimant enfin le privilège des bouilleurs de cru.

les ressources dont le pays aura, au lendemain de la guerre, un besoin si pressant.

En attendant que l'heure soit venue des réformes fiscales qui nous permettront de liquider le passé en même temps que d'asseoir sur de nouvelles bases l'équilibre de nos budgets, les moyens de trésorerie dont nous pouvons disposer sont largement suffisants pour parer, quant à présent, à tous les besoins de la situation. Le projet qui vous est soumis porte à deux milliards l'émission des bons du Trésor et prévoit la possibilité de relever ce maximum par décret pris après avis du Conseil d'État. La Banque de France nous fera, s'il est besoin, de nouvelles avances. Le gouvernement sera donc en mesure de pourvoir à toutes les charges, si lourdes qu'elles soient, résultant de la guerre. Il vous demande de lui faire confiance, quant au choix du moment où de véritables opérations d'emprunt pourront et devront être réalisées.

La France ne manquera pas de ressources pour soutenir cette guerre qu'elle n'a pas cherchée, mais qu'elle est résolue à poursuivre jusqu'au bout sans défaillance. Au point de vue financier, le seul que nous ayons à considérer ici, ses réserves sont telles qu'elle peut envisager sans inquiétude la prolongation des hostilités. Le terme de la guerre ne dépendra à aucun moment de l'état de nos forces financières. Que la France continue d'avoir foi en elle-même, elle aidera ainsi à la victoire finale que le monde entier pressent et qu'il attend, dans l'intérêt de la liberté des peuples et de la civilisation.

Lorsque M. Ribot est monté à la tribune du Palais-Bourbon, le 22 décembre 1914, pour déposer le projet de loi dont on vient de lire l'exposé des motifs, des acclamations prolongées se sont fait entendre sur tous les bancs des députés, depuis l'extrême droite jusqu'à l'extrême gauche. La même Chambre, qui l'avait renversé le 12 juin précédent, lui rendait, six mois plus tard, un hommage unanime : c'est aussi à l'unanimité et sans discussion que furent adoptés, dans les deux Chambres, les projets du ministre des Finances.

Il a été de même chaque fois que M. Ribot a demandé au Parlement des crédits ou des moyens nouveaux de Trésorerie. Qu'il s'agit d'obtenir l'autorisation d'accroître les émissions de bons de la Défense nationale ou de créer des obligations, le ministre des Finances à réussi à accomplir « l'union sacrée » par la sincérité de ses déclarations et la loyauté de ses actes. « Ce que nous faisons, disait-il, dans son éloquent discours du 18 mars 1915 à la Chambre des députés, n'est pas assurément une œuvre de génie ; mais, en tous cas, c'est une œuvre bien française, par ce que c'est une œuvre de sincérité, de probité et de clarté. »

En demandant au Parlement de porter à 6 milliards la limite d'émission des bons de la Défense nationale, M. Ribot a eu, le 7 mai suivant, une nouvelle occasion de parler de la situation financière de la France dans des termes éloquents et patriotiques. Nous détacherons du discours qu'il a prononcé à cette date [1], devant la Chambre des députés, le passage relatif aux arrangements conclus avec l'Angleterre en vue d'améliorer le change international.

J'ai été à Londres ces jours derniers. J'ai trouvé de la part du gouvernement tout entier, particulièrement du chancelier de l'Échiquier, M. Llyod George, les dispositions les plus amicales. C'est un plaisir d'avoir à négocier avec un esprit aussi vif, aussi ouvert, que celui du chancelier de l'Échiquier. Avec lui une négociation ne traîne pas et c'est une qualité que nous savons apprécier. En quelques heures tout a été réglé entre nous.

J'ai dit à M. Llyod George que nous avions de grands payements à faire aux États-Unis, au Canada, à Londres, et qu'il pouvait nous aider en nous faisant ouvrir des crédits en Angleterre.

Nous avons ensemble fait le compte des sommes que la France aurait à payer d'ici six mois. Six mois, c'est une longue période en temps de guerre pour un ministre des Finances ; je ne veux pas regarder plus loin pour le moment. (*Très bien ! très bien !*)

1. Discours inséré dans le *Journal officiel* du 8 mai 1915.

Et nous avons fait des évaluations, en restant peut-être au-dessous de la vérité, car je ne réponds pas que mon ami M. Millerand ne soit pas entraîné à dépasser ses propres prévisions. Je tâcherai d'obtenir qu'on ne fasse que des dépenses absolument indispensables, mais enfin nous sommes arrivés à un total d'un peu plus d'un milliard et demi pour les payements à faire dans ces six mois, soit aux États-Unis, soit au Canada, soit en Angleterre.

Nous nous sommes demandé sous quelle forme nous pouvions obtenir des crédits en Angleterre. Nous aurions pu émettre des bons du Trésor, comme nous l'avons fait au mois de janvier dernier, avec le concours de la Banque d'Angleterre ; nous avons placé à ce moment 10 millions de livres sterling, c'est-à-dire 250 millions de francs. Notre crédit est assez bien coté à Londres, puisqu'au Stock Exchange, ainsi que vous pouvez le voir par les journaux, ces bons émis à 5 p. 100, sont escomptés à 4 1/2.

Le crédit français est donc entier sur le marché de Londres. Si le Gouvernement ou la Banque voulaient faciliter une émission nouvelle, nous pourrions le faire dans de bonnes conditions ; mais le chancelier de l'Échiquier ne se soucie pas, en ce moment, qu'on fasse des emprunts sur le marché de Londres ; il n'en fait pas et ne désire pas que personne en fasse. Il nous a offert de nous ouvrir lui-même les crédits, de mettre à notre disposition cette somme de 1 milliard et demi à condition que nous ferions des envois d'or pour une proportion limitée, qui nous a paru parfaitement équitable, de moins d'un tiers des crédits totaux.

En d'autres termes, si nous envoyons à Londres, aux époques que nous voudrons, 500 millions d'or — c'est là un maximum — nous aurons en contre-partie non pas 500 millions, mais 1 500 millions, c'est-à-dire trois fois plus.

Il est parfaitement équitable qu'on nous demande un envoi d'or, parce que l'Angleterre ne pourra maintenir son change avec les États-Unis avec cette surcharge nouvelle que nous lui imposons qu'à la condition de faire elle-même des envois d'or aux États-Unis.

La combinaison est équitable ; elle était largement établie. Je l'ai acceptée en votre nom, messieurs, et j'espère que vous ne me désavouerez pas. (*Applaudissements.*)

Nous pouvons l'accepter, non pas comme un concours purement bénévole de nos alliés, mais comme une opération où chacun de nous apporte sa contre-partie. (*Très bien ! très bien !*)

Nous apportons de l'or qu'on nous demandait, que nous possédons et que nous pouvons offrir ; en échange, on nous offre des crédits. Je ne peux pas dire que c'est là un marché, mais c'est une de ces opérations qui se défendent elles-mêmes et où la dignité des deux peuples est pleinement sauvegardée, puisqu'ils s'apportent un don réciproque.

Quant au mécanisme de cette opération, il sera extrêmement simple. Nous émettrons des bons du Trésor que nous remettrons à la trésorerie, qui ne seront pas négociés et seront renouvelables tous les trois ou tous les six mois, en portant intérêt au taux même où le gouvernement anglais place ses propres bons. Ces bons seront renouvelables et seront définitivement remboursés un an après la conclusion de la paix.

Voilà l'accord. Je n'ai à vous le soumettre réglementairement qu'au point de vue de la création des bons du Trésor; le reste est une affaire de trésorerie, mais, au point de vue de la création de bons du Trésor, j'ai besoin de votre autorisation formelle et je vous la demande par le second article du projet de loi qui vous est actuellement soumis [1].

Je tenais à donner à la Chambre tout entière, comme j'ai fait à la commission du budget, suivant mon usage, ces explications. Je vous dis aujourd'hui tout ce que j'ai dit hier à vos collègues de la commission du budget; je l'ai toujours fait et je continuerai toujours ainsi. (*Vifs applaudissements.*)

. . . .

Cette collaboration des Chambres et du gouvernement est une des nécessités et des forces de la défense nationale (*Applaudissements*), à la condition que nous la pratiquions les uns et les autres dans l'esprit où elle doit l'être, c'est-à-dire dans un esprit d'abnégation personnelle qui se mette au-dessus de toutes les querelles et de toutes les divisions de parti (*Nouveaux applaudissements*), et aussi dans un sentiment de confiance dans l'avenir de nos armes et dans la victoire, dans la décision inébranlable de tout faire pour parer aux difficultés quelles qu'elles soient avant d'avoir atteint le but que le pays s'est proposé, et que la Chambre et le gouvernement se sont juré d'atteindre. (*Tous les députés se lèvent et applaudissent longuement. — M. le ministre des Finances, de retour à son banc, reçoit les félicitations unanimes de ses collègues.*)

---

1. Ce second article est ainsi conçu :

Le ministre des Finances est autorisé à créer des bons du Trésor à échéance de six mois au plus pour être escomptés par le gouvernement britannique à concurrence d'une somme maxima de 1 059 500 000 fr. (42 millions de livres sterling).

Ces bons seront renouvelables à leur échéance et devront être remboursés un an au plus tard après la conclusion de la paix.

Enfin, dans la séance de la Chambre du 25 juin 1915, à l'occasion de la discussion du projet de loi sur les douzièmes provisoires du troisième trimestre de 1915, le ministre des Finances a rappelé quelles étaient les charges de la défense nationale et il a donné au pays les avertissements que voici :

Nos dépenses, vous le savez, augmentent rapidement. Elles sont moins élevées que celles d'un pays voisin ; néanmoins par les chiffres qui vous ont été donnés, vous pouvez juger de la progression de ces dépenses. Elles étaient, dans les derniers mois de l'année 1914, de 1 340 millions par mois ; elles sont évaluées, en dehors des crédits supplémentaires possibles, à 1 860 ou 1 870 millions par mois pour le prochain trimestre.

Il ne faut pas hésiter à les faire, parce qu'il s'agit, pour la plus grande partie, de dépenses militaires. (*Applaudissements.*) La guerre a changé de caractère. Ce ne sont plus seulement les hommes qui se battent, avec quel courage et quel héroïsme ! ce sont des machines qu'il faut opposer à des machines. Il faut en avoir ainsi que des munitions, et, ministre des Finances, je ne veux pas ralentir ce mouvement, je ne veux pas ralentir la progression des dépenses, qui correspondent à une progression de notre force, et qui hâteront la fin de cette terrible guerre. (*Vifs applaudissements.*)

Il peut sembler vain, en présence de pareilles nécessités, de parler d'économies et cependant, de l'autre côté de la Manche, le chancelier de l'Échiquier faisait appel à l'esprit d'économie pour les pouvoirs publics, et aussi pour tous les particuliers, parce que, dans une pareille lutte, on ne doit rien négliger. Il faut que les particuliers épargnent pour apporter leurs économies au Trésor, c'est leur devoir. (*Applaudissements.*)

On ne se bat pas seulement en opposant sa poitrine aux coups ; ceux qui ne sont pas au front ont un devoir comme ceux qui combattent dans les tranchées (*Applaudissements*), c'est d'apporter et l'obole du pauvre et les capitaux du riche, de mettre tout cela en commun, parce que nous luttons pour le patrimoine commun de la France, pour sa vie, pour ses destinées. (*Vifs applaudissements.*)

LES DÉPENSES DE LA GUERRE

Les divers projets de crédits provisoires déposés par le ministre des Finances permettent de se rendre compte, approximativement, des dépenses nouvelles qu'a provoquées la défense nationale. Du 1er août au 31 décembre 1914, c'est-à-dire pendant les cinq premiers mois de la guerre, les crédits supplémentaires et extraordinaires ouverts par décrets se sont élevés à 6 441 millions; il faut y ajouter 30 millions de crédits nouveaux réclamés pas le projet de loi du 22 décembre, et dont il faut soustraire 15 736 000 francs d'annulations, soit au total 6 milliards et demi en chiffres ronds. Mais, ainsi que l'explique le ministre des Finances dans l'exposé cité plus haut, toutes les dépenses du ministère de la Guerre sont comprises dans les crédits extraordinaires, tandis que les dépenses des autres ministères, prévues dans le budget général de 1914, viennent s'y ajouter.

Le total des crédits accordés au ministère de la Guerre, pendant cette première période de cinq mois, s'est élevé à 6 092 millions. Voici les chiffres des chapitres les plus importants :

Solde de l'armée	686	millions.
Frais de déplacement et transports	267	—
Matériel de l'artillerie	329	—
Réquisition des voitures	223	—
Remonte et réquisition des animaux	921	—
Vivres et subsistances	2 030	—
Habillement et campement	646	—
Allocations aux militaires soutiens de familles et gratifications de réforme.	339	—

Pendant le premier semestre de 1915, les dépenses du même ministère de la Guerre ont été évaluées à

5 926 millions, auxquels il faut ajouter 916 millions de crédits additionnels demandés pour le même semestre, soit un total près de 13 milliards pour les onze premiers mois de la guerre. Le chapitre qui a subi la plus forte augmentation est celui du matériel de l'artillerie dont les crédits ont atteint 1 627 millions pendant le premier semestre de 1915.

Les crédits demandés par le ministre de la Guerre pendant la période du 1er juillet au 30 septembre 1915, se sont en outre élevés à 4 123 millions, dont 1 111 600 000 francs pour le matériel d'artillerie. Par conséquent, les crédits votés pour ce dernier chapitre qui comprend la fabrication des canons, des mitrailleuses, des fusils et des munitions, s'élèvent, du 1er août 1914 au 30 septembre 1915, au total de 3 067 millions. La période de production intensive du matériel de guerre semble donc avoir commencé le 1er janvier 1915, date à partir de laquelle il a été ouvert des crédits de 2 738 millions pour couvrir les dépenses engagées jusqu'au 30 septembre suivant.

Si l'on envisage la seule période des quatorze premiers mois de guerre, on s'aperçoit que le total des dépenses prévues dépasse 22 milliards. Mais comme, d'autre part, les départements ministériels autres que celui de la guerre ont continué à user des crédits ouverts par la loi de finances de l'exercice 1914, pendant les cinq derniers mois de cet exercice, le total des dépenses dépasse en réalité 24 milliards. Même en faisant abstraction des frais de mobilisation et de réquisition qui ont surtout pesé sur le premier mois de la guerre, on remarque que le montant des crédits ressort par mois et en chiffres ronds :

A 1 340 millions pour les cinq derniers mois de 1914;

A 1 665 millions pour le premier semestre de 1915;

A 1 870 millions pour le troisième trimestre de 1915.

En résumé, pendant les quatorze premiers mois de la guerre, les dépenses militaires proprement dites (Guerre et Marine) se sont élevées à 16 258 millions; celles de la dette publique, à 1 427 millions; les dépenses de solidarité sociale (allocations aux familles des mobilisés et entretien des réfugiés et rapatriés), à 2 318 millions; etc.

En ce qui touche les recettes et les moyens de trésorerie, le projet de loi relatif aux crédits provisoires du troisième trimestre 1915 fait les remarques suivantes :

Les recouvrements budgétaires, tels que les fait connaître la centralisation des écritures, se sont élevés, depuis le début de guerre jusqu'au 30 avril 1915, à 2 249 millions et demi, soit 1 188 millions pour les cinq derniers mois de 1914 et 1 061 500 000 francs pour les quatre premiers mois de 1915, marquant d'une période à l'autre un progrès d'une trentaine de millions dans la moyenne mensuelle.

Les payements effectués sont encore, bien entendu, notablement inférieurs aux crédits ouverts.

Depuis le 1ᵉʳ août 1914 jusqu'au 15 mai dernier, le Trésor a supporté :

1° L'excédent des dépenses publiques sur les recettes budgétaires, soit environ.......	11 831 millions.
2° Les avances consenties aux Chambres de Commerce pour achats de blé..........	48 —
3° Les avances faites directement à des gouvernements étrangers, non compris les bons du Trésor escomptés par la Banque de France................................	348 —
4° L'excédent des retraits sur les versements de ses correspondants.................	61 —
5° L'excédent des remboursements sur les émissions et renouvellements de bons ordinaires	322 —
	12 610 millions.

Durant la même période, le Trésor a bénéficié :

1° De l'excédent des émissions sur les remboursements ou conversions de bons de la Défense nationale, ainsi que du montant des bons placés à l'étranger....... 5 243 millions.

2° Du montant des souscriptions, en numéraire ou en bons de la Défense nationale, aux obligations de la Défense nationale. 1 104   —

3° Des versements effectués par les souscripteurs de l'emprunt 3 1/2 p. 100........   449   —

4° Des avances consenties par la Banque de France et par la Banque de l'Algérie... 5 525   —

                                                12 321 millions.

La différence entre les charges et les ressources a été prélevée sur l'encaisse qui est passée de 430 à 143 millions.

Il n'est pas sans intérêt de constater entre les derniers mois de 1914 et les premiers de 1915 des modifications heureuses dans la marche de nos opérations de trésorerie.

Les versements des correspondants du Trésor, largement dépassés par leurs retraits au cours de la première période, les balancent presque exactement pendant la seconde, grâce à l'augmentation du compte des dépôts particuliers dans les Trésoreries générales. Ce qui est plus important à noter, c'est que la proportion entre les ressources prêtées par le public et celles fournies par la circulation s'est renversée d'une manière complète. Du 1er août au 31 décembre 1914, les versements sur l'emprunt 3 1/2 p. 100 et les bons de la Défense nationale nous ont procuré, en nombre rond, 1 940 millions, soit à peine la moitié des 3 925 millions que nous avons dû demander à la Banque de France et à la Banque de l'Algérie. Du 1er janvier au 15 mai, le produit net des bons et des obligations de la Défense nationale, les versements sur l'emprunt 3 1/2 p. 100 nous ont apporté 4 856 millions, c'est-à-dire plus du triple des 1 600 millions d'avances nouvelles consenties par notre banque d'émission.

Ce sont là des symptômes rassurants, parce qu'ils témoignent de la confiance inébranlable qu'a le pays dans la victoire finale et de sa résolution de soutenir la guerre jusqu'au bout, si lourdes qu'en soient les charges. Le pays ne s'inquiète ni de la prolongation des hostilités ni des sacrifices qui lui sont imposés. Il ne voit que la grandeur du but à atteindre ; il donne un exemple de sang-froid, d'énergie et d'union qui suffirait à relever nos courages si, dans la lutte terrrible que nous soutenons, nous pouvions avoir le moindre doute sur la supériorité des forces militaires et financières dont nous disposons.

Le troisième projet de crédits provisoires pour l'exercice 1915, voté par la Chambre des députés le 24 septembre et par le Sénat le 28 septembre 1915, déclare enfin que, pour les trois derniers mois de cet exercice, les dépenses sont évaluées à 6 649 millions, dont 6 216 pour le budget général. L'augmentation s'élève, par rapport au trimestre précédent, à 592 millions. L'exposé des motifs ajoute les considérations que voici :

Cette progression est exclusivement imputable aux dépenses de la Guerre et de la Marine : les services de l'artillerie, de l'aéronautique, des constructions navales, les allocations aux familles dont le soutien a été appelé sous les drapeaux exigent des dotations croissantes et justifient presque, à eux seuls, le relèvement qui, pour ces deux ministères, atteint 798 527 701 francs. Nous avons d'ailleurs été amenés à grossir les prévisions des trois derniers mois d'une somme assez importante, correspondant aux insuffisances qui se sont révélées pour la période antérieure. Par contre, les chiffres que nous mettons sous vos yeux ne peuvent donner la mesure complète de notre effort militaire : des fabrications entreprises et des dépenses engagées, nous n'avons naturellement retenu que la part dont l'exécution paraît devoir être obtenue et dont le payement pourra intervenir avant la clôture de l'exercice.

Les demandes des autres départements accusent une diminution globale de 205 696 779 francs. Il n'y a pas lieu d'en conclure qu'une économie d'égale somme soit escomptée pour le prochain trimestre sur le fonctionnement normal des administrations. Une part de ces réductions a pour cause l'inégale répartition des dépenses entre les phases de l'année. De plus, à mesure que les mois s'écoulent, il devient possible d'évaluer avec une précision plus grande les restrictions que les circonstances ont apportées à l'activité des services et l'effet des décisions prises, dès l'origine, par le gouvernement en vue de modérer, au cours de la guerre, les charges de l'État. Nous avons recherché quelles disponibilités pouvaient être considérées comme acquises et nous nous sommes attachés à n'inscrire que les allocations complémentaires indispensables.

Nous ne saurions, dans ces conditions, limiter la comparaison aux deux derniers trimestres, et il convient, pour juger de notre situation financière, d'embrasser une période plus large.

Le budget général du dernier exercice, tel que l'avait fixé la loi du 15 juillet 1914, s'élevait en dépenses à.   5 191 643 085 fr.

Les crédits, que vous avez déjà ouverts ou qui vous sont demandés pour l'ensemble de l'année 1915, se montent, non compris les crédits d'exercices clos ou périmés, à.......   21 906 711 124 fr.

Dans cette augmentation de plus de seize milliards et demi, la plus forte part concerne, bien entendu, les dépenses de nos armées de terre et de mer. Il n'est évidemment possible de faire à cet égard aucun rapprochement entre une année de guerre et une année de paix.

Si l'on fait abstraction des crédits de la guerre, des crédits militaires de la marine et des colonies, on constate que les dotations des services civils sont passées de 3 382 millions à un peu moins de cinq milliards.

Cet accroissement de 1 618 millions s'explique, à concurrence de 1 461 millions environ, par les conséquences immédiates des hostilités.

C'est ainsi que les intérêts des bons et obligations de la Défense nationale, les frais de trésorerie ont exigé....   505 000 000 fr.

Il a été inscrit, pour la réparation des dommages de guerre, un premier acompte de....   300 000 000 fr.

L'entretien des réfugiés et rapatriés, les secours d'urgence dans les départements éprouvés par la guerre, l'assistance aux militaires tuberculeux, la rééducation des mutilés, les avances aux fonctionnaires communaux et départementaux des régions envahies, les allocations aux employés de chemins de fer belges, les bourses en faveur des orphelins de la guerre ont absorbé........................   248 500 000 fr.

Le fonds de chômage.....................   28 800 000 fr.

Le ravitaillement de la population civile...   120 100 000 fr.

La remise en état de voies de communication endommagées............................   58 100 000 fr.

L'insuffisance des produits des chemins de fer de l'État et les appels à la garantie d'intérêts des compagnies concessionnaires constituent une charge complémentaire de.........   189 400 000 fr.

Enfin, il a fallu faire face aux frais exceptionnels de la correspondance diplomatique, aux dépenses extraordinaires des résidences, à des dépenses secrètes plus considérables, et pourvoir à l'installation du gouvernement belge au Havre, ensemble.................... 11 500 000 fr.

Reste pour les services normaux, un accroissement net qui s'élève, en nombre rond, à 156 millions.

Cet accroissement n'est pas fait pour surprendre.

Comme nous l'avons fait observer dans l'exposé des motifs du projet de loi relatif aux six premiers douzièmes, l'exercice 1915 se trouvait grevé, par avance, de charges très lourdes.

Le service de l'emprunt 3 1/2 p. 100, celui de la dette viagère, la subvention à la Caisse des invalides de la marine, le jeu des annuités aux compagnies de chemins de fer, les remboursements à la Caisse des dépôts et consignations ont entraîné une surcharge de plus de.................... 40 200 000 fr.

Les retraites ouvrières et paysannes, la Caisse autonome des ouvriers mineurs, l'assistance aux aliénés sans domicile de secours ont réclamé. 34 700 000 fr.

Les subventions aux lycées et collèges...... 2 100 000 fr.

Il a paru nécessaire de poursuivre, en faveur de nombreux personnels, l'exécution de programmes d'amélioration dont le Parlement avait lui-même réglé l'échelonnement. Nous en avons respecté les échéances et nous avons tenu compte de l'annuité qui commence, pour certaines catégories d'agents, au 1ᵉʳ décembre prochain et dont le poids portera principalement sur l'exercice 1916. Il a fallu consolider, en outre, les emplois précédemment créés. Le tout exige, cette année, tout près de.......... 36 000 000 fr.

En dehors des créations de services, la guerre a eu des conséquences indirectes qui ont rendu plus onéreux les services normaux.

Les crédits spéciaux destinés au remplacement du personnel mobilisé ne sont pas inférieurs à................................. 31 300 000 fr.

En outre, les indemnités du personnel des postes se sont accrues de.................... 5 200 000 fr.

On a dû prévoir pour les agents de ce même service, ceux des eaux et forêts et les fonctionnaires de l'enseignement, un supplément de.. 775 000 fr.

Les frais matériels de régie se sont élevés de. 36 500 000 fr.

Il a fallu subvenir, par des crédits budgétaires, à la disparition de certains fonds de concours.................................... 27 200 000 fr.

et parer au déficit de plusieurs établissements ou services (lycées, École centrale, hospice des Quinze-Vingts, chemins de fer éthiopiens, chemin de fer et port de la Réunion)......... 6 600 000 fr.

Les dégrèvements, auxquels les circonstances nous ont amenés à recourir largement, les remboursements de taxes télégraphiques aux offices étrangers nous ont coûté.............. 32 300 000 fr.

Enfin, il a fallu faire état de certaines charges nouvelles. C'est ainsi que la restitution des droits sur l'absinthe, les indemnités aux cultivateurs et détenteurs de stocks de plantes sont prévues pour environ............ 38 500 000 fr.

Cet excédent de dépenses n'a pu être ramené de près de 900 millions à 156 qu'en recourant aux réductions de services, aux ajournements de travaux et d'entreprises que les circonstances nous paraissaient commander. Nous inspirant des indications présentées par les commissions parlementaires, nous avons fait porter sur les frais de personnel notre attention toute spéciale. Nous avons rigoureusement exclu toute amélioration pécuniaire nouvelle. Nous nous sommes attachés à ne laisser instituer, à l'occasion des événements actuels, aucune indemnité.

Quels qu'aient été nos efforts et le concours qui nous a été fourni par les différentes administrations, nous n'en devons pas moins constater l'inflation constante et générale de nos dépenses.

Le total des crédits ouverts depuis le début de la guerre se trouve porté à plus de 28 milliards. Il atteint 30 milliards et demi si l'on y joint les douzièmes du budget primitif de 1914 correspondant aux cinq derniers mois de l'année.

La moyenne mensuelle, si l'on défalque les frais de mobilisation et de réquisition qui ont affecté le premier mois, s'établit comme suit :

	Dépenses militaires.	Dépenses totales.
Cinq derniers mois de 1914..	800 millions.	1 340 millions.
Premier semestre de 1915...	1 100 —	1 665 —
Troisième trimestre de 1915.	1 300 —	1 870 —
Quatrième trimestre de 1915.	1 500 —	2 075 —

On voit que la progression que nous avions déjà signalée s'est exactement poursuivie. Les dépenses militaires suivent une marche ascendante, déterminée avant tout par le développement des fabrications de matériel. Le succès des émissions de bons et d'obligations de la Défense nationale entraîne l'élévation des charges de la dette, qui sont passées de 727 millions pour le premier semestre à 1 100 millions pour le second. Les charges que nous imposent nos obligations de solidarité sociale continuent de s'accroître avec le nombre des bénéficiaires. Les frais mensuels des allocations aux familles des mobilisés ont été successivement de 68 millions en 1914, de 127 millions pendant le premier semestre de 1915. Ils dépassent, pour le mois de juillet dernier, 178 millions. La dotation de ce service est de 1 832 millions depuis le 1er janvier, de 2 173 millions depuis le début de la guerre, et il est vraisemblable que cette somme se grossira encore de crédits additionnels assez importants.

Il en est de même de l'entretien des réfugiés et rapatriés. La moyenne mensuelle, au cours des périodes sus-indiquées, a été de 8, de 15, puis de 17 millions, pour atteindre 26 millions au cours du prochain trimestre. L'ensemble des crédits depuis le 1er août 1914, forme un total de plus de 262 millions qui, d'après les dernières indications des préfectures, doit être tenu pour un minimum.

Les recouvrements sur recettes budgétaires se sont élevés depuis le début des hostilités jusqu'au 31 août dernier à 3 580 millions, soit 1 188 millions pour les cinq derniers mois de 1914, et 2 392 millions pour les sept premiers mois de 1915.

En dehors de l'excédent des dépenses publiques sur les recettes budgétaires, le Trésor a dû faire face aux avances consenties en faveur des pays alliés. Les payements effectués de ce chef s'élevaient, au 15 mai dernier, à 348 millions. Ils dépassent, au 31 août, 648 millions.

Il a été pourvu à toutes ces charges au moyen des ressources que nous avons indiquées déjà.

Le montant des bons de la Défense nationale en circulation au 31 août atteint, y compris les bons placés à l'étranger, un total de 7 871 millions.

A la même date, les souscriptions en bons ou en numéraire, aux obligations de la Défense nationale avaient produit 2 241 millions.

Quelle qu'ait été l'abondance des ressources réalisées sous cette double forme, il ne convient pas, en présence des nécessités d'une lutte qui doit se prolonger, de s'en tenir aux émissions d'effets à court terme. Le gouvernement se propose de vous soumettre prochainement un projet d'emprunt.

Il importe de prendre, à l'heure voulue, toutes les mesures commandées par la situation. Si lourdes soient-elles, nos obligations apparaissent encore comme inférieures à celles des autres grands pays engagés dans le même conflit que nous. En sollicitant, le 20 août dernier, un crédit destiné à porter à près de 37 milliards de francs les dotations accordées depuis le début des hostilités, le secrétaire du Trésor, M. Helfferich, déclarait à la tribune du Reichstag que les dépenses militaires de l'Allemagne atteignaient bien près de 2 500 millions de francs par mois. Celles de la Russie, d'après un récent exposé de M. Bark, ministre des finances, présentent pour l'ensemble de 1915 une moyenne mensuelle d'environ 1 600 millions, qui sera dépassée de plus de 200 millions pendant chacun des derniers mois. Cette moyenne était, pour l'Angleterre, de 2 100 millions du 1er avril au 30 juin de cette année. Dans son discours du 20 juillet dernier, le premier ministre, M. Asquith, évaluait à 2 500 millions les dépenses mensuelles résultant de la guerre à partir du mois de septembre. D'après les comptes de la Trésorerie, ce chiffre est actuellement dépassé.

Chez tous les belligérants, les dépenses militaires suivent donc la même courbe rapidement ascendante, et l'effort financier qui s'impose à la France reste, jusqu'à ce jour, en deçà de ceux que fournissent ses alliés et ses adversaires. Cette constatation est bien faite pour rassurer ceux qui connaissent l'étendue des ressources de notre pays et son inébranlable résolution de ne marchander aucun des sacrifices qui seront le prix de la victoire finale. C'est donc dans un sentiment d'absolue confiance que nous vous demandons de voter les crédits destinés à subvenir jusqu'à la fin de cette année aux besoins de nos armées et de nos services, et que nous convierons demain l'épargne française à faire au nouvel emprunt national l'accueil que les appels du Trésor ont toujours trouvé près d'elle dans le passé.

Nous sommes d'avance convaincu que le pays répondra à l'appel patriotique du ministre des Finances comme il l'a toujours fait jusqu'ici. Au surplus, n'est-ce pas, grâce à la solidité de la Banque de France et à la puissance d'épargne de notre pays qu'il a pu faire face aux charges croissantes de la guerre? Le placement des bons et des obligations de la Défense nationale a permis de ménager le crédit de la Banque, en limitant sa circulation, puisque, au fur et à mesure que les billets sortent des caisses, ils y reviennent sous forme de souscriptions aux emprunts du Trésor. Si le public comprend qu'il a le devoir de faire des économies et de les transformer en bons, en obligations et en rentes françaises, au lieu de thésauriser ; si, se rendant compte que ces titres ont exactement la même valeur que les billets de banque, il n'hésite pas à y souscrire, le crédit de la France se fortifie et favorise le succès de nos armes.

Sans doute, par ces ingénieuses combinaisons d'emprunts, l'État augmente sa dette et supporte des charges d'intérêt de plus en plus lourdes. Mais il ne peut faire autrement ; il n'a pas d'autre moyen de procurer au Trésor les ressources nécessaires pour subvenir à des dépenses dont l'énormité n'avait pas pu être envisagée et dont la liquidation sera certainement très difficile. A côté de celles que l'on voit, parce qu'elles apparaissent dans les cahiers de crédits réclamés aux Chambres, il y a celles que l'on ne voit pas encore et dont il est impossible de prévoir le chiffre : les pensions à payer aux veuves et aux orphelins des soldats morts pour la patrie ; les allocations aux mutilés qui ont défendu avec tant de vaillance le sol national ; les indemnités aux régions qui ont tant souffert de l'invasion et de l'occupation de l'ennemi ; des blessures sans nombre qu'il faudra guérir ; des ruines incalculables qu'il faudra réparer.

LE DEVOIR DES POUVOIRS PUBLICS

L'esprit de solidarité par quoi se développe une grande nation et sans quoi elle ne peut même vivre, aidera notre pays à supporter tant d'épreuves et à aplanir tant de difficultés. Les sacrifices seront très durs : ils s'imposeront cependant avec une force irrésistible; ils nécessiteront de la part des pouvoirs publics beaucoup de courage, un sentiment élevé de justice fiscale, une claire vision de l'intérêt national.

A cet égard, bien des préjugés sont à dissiper, bien des erreurs à éviter. Rien ne serait plus funeste que de recommencer, dans le Parlement, les discussions qui ont eu lieu, avant la guerre, au sujet de l'impôt sur la rente : il faut, au contraire, renouveler au pays la promesse que les titres du Trésor, anciens et nouveaux, continueront à jouir des immunités fiscales qui leur ont été accordées dans l'intérêt de l'État. A quoi servirait-il, en effet, que le coupon de la rente française fût frappé d'une retenue qui produirait à peine quelques millions, alors qu'il s'agit de faire affluer dans les caisses de l'État les milliards indispensables pour supporter des charges si lourdes et pour réparer, après le succès de nos armes, les ruines d'une guerre sans précédent? A quoi servirait-il même d'appliquer la nouvelle taxe sur le revenu global, votée par les Chambres en 1914, et jusqu'ici ajournée? On a évalué à 50 ou 60 millions par an, avec beaucoup d'optimisme, les ressources qu'elle pourrait fournir : par l'accroissement de divers impôts, auxquels le public est déjà habitué, il serait aisé de se procurer plus d'un milliard. On ne lâche pas la proie pour l'ombre : le meilleur des impôts est celui qui donne le plus fort rendement et qui soulève les moindres objections.

L'Angleterre, dont on cite si souvent l'exemple, s'est bien gardée de se livrer à des expériences fiscales : elle a mieux aimé augmenter les impôts appliqués depuis un siècle. On oublie toujours que si, chez nos voisins, l'impôt sur le revenu par cédules a résisté aux critiques dont il était l'objet, c'est parce qu'il a été perçu dans un esprit de justice très difficile à acclimater en France où les mœurs politiques et les traditions administratives sont si différentes. L'Angleterre n'a jamais connu le fléau de l'ingérence parlementaire dans les actes administratifs; les députés n'interviennent pas entre le fisc et les contribuables : le fisc ignore l'opinion politique des assujettis et les contribuables se défendent seuls contre les abus. Il n'en est pas de même en France où le régime du favoritisme électoral n'a point encore disparu.

On peut espérer, il est vrai, que les terribles leçons de la guerre changeront bien des habitudes mauvaises, que l'esprit de sacrifice à l'intérêt général, qui s'est si largement développé parmi les hommes du front, servira d'exemple aux hommes politiques et atténuera ce souci trop exclusif des intérêts particuliers qui a si souvent obscurci leur conscience. Souhaitons donc que ces sentiments nouveaux se manifestent et que triomphe enfin le principe de justice administrative et d'égalité fiscale. La politique et les programmes de parti ont fait leur temps. Pour remplir sa tâche et ses devoirs, il faut que le gouvernement soit, pendant de longues années, un gouvernement vraiment national, soucieux d'assurer la paix et l'union intérieures à un pays que les épreuves et les deuils, supportés avec tant d'héroïsme, ont d'ailleurs transformé, régénéré et grandi.

TABLE DES MATIÈRES

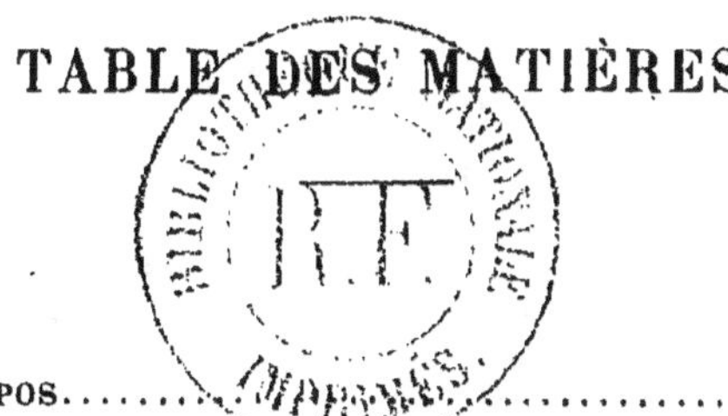

PREMIÈRE PARTIE

AVANT LA GUERRE

CHAPITRE I

Le budget.

CHAPITRE II

L'accroissement des charges publiques.

CHAPITRE VI

La Bourse de Paris.

CHAPITRE VII

Les sociétés de crédit.

CHAPITRE VIII

La Banque de France.

CHAPITRE IX

La gestion des finances publiques pendant la guerre.

CHAPITRE X

Le budget de la Défense nationale.

333-15. — Coulommiers. Imp. PAUL BRODARD. — 10-15

La Question sociale et le mouvement philosophique au XIXe siècle, par **Gaston Richard**, professeur à l'Université de Bordeaux. Un volume in-18, broché. . . . . **3 fr. 50**

La pensée philosophique a-t-elle été étrangère à la transformation sociale de notre époque? Tel est le problème qu'étudie M. G. Richard. Il s'attache à prouver que seule la philosophie pouvait démontrer que la question sociale est, au fond, une question morale que l'on ne peut résoudre, ni même bien comprendre si l'on élude le double problème du droit et du mal. A l'appui de sa thèse, l'auteur soumet à un nouvel examen critique plusieurs points d'histoire souvent controversés, concernant les rapports de filiation entre les écoles philosophiques et les écoles socialistes du xixe siècle.

Conduit avec une méthode rigoureuse, constamment appuyé sur l'étude des sources, ce travail aboutit à des conclusions neuves et personnelles. Un Index bibliographique permet au lecteur de contrôler et d'étendre la solide documentation de l'ouvrage.

La Famille française et son évolution, par **Louis Delzons**. Un volume in-18, broché. . . . . **3 fr. 50**

« Avec l'autorité du jurisconsulte et l'expérience du romancier, qui a mesuré à la fois la valeur et la portée des articles de nos Codes et observé leur influence et leurs effets sur le caractère de la société contemporaine, M. Louis Delzons étudie les tendances nouvelles de notre époque; où mène depuis un siècle, en France, l'évolution de la famille, si rapide et si complète en ces dernières années. » *(Revue des Deux Mondes.)*

L'Évolution de la France Agricole, par **Michel Augé-Laribé**. Un volume in-18, broché. . . . . **3 fr. 50**

« Cet ouvrage est l'exposé précis de la transformation industrielle de l'agriculture et aussi de la transformation morale du monde de la terre. Il y a là un très gros problème, dont bien peu de nos contemporains se doutent, et dont on voit vite les conséquences économiques, politiques et surtout sociales à la lumière des faits développés brillamment par Michel Augé-Laribé. » *(Le Parlement et l'Opinion.)*

Les Transformations du Droit Civil, par **Joseph Charmont**, professeur à l'Université de Montpellier. Un volume in-18, broché. . . . . **3 fr. 50**

« Écrit d'une manière très objective, ce bref, mais ingénieux ouvrage expose, avec une pénétrante sagacité, l'évolution du droit privé sur les trois points fondamentaux de la famille, de la propriété, de la responsabilité. Mais avec une infinie discrétion, M. Charmont laisse entrevoir ses vues plus qu'il ne les indique. L'évolution n'a-t-elle pas ou le plus souvent d'heureux résultats? Pourtant n'inspire-t-elle pas aussi des inquiétudes? Ne laisse-t-elle pas parfois, des regrets? L'auteur, ici, discrètement s'efface; il n'a voulu que nous montrer des courants, des luttes d'idées. Il n'entend pas se mettre en scène et l'on ne peut, à cet égard, qu'apprécier son tact. » *(Revue de Droit international privé.)*

Les Transformations du Droit public, par **Léon Duguit**, professeur de droit à l'Université de Bordeaux. Un volume in-18, broché. . . . . **3 fr. 50**

« L'auteur montre la désagrégation de notre ancien système juridique et les conceptions nouvelles qui semblent présider à l'élaboration d'un nouveau système. L'influence des faits économiques est ici prépondérante ; et c'est ainsi que dans l'idée qu'on tend à se faire de l'Etat, la notion de souveraineté ou de droit subjectif va s'effaçant devant la notion, plus réaliste, de service public. On retrouvera dans ce volume la netteté et la vigueur de pensée qui ont fait apprécier M. Duguit des juristes et des philosophes. »

(Le Correspondant.)

Paraîtront successivement :

A travers la France, par ARDOUIN-DUMAZET. — **Le Mouvement syndical**, par FÉLICIEN CHALLAYE. — **L'Alsace-Lorraine**, par F. ECCARD. — **La Politique de l'Église catholique**, par MAURICE PERNOT. — **La Philosophie du Syndicalisme**, par EDOUARD BERTH. — **L'Organisation de l'Expérience sociale**, par CHARLES ROLLAND.

OUVRAGES GÉNÉRAUX

Les Systèmes Socialistes et l'Évolution économique, par **Maurice Bourguin**, professeur d'Économie politique à la Faculté de droit de Paris. 4ᵉ ÉDITION *revue et corrigée, augmentée d'un index alphabétique des auteurs cités et des matières traitées.* Un volume in-8° cavalier (23ᵉ × 16ᵉ), 560 pages, broché. . . **10 fr.**

Ouvrage couronné par l'Académie des Sciences morales et politiques :
Prix Wolowski et Prix J.-B. Chevallier.

« C'est là une œuvre forte et loyale qui vaut d'être méditée par les hommes de toutes les tendances et de tous les partis. La documentation en est sérieuse et sobre, les analyses pénétrantes et exactes. M. Bourguin combat les systèmes sans parti pris d'école et sans préjugé de classe. A la probité d'analyse et d'interprétation s'ajoute l'inspiration sociale et humaine la plus libre, la plus démocratique et la plus large. » (JEAN JAURÈS. — *L'Humanité.*)

« L'œuvre de M. Bourguin est le fruit d'un labeur considérable ; le raisonnement pur y eut pour auxiliaire une méthode d'observation rigoureuse. Le lecteur, en même temps qu'il reconnaît l'analyste subtil et pénétrant, apprécie l'homme de cœur hanté par l'image obsédante de la misère. Il lui sait gré d'avoir écrit une œuvre d'une haute portée philosophique et scientifique tout à la fois. » (*Revue d'Économie politique.*)

La Sociologie de Proudhon, par **C. Bouglé**, chargé d'un Cours à la Sorbonne. Un volume in-18, broché. . . . **3 fr. 50**

« De Proudhon se réclament aujourd'hui les théoriciens du syndicalisme révolutionnaire, les réformistes radicaux socialistes, les anti-collectivistes. Pour les uns, c'est un anarchiste ; pour les autres, un des maîtres de la contre-révolution. Qui croire ? Où est l'unité de la pensée proudhonienne ? M. Bouglé estime que c'est la sociologie de Proudhon qui fournit la clef de beaucoup de ses thèses, c'est-à-dire ce postulat que la société n'est pas la simple somme des unités qui la composent, que cette force collective est une réalité originale. La démonstration de M. Bouglé est judicieuse et brillante. »

(Revue de Paris.)

— III

Nos Libertés politiques : *Origines, Évolution, État actuel,*
par **Maurice Caudel,** professeur à l'École libre des Sciences politiques. Un volume in-18, 462 pages, broché. . . . . **5 fr.**

Ouvrage couronné par l'Académie des Sciences morales et politiques.

« Sans révérence exagérée pour les formules consacrées, M. Caudel va au fond des choses et son livre est une très sincère et perspicace philosophie de l'histoire et de la politique depuis plus d'un siècle. Même ceux que risque d'irriter sa méthode ou qui seront surpris de ses conclusions trouveront le plus grand profit à suivre attentivement ses considérations. Elles sont établies sur une connaissance profonde des faits et sur une sincérité de raisonnement auxquelles il est difficile de ne pas rendre justice. Le sujet est traité avec une liberté de jugement et une acuité d'esprit qui réservent au lecteur de rares jouissances. »   (*Le Correspondant.*)

Traditionalisme et Démocratie, par **D. Parodi.** Un vol.
in-18, broché. . . . . **3 fr. 50**

« C'est un livre de grande valeur et solidement pensé que cette étude d'un intérêt tout actuel. Tous ceux qui s'appliquent aux questions sociales du temps présent trouveront plaisir non moins que profit à le lire. Par l'analyse des doctrines ou opinions de MM. Brunetière, P. Bourget, M. Barrès, comme par l'étude des notions d'égalité, de liberté, de démocratie, M. Parodi a très bien su opposer les deux tendances pragmatiste et rationaliste de notre temps. »   (*La Revue de Paris.*)

Syndicats et Services publics, par **Maxime Leroy.** Un
volume in-18, broché. . . . . **3 fr. 50**

« On lira avec beaucoup d'intérêt et de profit cet ouvrage qui traite sérieusement une question sérieuse. Il y a là un ensemble de faits, de phénomènes sociaux contre ou pour lesquels les beaux discours ne feront rien; ce qui importe, c'est de les connaître, de les préciser et d'en comprendre la portée ; c'est à quoi M. Maxime Leroy a remarquablement réussi en étudiant « ces mouvements confus et diffus, qui pressent, menacent et débordent même les antiques notions du droit public auxquelles, depuis Rome, l'humanité attache tous ses sentiments d'ordre et de liberté. »   (*Le Figaro.*)

Tableau politique de la France de l'Ouest *sous la Troi-*
sième République, par **André Siegfried.** Un volume in-8° raisin, avec 102 cartes et croquis dans le texte et une carte hors texte, broché . . . . **12 fr.**

L'étude de nos scrutins législatifs révèle l'existence de frontières électorales et de régions politiques. Si l'on veut connaître l'esprit et l'orientation de l'opinion politique française, il est nécessaire de l'analyser dans sa répartition territoriale.

Soumettre à cette classification géographique la France politique contemporaine, apprécier, à l'épreuve de leur continuité, la réalité des opinions et des tendances, sonder leur nature en voyant comme elles « réagissent » sous l'action des événements, déterminer ainsi, en dressant la topographie des partis, les liens intimes qui les attachent au sol ou à certains sols, deviner par là les tempéraments politiques divers des races et des classes, tel a été le but de M. A. Siegfried en ce qui concerne nos provinces de l'Ouest. L'œuvre qu'il a entreprise est une œuvre de psychologie politique et de géographie humaine.

Problèmes politiques du Temps présent, par **Émile Faguet**, de l'Académie française, professeur à l'Université de Paris. Un volume in-18 (3ᵉ ÉDITION), broché. . . . . **3 fr. 50**

Sur notre régime parlementaire. — Armée et Démocratie. — Le socialisme dans la Révolution française. — La Liberté de l'Enseignement. — Les Églises et l'État.

« M. Émile Faguet apporte en ce volume cette même intelligence subtile et ce même esprit de sincérité qu'il déploie en sa critique des hommes et des œuvres. Sans vouloir donner de conseils, il s'attache du moins à nous expliquer son avis sur toutes les grandes questions qui ont occupé et divisé les esprits jusqu'à la fin du XIXᵉ siècle. On trouve partout, en ces études, des idées précises et fortes qui s'imposent à la réflexion. »

(Revue de Paris.)

Questions politiques, par **Émile Faguet**, de l'Académie française. Un volume in-18 (2ᵉ ÉDITION), broché. . . . . **3 fr. 50**

La France en 1789. — Décentralisateurs et Fédéralistes. — Le socialisme en 1899. — Que sera le XXᵉ siècle?

« Ces études sont toutes abondantes, réfléchies et documentées : l'auteur, tout en accordant la plus grande place au *socialisme*, a su y faire entrer toutes les questions intéressantes et trouver prétexte à nous donner de tous les problèmes sa solution personnelle. Le volume se termine par un long et curieux chapitre : « Que sera le XXᵉ siècle? » M. Faguet apporte en cette vaste méditation toute l'autorité de son expérience et toute sa logique à la fois subtile et précise. »

(Revue de Paris.)

Études politiques, par **Émile Boutmy**, membre de l'Institut. Un volume in-18, broché . . . . **3 fr. 50**

« Deux essais sur la *Souveraineté du peuple*, sur la *Déclaration des droits de l'homme et M. Jellinek*, deux notices sur *A. Bardoux* et *Albert Sorel*, telle est la matière de ce livre posthume. Comme dans les précédents ouvrages d'Émile Boutmy, on admirera, dans ces analyses d'esprits et d'idées, une grande finesse de psychologie et, dans le style, une forme subtile et nuancée. »

(Revue de Paris.)

« Ceux qui aborderont ce livre y trouveront cette finesse de l'observation, cette clarté, cette force de pensée qui marquent les ouvrages de M. Boutmy; ils y prendront une utile leçon de discussion courtoise et d'impartialité sereine. »

(Revue Suisse.)

Études de Droit constitutionnel (*France — Angleterre — États-Unis*), par **Émile Boutmy**, membre de l'Institut. Un volume in-18 (6ᵉ ÉDITION), broché. . . . . **3 fr. 50**

Ce volume renferme trois importantes études qui se font valoir et se complètent mutuellement. Dans la première, l'auteur nous expose un tableau critique et une classification aussi complète que possible des sources de la constitution anglaise. Le second « essai » ouvre une suite d'échappées et, pour ainsi dire, de vues latérales sur la constitution des États-Unis. Enfin la troisième étude forme en quelque mesure la conclusion des deux précédentes. L'auteur se propose de faire ressortir par une comparaison plus serrée et plus suivie avec la France, les différences non seulement de forme et de structure, mais d'essence et de genre qui existent entre la constitution anglaise, la constitution des États-Unis et la nôtre.

— VII

Bulletin du Ministère du Travail et de la Prévoyance sociale (ancien *Bulletin de l'Office du Travail*), paraissant le 20 de chaque mois.

ABONNEMENT ANNUEL (de janvier).

France et Colonies. . . . . 2 fr. 50 | Union postale . . . . 3 fr. 50
Le numéro. . . . . 20 cent.

A consulter :

Bibliothèque du Mouvement Social Contemporain (voir page I).
Syndicats et Services publics, par MAXIME LEROY. . . . 3 fr. 50

QUESTIONS DU TEMPS PRÉSENT. Collection de brochures in-16. Chaque brochure. 1 fr.

Littérature et Conférences populaires, par *Paul Crouzet*.
Le Rôle social des Universités, par *Max Leclerc*.
Le Baccalauréat de l'Enseignement secondaire (Projets de réforme), par *E. Boutmy*.
De l'Éducation moderne des Jeunes Filles, par *M. Dugard*.
L'Ame française et les Universités nouvelles, selon l'esprit de la Révolution, par *J. Izoulet*.
L'État et l'Église, par *Charles Benoist*.
Ce qu'on va chercher à Rome, par *Léon Ollé-Laprune*.
La Doctrine politique de la Démocratie, par *Henry Michel*.
M. Brunetière et l'individualisme (A propos de l'article « Après le procès »), par *A. Darlu*.
La Lutte contre le Socialisme révolutionnaire, par *Georges Picot*, de l'Institut.
Autour de la Conférence interparlementaire, par *Gaston Moch*.
Le Parti modéré ; ce qu'il est, ce qu'il devrait être, par *Paul Laffitte*.
L'Impôt démocratique sur le Revenu, par *Kergall*.
Les Grèves et la Conciliation, par *Arthur Fontaine*.
La Morale de la Concurrence, par *Yves Guyot*.
Le Féminisme aux États-Unis, en France, dans la Grande-Bretagne, en Suède et en Russie, par *Kaethe Schirmacher*.
L'Émigration des Femmes aux Colonies, par *J. Chailley-Bert*.
Le Problème de la dépopulation, par le *Dr J. Bertillon*.
Les Pays de France. Projet de fédéralisme administratif, par *P. Foncin*.
La Politique coloniale de la France (L'Age de l'Agriculture), par *J. Chailley-Bert*.
Le Gouvernement de l'Algérie, par *Jules Ferry*.
Lettres d'un Économiste classique à un Agriculteur souffrant, par *Ernest Brelay*.
Une voix d'Alsace, par *Ignotissimus*.

ALLEMAGNE

Les Universités allemandes au XX⁰ siècle, par le Dᵣ René Cruchet, professeur agrégé à l'Université de Bordeaux. Un volume in-18, broché. . . . . **4 fr.**

Le Dʳ René Cruchet a visité les vingt Universités que compte aujourd'hui l'Allemagne. Il s'est efforcé, en replaçant chaque centre universitaire dans son cadre, parmi ses idées, ses usages et ses traditions, d'en montrer les particularités originales. Chacune de ces Universités lui est apparue comme un tout autonome, ayant ses souvenirs glorieux, ses représentants caractéristiques et ses tendances propres. Ecrit dans une langue agréable, égayé d'anecdotes et de fines descriptions, agrémenté de piquantes interviews d'Universitaires allemands réputés, ce livre est à consulter par tous ceux qui s'intéressent aux Universités en général, et plus spécialement, à l'avenir de nos Universités françaises.

L'Impérialisme allemand, par Maurice Lair. Un volume in-18 (2ᵉ ÉDITION), broché. . . . . **3 fr. 50**

Ouvrage couronné par l'Académie française, Prix Marcelin-Guérin.

« L'intérêt de ce livre n'échappera à personne. C'est un très sérieux document sur le développement politique et économique d'un des plus grands Etats d'aujourd'hui. M. Lair y fait, pour l'Allemagne, ce que M. Victor Bérard a fait pour l'Angleterre dans son ouvrage *L'Angleterre et l'Impérialisme*. Les deux volumes se complètent et s'éclairent mutuellement et seront inséparables l'un de l'autre sur la table de l'homme politique comme sur celle de l'homme d'étude. » (*Annales des Sciences politiques.*)

Les Cartells de l'Agriculture en Allemagne, par A. Souchon, professeur à la Faculté de droit de Paris. Un volume in-18, broché. . . . . **4 fr.**

« Ce qu'étaient et ce que sont les cartells en Allemagne, voilà ce que nous apprend M. Souchon. Ecrit dans un style très clair, accompagné de nombreux appendices donnant la traduction des divers traités du Kornhaus, des traités des cartells de l'alcool, du sucre, etc., son livre sera lu en France avec autant d'intérêt que de profit, car il vient à son heure. » (H. HITIER. — *Journal d'Agriculture.*)

L'Expansion allemande hors d'Europe (*États-Unis, Brésil, Chantoung, Afrique du Sud*), par E. Tonnelat. Un volume in-18, broché. . . . . **3 fr. 50**

« C'est le tableau des ambitions, des méthodes, des déceptions de la *Weltpolitik* impériale, dans ses tentatives d'expansion chez les Blancs, les Jaunes, les Noirs. Et c'est une psychologie précise et curieuse de l'Allemand qui, un peu honteux de sa langue à l'étranger, disposé à adopter pour patrie la terre où il peut vivre en paix, oublieux assez vite de son pays d'origine, finit par se fondre dans les autres peuples. » (*Revue de Paris.*)

« Ce livre est un de ceux qu'il faut lire avec attention, parce qu'il comporte en même temps un enseignement et une critique, tous deux également profitables à l'avenir économique de notre pays. » (*Gil Blas.*)

La France et Guillaume II, par Victor Bérard. Un vol. in-18 (2° ÉDITION), broché. . . . . 3 fr. 50

« Il n'y a pas de sujet qu'il faille toucher d'une main plus délicate. A cette heure, il était utile qu'un historien donnât, en des pages claires et précises, une idée des relations existant entre la France et l'Empereur allemand. Mais, pour traiter ces questions, il fallait une plume alerte, un esprit renseigné et clairvoyant, un tact spécial à discerner dans la masse des documents apportés par une actualité en fièvre d'information, ceux dont il convient de faire état. M. Bérard s'est acquitté de sa tâche avec bonheur. Il parle le langage de la raison sans se défendre d'une franchise audacieuse, lorsqu'il sent que cette franchise sert la cause de la vérité. »　　　(Le Figaro.)

A consulter :

L'Émigration européenne au XIX° siècle (Allemagne, etc.), par R. Gonnard. In-18, broché. . . . . 3 fr. 50

Les Régimes douaniers, par B. Nogaro et M. Moye. . . . 3 fr. 50

Les Syndicats industriels de Producteurs en France et à l'Étranger (Trusts, Cartells, Comptoirs), par Paul de Rousiers (v. p. IX).

Les Traités ouvriers, par Albert Métin (voir page X).

Marine française et Marines étrangères (Allemagne, etc.), par le C¹ L. Abeille (voir page XI).

La Question polonaise, par R. Dmowski. In-18, br. . . . . . 4 fr.

ANGLETERRE ET EMPIRE BRITANNIQUE

La Formation sociale de l'Anglais moderne, par Paul Descamps. Préface de Paul de Rousiers. Un vol. in-18, br. 4 fr.

Comment l'Anglais acquiert-il les caractères sociaux qui lui sont propres Pour répondre à cette question, M. P. Descamps étudie l'influence du métier, de la vie familiale et de l'éducation sur la formation de l'individu, puis l'ouvrier à l'atelier et dans son home, l'éducation dans les écoles, la hiérarchie des classes et le rôle social des individus. Cet ouvrage, fruit d'enquêtes personnelles et d'une observation réfléchie, véritable mine de renseignements sur l'organisation sociale de l'Angleterre contemporaine apporte une précieuse contribution à l'étude des questions d'éducation et à la science sociale.

Londres et les Ouvriers de Londres, par D. Pasquet, docteur ès lettres, professeur au lycée Condorcet. Un volume in-8° raisin, avec une planche hors texte, 23 cartes et graphiques dans le texte, broché. . . . . 12 fr.

L'auteur de cet ouvrage a voulu présenter dans un tableau d'ensemble les caractères généraux de la vie ouvrière à Londres, et montrer comment les conditions géographiques, historiques et économiques concourent à rendre particulièrement misérable la situation d'une grande partie du monde ouvrier, et particulièrement difficile les entreprises d'amélioration sociale ou morale.

C'est la première fois que l'on essaie d'étudier ainsi un problème complexe et vivant de phénomènes sociaux et de montrer comment ils réagissent les uns sur les autres. Aussi cet ouvrage, d'une documentation minutieuse, doit-il être lu par tous ceux qui s'intéressent aux questions sociales.

Essai sur les Origines de la Chambre des Communes,
par **D. Pasquet**. Un vol. in-8° raisin, broché . . . . **5 fr.**

D'après l'opinion généralement admise, la Chambre des Communes serait sortie d'un mouvement révolutionnaire dans lequel noblesse et bourgeoisie se seraient unies, au cours du XIII° siècle, pour limiter le pouvoir du roi. L'auteur de cet ouvrage prouve, par des textes empruntés aux documents officiels, que la convocation des députés des comtés ou des villes, dont la réunion forma au XIV° siècle la Chambre des Communes, est avant tout l'œuvre des rois eux-mêmes, d'Edouard I*r* principalement.

La Crise Anglaise : *Scènes électorales. La Réforme constitution-nelle. Le Problème financier. La terre. Libre échange et réforme douanière*, par **Philippe Millet**. Un volume in-18, br. **3 fr. 50**

« Ce livre n'a rien d'académique : l'auteur décrit ce qu'il a vu et aussi ce qu'il a vérifié et appris dans les documents après qu'une conversation l'a mis sur la piste d'un problème. C'est la déposition d'un témoin impartial que sa connaissance de la langue et des mœurs anglaises et son goût de l'observation directe ont préparé à bien voir et à bien entendre. » (*Revue de Paris.*)

Le Développement de la Constitution et de la Société politique en Angleterre, par **Émile Boutmy**, membre de
l'Institut, directeur de l'École libre des Sciences politiques. Un volume in-18 (6° ÉDITION), broché . . . . **3 fr. 50**

Comment se sont formés les éléments essentiels qui constituent l'Angleterre politique moderne, voilà le problème dont M. Emile Boutmy va chercher la solution dans l'étude approfondie de son histoire. Nous suivons l'auteur, avec le plus grand intérêt, à travers les époques parfois si troublées des XVI°, XVII° et XVIII° siècles jusqu'à cette Angleterre contemporaine que l'évolution démocratique de nos jours semble en voie de transformer.

Essai d'une Psychologie politique du Peuple Anglais
au **XIX°** siècle, par **Émile Boutmy**. Un vol. in-18 (3° ÉDITION), broché . . . . **4 fr.**

« Cet ouvrage est une œuvre des plus importantes, des plus riches en observations profondes, fines et instructives... M. Boutmy a une connaissance approfondie de l'histoire et de la littérature anglaise. Il voit les choses en plein relief et en mouvement. Sa pensée et son style en font le tour et savent en saisir et en rendre tous les aspects. » (G. Monod. — *Revue Historique.*)

Le Trade-Unionisme en Angleterre, par **Paul de Rousiers**, avec la collaboration de MM. de Carbonnel, Festy, Fleury
et Wilhelm (*Bibliothèque du Musée social*). Un volume in-18 (3° ÉDITION), broché . . . . **4 fr.**

« La pensée maîtresse exprimée par M. de Rousiers dans ce volume est que les *Trade-Unions* sont le résultat des conditions du travail salarié au XIX° siècle. Le « phénomène social des syndicats d'ouvriers est la manifestation d'une force existante ; la science sociale a pour objet d'étudier cette force », c'est ce qu'a fait l'auteur avec une méthode solide, non seulement pour l'observation des détails, mais pour l'étude des rapports entre les faits sociaux. Cet ouvrage est l'un des meilleurs fruits scientifiques produits par le Musée social. »
(Ch. Seignobos. — *Revue critique.*)

Les Anglais aux Indes et en Égypte, par Eugène Aubin.
Un vol. in-18 (4ᵉ ÉDITION), broché . . . . **3 fr. 50**

Ouvrage couronné par l'Académie française, Prix Furtado.

« M. E. Aubin a longtemps vécu au Caire : il a été témoin des événements qu'il nous raconte. Comme d'autre part il est allé aux Indes, il a pu aussi se rendre compte de l'organisation indienne et il nous en explique le mécanisme avec une clarté parfaite... C'est toute une analyse de la politique anglaise coloniale que le lecteur trouvera dans ce volume : souhaitons qu'il soit beaucoup lu en France et beaucoup médité. »   (*La Revue de Paris.*)

A consulter :

Questions extérieures, par V. Bérard. In-18, broché. . . **3 fr. 50**
L'Émigration européenne au XIXᵉ siècle, par R. Gonnard. **3 fr. 50**
Études de Droit constitutionnel (France, *Angleterre*, États-Unis),
   par Emile Boutmy (voir page VII).
Les Régimes douaniers, par B. Nogaro et M. Moye. . . **3 fr. 50**
Les Traités ouvriers, par Albert Métin (voir page X).
Marine française et Marines étrangères, par Léonce Abeille (v. p. XI).
La Rivalité anglo-russe au XIXᵉ siècle, en Asie, par le Dʳ Rouire.
   In-18, 1 carte hors texte, broché. . . . . **3 fr. 50**
Révolutions de la Perse, par Victor Bérard. In-18, broché. **4 fr.**
L'Inde britannique, par Joseph Chailley. In-18, broché. . **10 fr.**
L'Inde d'aujourd'hui, *Étude sociale*, par Albert Métin. . . **3 fr. 50**
Le Canada, *Les deux Races*, par A. Siegfried. In-18, broché. **4 fr.**
La Colombie britannique, par Albert Métin. In-8º, broché. **12 fr.**
La Démocratie en Nouvelle-Zélande, par A. Siegfried. . . **4 fr.**
L'Évolution sociale en Australasie, par L. Vigouroux. . . . **4 fr.**

AUTRICHE-HONGRIE

La Hongrie au XXᵉ siècle : *Étude économique et sociale,* par René Gonnard, professeur d'Économie politique à l'Université de Lyon. Un volume in-18, broché . . . . **4 fr.**

« Voici un livre qui pourrait être fastidieux et que son auteur a su rendre intéressant, plus que cela : captivant, parce que, dès qu'on s'occupe de politique générale, on se rend compte que les amitiés ou les haines de peuple à peuple sont basées moins sur les tempéraments et la race que sur les nécessités économiques. L'ouvrage de M. Gonnard, écrit de première main, sur place et d'après des documents incontestables, est de ceux qui rendent service non seulement au lecteur, mais au pays. »   (*Le Correspondant.*)

« C'est là le livre le plus documenté qu'on puisse recommander au lecteur français désireux de se renseigner sur la Hongrie. »

(Emm. de Martonne. — *Annales de Géographie.*)

A consulter :

Les Régimes douaniers, par B. Nogaro et M. Moye. . . **3 fr. 50**
La Question polonaise, par R. Dmowski. In-18, broché. . . **4 fr.**

XVI —

287-15. — Coulommiers. Imp. Paul BRODARD. — 8-15.